Rainer Höh
Thüringer Wald

*„Entwirf deinen Reiseplan im Großen
und lass dich im Einzelnen
von der bunten Stunde treiben."*
(Kurt Tucholsky)

Impressum

Rainer Höh
Thüringer Wald
erschienen im
REISE KNOW-HOW Verlag Peter Rump GmbH
Osnabrücker Straße 79, 33649 Bielefeld

3., komplett aktualisierte Auflage 2004

Gestaltung
Umschlag: M. Schömann, P. Rump (Layout),
Günter Pawlak (Realisierung)
Inhalt: Günter Pawlak (Layout), Michele Caputo (Realisierung)
Karten: Catherine Raisin, der Verlag
Fotos: der Autor, wenn nicht anders angegeben
Titelfoto: Rainer Höh

Lektorat (Aktualisierung): Britt Küster

Druck: Wilhelm & Adam, Heusenstamm
Bindung: Buchbinderei Keller, Fulda

ISBN 3-8317-1250-6
Printed in Germany

Dieses Buch ist erhältlich in jeder Buchhandlung der BRD, Österreichs und der Schweiz. Bitte informieren Sie Ihren Buchhändler über folgende Bezugsadressen:

BRD
Prolit GmbH, Postfach 9, 35461 Fernwald (Annerod)
sowie alle Barsortimente

Schweiz
AVA-buch 2000, Postfach 27, CH-8910 Affoltern

Österreich
Mohr Morawa Buchvertrieb GmbH
Sulzengasse 2, A-1230 Wien

Wer im Buchhandel trotzdem kein Glück hat, bekommt unsere Bücher auch direkt über den Verlag oder unseren **Büchershop im Internet:**
www.reise-know-how.de

Wir freuen uns über Kritik, Kommentare und Verbesserungsvorschläge.

Rainer Höh

Thüringer Wald

Reise Know-How im Internet

Aktuelle Reisetipps und Neuigkeiten
Ergänzungen nach Redaktionsschluss
Büchershop und Sonderangebote
Weiterführende Links zu über 100 Ländern

www.reise-know-how.de
info@reise-know-how.de

Wir freuen uns über Anregung und Kritik.

Vorwort

Der Thüringer Wald ist das „grüne Herz Deutschlands" und altes Kulturland zugleich. Ein Urlaubsland, das Naturfreunde und Kunstliebhaber gleichermaßen begeistert. Alte Kulturstädte liegen vor allem entlang seinen Rändern und im Vorland, während das Bergland selbst in erster Linie für Wandern, Skilaufen und Erholung steht, aber auch eine Fülle von Sehenswürdigkeiten zu bieten hat, die oft im Zusammenhang mit dem Bergbau und traditionellem Kunsthandwerk stehen.

Ganz gleich, ob man die Natur liebt und sich fürs Wandern, Radeln oder ruhige Erholung begeistert, ob man gerne badet, segelt oder windsurft, ob man sich für Höhlen und Bergwerke oder für Burgen, Schlösser und alte Städte interessiert oder ob man Kultur und Baudenkmäler bevorzugt und lieber auf den Spuren von Goethe und Schiller wandelt – der Thüringer Wald und seine Umgebung bieten jedem etwas, und zwar in reichem Maße und dicht beisammen. Von einer Besichtigung der Wartburg bei Eisenach, der Goethe-Gedenkstätte in Ilmenau oder des Schlosses Wilhelmsburg und der historischen Bauwerke in Schmalkalden ist es jeweils nur ein Katzensprung zu den Wander- und Erholungsgebieten in der grünen Natur.

Herrliche ***Wanderungen*** kann man nicht nur auf dem *Rennsteig* unternehmen, sondern auch auf seinen zahlreichen und viel ruhigeren Nebenwegen und im *Thüringer Schiefergebirge* oder entlang dem oberen Saaletal. Im Bergland selbst kann man unterschiedlichste Schau- und Besucherbergwerke kennenlernen, und am Nord- und Südrand gibt es eine Reihe unterschiedlicher ***Höhlen,*** z. B. die farbenprächtigen *Feengrotten* bei Saalfeld, die *Marienglashöhle*, eine *Kristallhöhle* bei Friedrichroda, oder die *Sandsteinhöhle* von Walldorf, eine riesige, von Menschenhand gegrabene Höhle. Natürlich werden auch Freunde des ***Wintersports*** im Thüringer Wald auf ihre Kosten kommen – insbesondere in der Gegend um Oberhof und in anderen kammnahen Orten.

Eisenbahnfreunde werden begeistert sein von der ***Gothaer Waldbahn,*** einer „Straßenbahn", mit der man direkt vom Bahnhofsvorplatz bis zum Thüringer Wald fahren kann, und von der Schwarzatalbahn, die durch eines der schönsten Täler des Thüringer Waldes dampft. Eine Attraktion besonderer Art ist auch die ***Oberweißbacher Bergbahn*** im Schwarzatal. Sie ist die steilste Normalspur-Seilzugbahn der Welt.

Nicht nur für Technik-Freunde interessant sind ganz sicher auch die ***technischen Denkmäler*** wie der faszinierende *Tobiashammer* von Ohrdruf (Hammerwerk, Walzwerk, Großdampfmaschine), die *Neue Hütte* bei Schmalkalden mit einem alten Hochofen, die *Schauwerkstätten* von Steinbach-Hallenberg, die *Gesenkschmiede Lubenbach* bei Zella-Mehlis oder die Schaugießerei *Heinrichshütte* bei Wurzbach.

Freunde sakraler ***Baukunst*** werden sich die Klosterruine Paulinzella, die Klosterkirche von Veßra oder auch die hübsche Holzkirche in Neuhaus am Rennsteig nicht entgehen lassen.

Um die Vielfalt abzurunden, gibt es eine Reihe interessanter ***Museen,*** die man nicht nur besuchen kann, wenn das Wetter einmal weniger urlaubsmäßig ist; z. B. das *Waffenmuseum* in Suhl, das *Museum im Schloss* Wilhelmsburg in Schmalkalden, das *Naturhistorische Museum* Schleusingen, das *Spielzeugmuseum* in Sonneberg oder das *Glaskunstmuseum* in Lauscha.

Gute Erholung!

Rainer Höh

Inhalt

Exkurse

Kammregion – von Eisenach bis Oberhof

Kammregion – von Oberhof zum Schiefergebirge

Nordostseite

Südwestseite

Thüringer Schiefergebirge

Ausflüge nach Norden: Thüringer Becken

Ausflüge nach Süden: Werratal

Ausflüge nach Osten: Oberes Saaletal

Anhang

Hinweise zur Benutzung

Um Ihnen den Besuch des Thüringer Waldes und Schiefergebirges zu vereinfachen, sind die Orte und Sehenswürdigkeiten entlang einzelner ***Routen*** beschrieben, welche die schönsten und interessantesten Gegenden der Region erschließen. Diese Routen sind so aufgebaut, dass sie – je nach zur Verfügung stehender Zeit und Interesse – abgekürzt und erweitert werden können und dass sich mehrere davon zu einer großen Rundfahrt kombinieren lassen. Selbstverständlich können Sie auch unabhängig von unseren Vorschlägen Ihre eigene Route zusammenstellen und die einzelnen Orte mit Hilfe des Inhalts- oder Stichwortverzeichnisses finden.

Die einzelnen ***Orte*** sind in der Reihenfolge angeordnet, wie Sie sie erreichen, wenn Sie der vorgeschlagenen Route folgen. Nur gelegentlich sind kurze Abstecher erforderlich. Bei der Ortsbeschreibung wurde hinter der Vorwahl nach Möglichkeit die Ziffer oder Ziffernfolge angegeben, die vielen alten Rufnummern vorangestellt wurde. So haben Sie auch mit alten Rufnummern noch eine Chance, ans Ziel zu gelangen. Allerdings ist zu beachten, dass viele alte Rufnummern durch völlig neue ersetzt wurden. Im Infoteil des Buches sind selbstverständlich die neuen Rufnummern zur Zeit der Drucklegung (April 2004) angegeben.

Bei ***Unterkünften*** und ***Gaststätten*** konnte aus Platzgründen natürlich nur eine – subjektive – Auswahl angegeben werden. Weitere Hotels, Gasthöfe, Pensionen, Ferienwohnungen und Privatzimmer vermittelt das jeweilige Fremdenverkehrsamt. ***Jugendherbergen, Campingplätze und Wanderheime*** entlang der beschriebenen Routen sind nach Möglichkeit komplett erfasst. Außerdem haben wir alle ***Wohnmobil-Stellplätze*** angegeben, die wir während der Recherchen entdeckt haben. Da es bislang kein komplettes Verzeichnis dieser Stellplätze gibt, werden auch unsere Angaben lückenhaft sein. Für Beschreibungen weiterer Plätze, die Sie unterwegs entdecken, sind wir besonders dankbar.

Die ***Preise für Unterkünfte*** sind meist für Einzel/Doppelzimmer pro Person(!) inkl. Frühstück angegeben (abgekürzt ÜF im EZ/DZ); nur wo kein Frühstück serviert wird oder wo wir keine anderen Angaben bekommen konnten, ist der reine Übernachtungspreis pro Person angegeben (abgekürzt Ü). Beachten Sie, dass sich diese Preise je nach Saison ändern können und dass bei längerem Aufenthalt oft günstigere Preise berechnet werden.

Die bei Unterkünften angegebene ***Zahl der Sterne*** entspricht der Klassifizierung durch den Thüringer Hotel- und Gaststättenverband, die aufgrund einer freiwilligen Befragung nach internationalem Standard ermittelt wurde.

*	Tourist-Klasse (einfache Ausstattung)
**	Standard-Klasse (Standard-Austattung)
***	Komfort-Klasse (mittlerer Komfort)
****	First Class (großer Komfort)
*****	Luxus-Klasse (sehr großer Komfort)

Die Unterkünfte ohne Sternbezeichnung haben an der freiwilligen Klassifizierung nicht teilgenommen. Rückschlüsse auf ihren Standard kann man daraus nicht ziehen!

Eintrittspreise für ***Museen und Sehenswürdigkeiten*** sind für Erwachsene/Kinder angegeben. Bei den angegeben Öffnungszeiten ist zu beachten, dass sich diese mancherorts noch immer sehr rasch ändern. Wir haben deshalb stets die Telefonnummer hinzugefügt, damit Sie sich über aktuelle Zeiten informieren können.

Und last not least haben wir überall, wo wir entsprechende Informationen bekommen konnten, auf ***behindertengerechte Einrichtungen*** besonders hingewiesen. Für Hinweise auf weitere Einrichtungen dieser Art sind wir sehr dankbar.

Abkürzungen

DSF	Deutsch-Sowjetische Freundschaft (z.B. bei Straßennamen)
DU	Dusche
Du/WC	mit Dusche und WC
DZ	Doppelzimmer
EZ	Einzelzimmer
FVA	Fremdenverkehrsamt
FVB	Fremdenverkehrsbüro
FVZ	Fremdenverkehrszentrale
FVV	Fremdenverkehrsverein oder -verband
J	Junioren (bis 26 Jahre)
LSG	Landschaftsschutzgebiet
NSG	Naturschutzgebiet
OT	Ortsteil
P&R	„Park-and-Ride“
S	Senioren (ab 27 Jahre)
Ü	Übernachtung
ÜF	Übernachtung mit Frühstück

Wichtige Attraktionen

Sehenswertes

Arnstadt: Bachkirche, Puppenmuseum
Burgk: Schloss Burgk mit Museum
Eisenach: Wartburg, Lutherhaus, Predigerkirche, Thüringer Museum
Friedrichroda: Marienglashöhle
Ilmenau: Amtshaus mit Goethegedenkstätte und Goethe-Wanderweg
Lauscha: Museum für Glaskunst
Oberweißbach: Bergbahn
Ohrdruf: Technisches Museum Tobiashammer
Paulinzella: Klosterruine
Rudolstadt: Freilichtmuseum „Thüringer Bauernhäuser“, Schloss Heidecksburg mit Museum
Saalfeld: Stadtbild und Ruine Hoher Schwarm; Feengrotte

Schmalkalden: Stadtbild mit herrlichem Fachwerk und Schloss Wilhelmsburg mit Museum, Neue Hütte
Sonneberg: Spielzeugmuseum
Suhl: Waffenmuseum
Walldorf: Wehrkirche
Wurzbach: Gießereimuseum „Heinrichshütte"

Historische Bahnen

Thüringerwaldbahn, eine 1929 in Betrieb genommene Schmalspurbahn von Gotha nach Waltershausen und Tabarz (s. Waltershausen)
Schwarzatalbahn „Der Raanzer", Traditionszug mit einer Dampflok von 1910, der, von Erfurt und Arnstadt kommend, durch das landschaftlich reizvolle Schwarzatal fährt (s. Schwarzatal)
Oberweißbacher Bergbahn, die 1923 eröffnete Standseilbahn aus dem Schwarzatal nach Lichtenhain ist die steilste Normalspur-Seilzugbahn der Welt (s. Oberweißbach)

Mit Dampf durch das Thüringer Land

Wer das Thüringer Land auf ganz besondere Weise kennenlernen will, der kann einen kompletten Dampfzug chartern – entweder mit modernen Wagen oder mit historischen Wagen aus den 20er Jahren – und die schönsten Sehenswürdigkeiten des Landes auf einer nostalgischen Bahnreise besuchen.

● ***Buchung:*** über die Bahn AG Erfurt, Geschäftsbereich Fernverkehr, Bahnhofstr. 23, 99094 Erfurt, Tel. 0361/300-5357, Fax 5621068 (Frau Brennecke oder Frau Brand).

Wer keine vier Waggons vollbekommt, kann bei Wochenendfahrten auch als Einzelperson im Nostalgiezug mitfahren (s. „Schwarzatal", „Der Raanzer").

Allgemeine
Reisetipps

Informationsstellen

In den Orten

Alle größeren und mittleren Städte haben eine eigene ***Stadt-Information,*** die touristische Auskünfte erteilt und fast immer auch Stadtrundfahrten oder Führungen anbietet und Privatzimmer vermittelt. In Kurorten tritt an die Stelle der Stadt-Information die ***Kurverwaltung,*** in kleineren Orten kann man sich an die Stadt- oder Gemeindeverwaltung, Abteilung Kultur und Fremdenverkehr, wenden. Die jeweiligen Adressen, Telefonnummern und Öffnungszeiten sind in den einzelnen Stadtbeschreibungen angegeben. Die meisten Fremdenverkehrsämter haben sehr gutes Informationsmaterial über Sehenswürdigkeiten, Wandermöglichkeiten etc. sowie Verzeichnisse von Privatzimmern, Hotels, Pensionen und Ferienwohnungen.

Regionale FVV

Auf der nächst höheren Ebene gibt es eine Reihe ***regionaler Fremdenverkehrsvereine und -verbände*** (FVV), die für mehrere Städte oder ganze Regionen zuständig sind:

- ***Tourismusverband „Thüringer Wald" e.V.,*** August-Bebel-Str. 16, Postfach 124, 98501 Suhl, Tel. 03681/39450, Fax 394511, Internet: www.thueringer-wald.com
- ***Fremdenverkehrsverband „Thüringer Schiefergebirge – Obere Saale",*** Leonberger Platz 2, Postfach 111, 07356 Lobenstein, Tel. 036651/2339, Fax 2269, Internet: www.thueringer-schiefergebirge-obere-saale.de
- ***Werbegemeinschaft „Mittlerer Thüringer Wald",*** LRA Hildburghausen, Wiesenstr. 18, 98646 Hildburghausen, Tel. 03685/445246, Fax 445501
- ***Werbegemeinschaft „Westlicher Thüringer Wald",*** Margarethenstr. 2-4, 99867 Gotha, Tel. 03621/363111, Fax 363113 Internet: www.wanderer-willi.de

- ***Tourismusverein „Südlicher Thüringer Wald“,*** Sonneberger Str. 1, 98724 Neuhaus a.R., Tel. 03679/775282 und 775361, Fax 775354, Internet: www.suedlicher-thueringer-wald.de
- ***Werbegemeinschaft „Mittleres Schwarzatal“,*** Friedr.-Ebert-Platz 2a, 07427 Schwarzburg, Tel. 036730/22305, Fax 33512
- ***Fremdenverkehrsverein „Vessertal/Thüringer Wald“,*** Hauptstr. 67, 98553 Breitenbach, Tel. 036841/47271, Fax 53822

Thüringen allgemein

Mit Fragen, die Thüringen allgemein als Reiseland betreffen, wendet man sich an die

- ***Thüringer Tourismus-Gesellschaft,*** Weimarische Str. 45, PSF 219, 99005 Erfurt, Tel. 0361/ 37420, Fax 3742388, Internet: www.thueringen-tourismus.de

Weitere nützliche Adressen

- ***Verband Naturpark Thüringer Wald e.V.,*** Dorfstr. 16, 98749 Friedrichshöhe, Tel. 036704/709930, Fax 709919, Internet: www.naturpark-thueringer-wald.de
- ***Biosphärenreservat Vessertal,*** Waldstraße 1, 98711 Schmiedefeld, Tel. 036782/6660, Fax 66629, Internet: www.biosphaerenreservat-vessertal.de
- ***Naturpark Thüringer Schiefergebirge/Obere Saale,*** Wurzbacherstr. 16, 07338 Leutenberg, Tel. 036734/2309-0, Internet: www.thueringer-schiefergebirge-obere-saale.de
- ***Thüringer Heilbäderverband e.V.,*** Kurpromenade 56, 99947 Bad Langensalza, Tel. 03603/83440, Fax 834422, Internet: www.thbv.de
- ***Verband der Campingplatzhalter Landesverband Thüringen e.V.,*** 99448 Hohenfelden, Tel. 036450/42242, Fax 43537
- ***Verein Städtetourismus in Thüringen e.V.,*** Johannisstr. 23, 07743 Jena, Tel. 03641/19433 und 806400, Fax 80409, Internet: www.staedtetourismus.info

- ***Landesarbeitsgemeinschaft Ferien auf dem Lande in Thüringen,*** Alfred-Hess-Str. 8, 99096 Erfurt, Tel. 0361/26253230, Fax 26253225, Internet: www.thueringen.de/fadl
- ***Verband für Seilbahnen und Schlepplifte in Thüringen,*** Hauptstr. 35, 98666 Masserberg, Tel. 036870/53398, Fax 53397, Internet: www.aktiv-in-thueringen.de
- ***Thüringer Skiverband,*** Jägerstr. 10, 98559 Oberhof, Tel. 036842/52125, Fax 036842/52159, Internet: www.thueringer-skiverband.de

Unterkunft

Die Preise richten sich nach Lage und Standard. In manchen großen Städten kosten die Doppelzimmer der größeren Hotels zwischen 75 und 140 €, in den teuersten über 150 €; Hotelzimmer unter 50 € sind in diesen Städten kaum noch zu finden. Außerhalb solcher Zentren sind die Preise gleich deutlich günstiger; hier bezahlt man für ein Doppelzimmer mit Dusche und WC ca. 35-80 € einschließlich Frühstück.

Hotels, Gasthöfe Pensionen

In kleineren Hotels, Pensionen und Gasthöfen bezahlt man etwa 15-25 € für die Übernachtung mit Frühstück, in einfacheren Häusern, die nur mit Etagenbad und -WC ausgestattet sind, kann man noch für 10-18 € einschließlich Frühstück übernachten.

Die Preise hier im Buch sind meist für Einzel-/Doppelzimmer pro Person inkl. Frühstück angegeben (abgekürzt ÜF im EZ/DZ); nur wo kein Frühstück serviert wird oder wir keine anderen Anga-

Schild eines traditionellen Hauses

ben bekommen konnten, ist der reine Übernachtungspreis pro Person angegeben (abgekürzt Ü).

Viele der großen Hotels kann man im Reisebüro ***buchen.*** Sonst wendet man sich direkt an das jeweilige Hotel (Adressen, Telefon- und Faxnummern sind im Infoteil zu den einzelnen Städten angegeben) oder an die Zimmervermittlung des jeweiligen Ortes (meist Stadtinformation oder Kurverwaltung).

- Landesweites Buchungssystem THÜRIS, Tel. 0361/37420

Privatzimmer

In den meisten Orten werden Privatzimmer über die Stadtinformation oder die Kurverwaltung ***vermittelt*** (die Adressen sind im Infoteil zu den jeweiligen Orten angegeben). Wo eine private Stelle gegen Gebühr die Vermittlung übernimmt, ist die jeweilige Adresse über die Stadtinformation zu erfahren. Die ***Preise*** liegen etwa bei 10-15 € pro Person und Nacht mit Bad-/WC-Benutzung bzw. 12-23 € mit eigenem Bad und WC.

Umfangreiche Verzeichnisse von Privatzimmer-Vermietern in allen neuen Ländern sind im Buchhandel erhältlich, veralten jedoch schneller, als sie aktualisiert werden können. Besser: ***Zimmernachweise*** von den Stadtinformationen anfordern.

Jugendherbergen

Alle Jugendherbergen in Thüringen sind im Deutschen ***Jugendherbergsverzeichnis*** enthalten, das man im Buchhandel bekommt oder direkt bestellen kann:

- ***Deutsches Jugendherbergswerk,*** Hauptverband, Leonardo-da-Vinci Weg 1, 32756 Detmold, Tel. 05231/7401-5, Fax -74, Internet: www.jugendherberge.de

Dort kann man auch Informationen und den JH-Ausweis bekommen. Mit Fragen, die speziell Jugendherbergen in Thüringen betreffen, kann man sich auch direkt an den dortigen Landesverband wenden.

- ***DJH Landesverband Thüringen e. V.,*** Geschäftsstelle: Zum Wilden Graben 12, 99425 Weimar, Tel. 03643/850795, Fax 850796; Servicebüro: Carl-August-Allee 13, 99423 Weimar, Tel. 03643/850000, Fax 850002,
Internet: www.djhthueringen.de

Für Gruppen ist eine Reservierung unbedingt zu empfehlen. Einzelreisende sollten sich zumindest einen Tag vorher telefonisch ankündigen.

Ferien auf dem Land

Ferien auf dem Bauernhof sind nicht nur ideal für Familien mit Kindern, sondern bieten zugleich eine der besten Möglichkeiten, Land und Leute richtig kennen zu lernen. Nähere Informationen dazu erhält man von den örtlichen Fremdenverkehrsämtern und von der:

- ***Landesarbeitsgemeinschaft „Ferien auf dem Lande",*** Alfred-Hess-Str. 8, 99096 Erfurt, Tel. 0361/26253230, Fax 26253225,
Internet: www.thueringen.de/fadl

Camping und Caravans

Camping

In Thüringen stehen dem Besucher rund ***35 Campingplätze*** zur Verfügung, von denen etwa zehn im Thüringer Wald und seiner näheren Umgebung liegen. In letzter Zeit wurden viele davon mit modernen Sanitäranlagen ausgestattet. Die meisten Campingplätze sind vom ***1. Mai bis 30. September geöffnet.*** Einige Plätze in Wintersportgebieten sind ganzjährig geöffnet. Sofern Stellplätze frei sind, kann man unangemeldet bis zu drei Tage bleiben. Für längere Aufenthalte sollte man vorher reservieren.

Wollen Sie ein ***Haustier*** mit auf den Platz bringen, so erkundigen Sie sich vorsichtshalber, ob dies gestattet ist. Auf vielen Plätzen sind Hunde an der Leine erlaubt.

Sehr nützlich ist die ***Campingkarte Thüringen*** im Maßstab 1:300.000, auf der nicht nur die meisten Campingplätze, sondern auch wichtige Sehenswürdigkeiten, Naturparks und Landschaftsschutzgebiete eingezeichnet sind. Auf der Rückseite findet man Informationen über die einzelnen Plätze (Adresse, Zufahrt, Ausstattung, Freizeitangebot, Öffnungszeit). Erhältlich ist diese Karte – ebenso wie ein Faltblatt, das weitgehend die gleichen Informationen enthält – beim:

- ***Verband der Campingplatzhalter Landesverband Thüringen e.V.,*** 99448 Hohenfelden, Tel. 036450/42242, Fax 43537

Eine umfangreiche Farbbroschüre mit den gleichen Informationen wie das Faltblatt, aber zusätzlichen Farbbildern und einer detaillierten Preisliste erhält man vom ***Tourismusverband „Thüringer Wald" e.V.*** (Adresse s.o.).

Weitere Informationen sind über den *ADAC* erhältlich oder über den *Deutschen Camping Club (DCC),* 80802 München, Mandlstraße 28, Tel. 089/380142-0, Internet: www.camping-club.de

Campingplatz

Wohnmobile, Caravans

Einrichtungen zur Entsorgung von ***Chemietoiletten*** werden in zunehmendem Maße geschaffen, sind aber noch nicht auf jedem Campingplatz zu finden. Auf manchen Plätzen sind Entsorgungsmöglichkeiten in Form von Zwischenlagerungstanks vorhanden. Es ist ratsam, sich bei der Reservierung des Campingplatzes nach den jeweiligen Möglichkeiten zu erkundigen.

Generell ist es sehr empfehlenswert, eine ***Entlüftung für den Fäkaltank*** einzubauen, wie sie seit einigen Jahren recht preisgünstig im Handel erhältlich ist. Sie macht sämtliche (meist stark formaldehydhaltige) Chemikalien überflüssig und ermöglicht es daher, den Fäkaltank über die Kanalisation zu entsorgen (andernfalls muss er kostspielig als Sondermüll verbrannt werden!).

Wo wir spezielle ***Wohnmobil-Stellplätze und Entsorgungsmöglichkeiten*** ausfindig machen konnten, haben wir beim jeweiligen Ort darauf hingewiesen. Für weitere Tipps sind wir dankbar. Aber auf den meisten Campingplätzen können auch Durchreisende gegen Gebühr Wasser auffüllen und Abwasser sowie Fäkaltanks entleeren (am besten ohne Chemie!).

Wandern

Der Thüringer Wald ist als Wandergebiet par excellence zu einem Begriff geworden. Tatsächlich ist er ein Wanderwald, der vor allem im nordwestlichen Bereich dem Autofahrer nur schwer zugänglich ist. Dabei sollte man sich nicht zu sehr auf den reizvollen, aber oft stark frequentierten ***Rennsteig*** fixieren, sondern auch die zahllosen Nebenwege beachten, die genauso schön und viel ruhiger sind. Bedenken Sie: Der Rennsteig ist 168 km lang, das Netz markierter Wanderwege im Thüringer Wald umfasst aber mehr als 6000 km!

Nahezu jedes Fremdenverkehrsamt verkauft ***Wanderkarten*** der Umgebung und bietet eine Zusammenstellung der schönsten Wege in seiner Region mit teilweise recht guten und detaillierten Informationen.

Schilder zur besseren Orientierung

Sehr zu empfehlen ist auch das Heftchen ***„Wanderwege im Mittleren Thüringer Wald“***, das über 20 sehr detailliert beschriebene Routen inklusive Höhenprofil und topographischem Kartenausschnitt enthält und herausgegeben wird von der Werbegemeinschaft „Mittlerer Thüringer Wald“, LRA Hildburghausen, Wiesenstr. 18, 98646 Hildburghausen, Tel. 03685/445246, Fax 445501.

Radwandern

Dass das Wanderparadies Thüringer Wald auch herrliche Möglichkeiten zum Radwandern bietet, ist bisher weniger bekannt. Wegen der ***Höhenunterschiede*** sind beson ders im nordwestlichen Thüringer Wald einige recht anspruchsvolle Routen zu bewältigen. Aber man kann es auch bequemer haben, indem man dem Kamm oder einem der Täler folgt.

Viele Fremdenverkehrsämter verkaufen ***Radwanderkarten*** der Umgebung und bieten eine Zusammenstellung der schönsten Routen in ihrer Region – teilweise mit guten und detaillierten Informationen. Vom Tourismusverband „Thüringer Wald" (Adresse s.o.) gibt es das sehr informative Faltblatt ***„Radwandern am Rennsteig"*** sowie andere Publikationen zum Thema Radwandern.

Wintersport

Der für ein deutsches Mittelgebirge recht schneesichere Thüringer Wald bietet ***vielfältige Möglichkeiten für Wintersportler.*** Und da der Wintersport hier eine lange Tradition hat, gibt es auch zahlreiche Lifts, Loipen, Skiwanderwege, Sprungschanzen, Rodel- und Schlittschuhbahnen und andere Sporteinrichtungen.

Die verschiedenen Möglichkeiten sind bei den einzelnen Orten beschrieben, und viele ***Fremdenverkehrsämter*** halten ein Verzeichnis und/oder einen Übersichtsplan über die Loipen und Skiwanderwege ihrer Umgebung bereit.

Unten ein Überblick über die wichtigsten Lifte, Loipen und Skiwanderwege im Gebiet des Mittleren Thüringer Waldes.

Eine Übersicht über sämtliche Wintersportmöglichkeiten mit zusätzlichen Informationen über Unterkünfte, Fremdenverkehrsämter und Verkehrsverbindungen in gesamten Thüringer Wald und Schiefergebirge sowie eine sehr informative Übersichtskarte enthält die Broschüre ***„Winter in Thüringen“,*** erhältlich vom Tourismusverband „Thüringer Wald“, (Adresse s.o.)

- ***Schneetelefon:*** 036870/53398 (Thüringer Wald), 036842/26921 (Oberhof)

Weitere Informationen über die Wintersportmöglichkeiten erhält man beim:

- ***Verband für Seilbahnen und Schlepplifte in Thüringen,*** Hauptstr. 16, 98666 Masserberg, Tel. 036870/53398, Fax 53397, Internet: www.aktiv-in-thueringen.de
- ***Thüringer Skiverband,*** Jägerstr. 10, 98559 Oberhof, Tel. 036842/52125, Fax 52159, Internet: www.thueringer-skiverband.de

Ort	***Höhe der Skigebiete (in Meter)***	***Anzahl der Lifte****	***Skiwanderwege/Loipen (in km)***
Brotterrode	580-916	1 leicht	40
Floh-Seligenthal	400-840		33
Kleinschmalkalden	550-800		25
Masserberg	560-841	4	70/710
Neuhaus a.R.	800-835	1 mittel	25/16
Oberhof	800-900	3 mittel	60/25
Oberschönau	495-900	1	70/20
Oberweißbach	640-780	1 mittel	8
Steinbach-Hallenbg.	650-800	1 mittel	45
Steinach	590-842	3 mittel	42
Suhl-Goldlauter	770-980	1 mittel	20/45
Tabarz	420-916	1	22/12
Trusetal	500-712	1 mittel	25/14
Zella-Mehlis	550-700	1	40

*und Schwierigkeit

Naturschutz/-schonung

Im Thüringer Wald kann man noch ***herrliche Naturparadiese*** entdecken. Viele Tier- und Pflanzenarten, die in anderen Gegenden äußerst selten geworden oder ausgestorben sind, kommen hier noch vor.

Wenn diese Naturoasen erhalten werden sollen, dann müssen wir ***jetzt verantwortungsbewusst handeln.*** Verhalten wir uns also nicht wie blindtrampelnde Touristen, die bekanntlich stets gerade das zerstören, was sie zu lieben vorgeben. Wie leicht ist eine ursprüngliche Landschaft beeinträchtigt, geschädigt, zerstört. Wer von uns hat nicht schon geglaubt, er verhalte sich so rücksichtsvoll und behutsam, dass er auch dort abseits der Wege durch den Wald streifen könne, wo dies zum Schutz der Natur verboten ist. Machen wir uns nichts vor. Wenn es um Schutz und Schonung der Natur geht, darf man sich nicht selbst Ausnahmegenehmigungen erteilen. Ein Einzelner mag kaum Spuren hinterlassen. Aber viele werden uns folgen. Und egal, wie behutsam der Einzelne sein mag, die Herde zerstört. Doch die Herde besteht aus Einzelnen und jeder Einzelne vergrößert die Herde. Auch ich und auch Sie – so ungern man sich das eingestehen mag.

Halten wir uns also an ***Vorschriften und Sperrzonen.*** Und denken wir daran, dass in manchen Sperrzonen nicht nur die Masse, sondern schon wenige Einzelne irreparable Schäden anrichten können: etwa in Brutgebieten scheuer Vogelarten.

Doch Vorschriften zu befolgen allein genügt nicht. Man muss auch dort, wo Verbotstafeln (noch?) fehlen, aus eigener Verantwortung Rücksicht nehmen und sich selbst beschränken können. So gibt es beispielsweise in vielen Gegenden Thüringens faszinierende ***Waldsträßchen:*** unbefestigt, aber für den Verkehr (zumindest noch) nicht gesperrt, weil die Verkehrsdichte bislang gering ist und die Sträßchen als Ortsverbindungen nützlich waren. Zweimal habe ich mich dazu verleiten lassen, solche Waldstraßen zu fahren – und jedes Mal habe ich dabei sehr schnell ein sehr schlechtes Gewissen bekommen. Auch wenn man nicht gegen eine Vorschrift verstößt – diese Sträßchen sollten wirklich den Wanderern und Radlern und den wenigen Autos der Menschen aus den umliegenden Dörfern vorbehalten bleiben. Sonst sind sie bald nicht mehr das, was sie heute so reizvoll macht!

Denn ist ein Naturparadies einmal verloren, dann ist es für immer verloren. Und die intakten Landschaften und Biosphärenparks im Thüringer Wald sind es wert, nach besten Kräften gehegt, gepflegt und erhalten zu werden!

Land und Leute

Wissenswertes

Lage: Zwischen dem Thüringer Becken im Norden und Nordosten und dem Frankenwald im Südosten; zwischen dem Vogtland im Osten und dem Werratal im Südwesten, das den Übergang zur Rhön im Südwesten und zum Hessischen Bergland im Nordwesten durchschneidet.
Ausdehnung: Nordwest-Südost: ca. 100 km, Südwest-Nordost: ca. 10-70 km
Höchste Berge: *Thüringer Wald:* Großer Beerberg 982 m, Schneekopf 978 m, Großer Finsterberg 944 m, Großer Inselberg 916 m; *Schiefergebirge:* Kieferle 867 m, Bleßberg 866 m
Wichtigste Flüsse: Werra, Saale, Schwarza, Ilm
Wichtige Städte: Eisenach, Waltershausen, Suhl, Ilmenau, Schmalkalden, Saalfeld, Sonneberg, Meiningen
Naturparks: Thüringer Wald/Westliches Schiefergebirge, Thüringer Schiefergebirge/Obere Saale
Naturschutzgebiete: Schwarzatal, Vessertal, Großer Inselberg
Zoos und Tierparks: Zoo Erfurt, Tiergarten Arnstadt, Tierpark Suhl, Tiergehege Sonneberg

Lage und Namen

Lage

Wie eine Barriere ***zwischen dem weiten Thüringer Becken und dem Werra-Tal*** zieht sich der Thüringer Wald von Eisenach aus in südöstlicher Richtung bis hin zum Saaletal und bis Probstzella und Sonneberg, wo er jenseits der bayerischen Grenze im Frankenwald seine Fortsetzung findet. Bis zu einer Höhe von knapp 1000 m erhebt sich der relativ schmale Bergzug und überragt die umliegenden plateauartigen Vorländer um durchschnittlich etwa 400 m. Zum Werratal hin fällt er eher flach und allmählich ab. An seiner Nordostseite hingegen, zum Thüringer Becken hin, steigt er entlang einer klaren Linie steil aus der Ebene auf, so dass hier die höheren Gipfel besonders eindrucksvoll hervortreten.

Seinem ***Umriss*** nach gleicht der Thüringer Wald einem mit der Spitze nach Nordwesten gerichteten Keil. Bei Eisenach ist er nur knapp 500 m hoch und weniger als 5 km breit. Seine größten Höhen erreicht er im mittleren Bereich (Großer Beerberg 982 m, Schneekopf 978 m), wo er bis zu 20 km breit wird. Weiter nach Südosten, im Thüringer Schiefergebirge, wird der Bergzug zunehmend breiter, und zwischen den Tälern erstrecken sich hier ausgedehntere Hochflächen.

Namen

Ein klarer „Trennungsfehler" ist dem Sprachgebrauch bei der Aufteilung dieser Region unterlaufen. Das landläufig als „Thüringer Wald" bezeichnete Gebirge gliedert sich genau genommen in zwei Teile: den eigentlichen ***Thüringer Wald*** im Nordwesten und das ***Thüringer Schiefergebirge*** im Südosten. Beide unterscheiden sich wesentlich durch die vorherrschenden Gesteine und Landschaftsformen. Während der Nordwesten überwiegend aus Urgesteinen, Rotliegendem und Sandstein besteht, wird der südöstliche Teil – wie sein Name bereits sagt – durch Schiefer geprägt, aus dem man früher Schultafeln und Schreibgriffel herstellte und bis heute Dachschiefer gewinnt. Die Grenzlinie verläuft etwa zwischen Gehren, nahe Ilmenau, und Schönbrunn, östlich von Schleusingen. An der Oberfläche ist natürlich nichts von ihr zu sehen, aber wer aus Richtung Nordwesten kommt, der merkt bald, dass an die Stelle eines schmalen Kammgebirges mit tiefen Tälern nun ein breiter Gebirgsrücken mit ausgedehnten Hochflächen tritt.

Vom Schiefergebirge zum Frankenwald hingegen sieht man – nachdem die einstigen Grenzbefestigungen nahezu verschwunden sind – weder eine Grenzlinie noch eine Veränderung der Landschaft. Es gibt sie nicht. Beides ist ein und dasselbe Gebirge. Die sprachliche Unterteilung in Thüringer Schiefergebirge und Frankenwald hat keine Entsprechung in der Natur, sondern folgt vielmehr der politischen Grenze zwischen Thüringen und Franken.

Entstehung und Geologie

Entstehung

Der Thüringer Wald (einschließlich Schiefergebirge) ist vor rund 140-80 Millionen Jahren durch die sogenannte ***alpidische Plattenkollision*** (durch die auch die Alpen entstanden sind) als Scholle angehoben worden, an deren Rändern Faltungen und Brüche entstanden. Die ***Hebung*** hat eigentlich rund 2000 m betragen, doch im Laufe der Jahrmillionen ist gut die Hälfte davon wieder abgetragen worden. Deshalb treten im Thüringer Wald auch weit ältere Gesteine zutage als in seinem Umland. Durch die quer zur Kammrichtung verlaufenden Täler ist der ***Bergzug stark eingeschnitten*** und zergliedert. Der ursprüngliche Gebirgskörper ist nahezu zerlegt, und von den einstigen Hochflächen ist nur wenig erhalten. So macht heute neben den ausgedehnten Wäldern gerade der Gegensatz zwischen hohen Bergen und tief eingeschnittenen Tälern mit teilweise sehr steilen Hängen den landschaftlichen Reiz des Thüringer Waldes aus.

Gesteinsarten

Thüringer Wald

Durch die oben genannte Abtragung wurden teilweise sehr alte Gesteinsschichten wieder freigelegt. Die ältesten Gesteine des eigentlichen Thüringer Waldes sind die präkambrischen Granite, Gneise und Schiefer des ***Ruhlaer Kristallins***. Granite findet man auch im Gebiet von Suhl und im oberen Ilm-Tal. Vorherrschendes Gestein ist jedoch das ***Rotliegende***, das über 60% der Fläche des Thüringer Waldes einnimmt und stellenweise eine über 2000 m dicke Schicht bildet. Es besteht aus rot gefärbten Sanden und Konglomeraten (betonartig verbackene Sand-/Kiesmischung), die nicht in einem Meer, sondern auf dem Festland abgelagert worden sind. In einem schmalen Randstreifen entlang dem nördlichen und südlichen Rand des Thüringer Waldes tritt der ***Zechstein*** zutage, der im sogenannten Zechsteinmeer vor etwa 250 Millionen Jahren abgelagert wurde. Von entscheidender Bedeutung für die Wirtschaft vergangener Jahrhunderte und für die Besiedelung der Region waren die ***Kupferschiefer***, die aus dem zu Beginn jener Epoche in flachen Meeresbuchten abgelagerten Faulschlamm entstanden sind und neben Kupfer auch andere Metalle enthalten. Im südlichen Vorland ist der ***Buntsandstein*** vorherrschend, der durch die Abtragung flacher Berge in einem warm-trockenen Klima entstanden ist.

Schiefergebirge

Das Schiefergebirge ist überwiegend aus etwa 300-600 Millionen Jahre alten Gesteinen aufgebaut, die durch starke tektonische Beanspruchung gefaltet und gepresst wurden. Wie der Name des Mittelgebirges vermuten lässt, handelt es sich überwiegend um ***Schieferarten***, die sich bekanntlich dadurch auszeichnen, dass sie sich in dünne Platten spalten lassen. Sie wurden früher in der Gegend von Steinach als Griffelschiefer abgebaut und zur Herstellung von Schultafeln verwendet. Bis heute werden besonders reine ***Tonschiefer*** in den Kreisen Saalfeld und Lobenstein im Untertagebau gewonnen und als ***Dachschiefer*** verwendet. Wirtschaftliche Bedeutung hatten auch ***Eisenerze,*** die bis in jüngste Zeit in der Gegend von Saalfeld und Schmiedefeld bei Neuhaus abgebaut wurden. In einigen Gegenden fand man auch Quarzgänge, die ***Gold*** enthielten. Diese Goldadern wurden im späten Mittelalter bei Steinheid, Reichmannsdorf und im Schwarzatal ausgebeutet.

Besiedelung

Rodungen Die Besiedelung des Thüringer Waldes und des Thüringer Schiefergebirges begann später als die des Vorlandes, und während vor allem entlang seinem Nordrand zahlreiche größere Städte entstanden sind, findet man in den Bergen bis heute fast nur kleinere Orte. Erste Rodungen begannen im 7. Jh. durch einwandernde ***slawische Siedler.*** Die Hauptrodungszeit erstreckte sich vom 11. bis zum 13. Jh., und zu dieser Zeit drangen Bauern und Köhler auch in die höheren Lagen und in das Thüringer Schiefergebirge vor. Im 12. und 13. Jh. begann der Eisen-, Kupfer- und Silberbergbau.

Handwerke Da die Landwirtschaft nicht sehr ertragreich war und auch keine reichen Handelsstädte wie nördlich des Waldes entstanden, entwickelten sich im Thüringer Wald und Schiefergebirge zahlreiche Handwerke und Gewerbe, die auch in ***Heimarbeit*** betrieben werden konnten: Glasbläser, Kräutersammler, Griffelmacher, Vogelsteller, Harzer, Pechsieder, Kienrußbrenner, Maskenmacher, Schnitzer, Puppen- und Spielzeugmacher, Christbaumschmuckhersteller und sogar Blasrohrbauer. Über diese Tätigkeiten informiert sehr interessant und aufschlussreich das Thüringer Volkskundemuseum in Erfurt.

Naturparks

Charakter Drei verschiedene Naturparks umfassen die gesamte Bergregion nahezu vollständig und bilden ein ***durchgehendes Schutzgebiet.***

Aus alten Weideflächen wurden blumenreiche Bergwiesen

Dieses Gebiet ist zu über 50% von ***Wald*** bedeckt. Besonders waldreich zeigt sich der Thüringer Wald, da seine steilen Hänge für landwirtschaftliche Nutzung ungeeignet sind. Auf den Hochebenen des Schiefergebirges hingegen erstrecken sich auch weite Acker- und Wiesenflächen. Die einstigen Mischwälder wurden fast überall durch Fichtenkulturen verdrängt, nachdem 800 Jahre Flößerei und Glasherstellung die Berge ihrer ursprünglichen Baumbestände beraubt hatten. Stellenweise findet man jedoch auch heute noch urwüchsige Buchenmischwälder.

Für Abwechslung und ***Artenvielfalt*** sorgen außerdem blumenreiche Bergwiesen auf alten Weideflächen, malerische Bachtäler, schattige Schluchtwälder und die hochgelegenen Moore mit ihrer charakteristischen Tier- und Pflanzenwelt.

Information

- ***Biosphärenreservat Vessertal,*** Waldstraße 1, 98711 Schmiedefeld, Tel. 036782/6660, Fax 66629, Internet: www.biosphaerenreservat-vessertal.de
- ***Verband Naturpark Thüringer Wald e.V.,*** Dorfstr. 16, 98749 Friedrichshöhe, Tel. 036704/709930, Fax 709919, Internet: www.thueringer-wald.com
- ***Naturpark Thüringer Schiefergebirge/Obere Saale,*** Wurzbacherstr. 16, 07338 Leutenberg, Tel. 036734/2309-0, Internet: www.thueringer-schiefergebirge-obere-saale.de

Thüringer Keramik

Töpferwaren

Die Keramikherstellung ist vor allem in den Randgebieten des Thüringer Waldes beheimatet. Sie hat sich aus der bäuerlichen Gebrauchstöpferei entwickelt und ist gerade deshalb von so schlichter Schönheit, ohne Schnörkel und Firlefanz. Die zweckmäßigen, aber zugleich stilvollen Formen der Schüsseln, Kannen, Krüge, Tassen und Teller stammen aus der ***Volkskunst*** und wurden von Generation zu Generation weitergegeben. Früher luden die Töpfer ihre Waren auf hübsch bemalte Planwägelchen und zogen damit auf die Märkte oder boten sie von Haus zu Haus an. Noch heute sind die meisten Töpfereien Thüringens kleine Familienbetriebe.

Meist sieht man schlichte gelb-, braun- oder blauglänzend glasierte Irdenware mit ebenso sparsamem wie geschmackvollem ***Dekor*** in Gestalt traditioneller Linien- und Pünktchenmuster. Bevorzugt werden runde, behäbige, oft land-

schaftsgebundene ***Formen,*** die man früher mit selbstgefertigten Malhörnchen verzierte.

Töpferorte Verbreitete Tonvorkommen ließen vor allem in den Randlagen des Thüringer Waldes eigenständige ***Zentren bäuerlicher Keramik*** entstehen: Römhild im Süden und Gerstungen, Großhild und Bürgel im Norden.

Das kleine Städtchen ***Römhild*** im Grabfeld zwischen Rhön und Thüringer Wald ist durch seine Töpferkunst weit bekannt geworden. Diese lange Tradition pflegt bis heute der 1720 gegründete Töpferhof, der zu den größten Kunstkeramik-Betrieben Europas gehört, und alljährlich findet in Römhild der traditionelle Töpfermarkt statt.

Der wohl bekannteste Töpferort Thüringens ist ***Bürgel*** bei Jena, das auf eine dreihundertjährige Tradition zurückblickt. Das kleine Städtchen pflegt bis heute die alte Scheibentöpferei in kleinen Meisterbetrieben. Es hat einen historischen Brennofen bewahrt und besitzt ein sehenswertes Keramikmuseum. Sein Tongeschirr mit dem weißem Tupfenmuster auf dem charakteristischen blauen Grund ist als „Bürgelgeschirr“ zu einem Begriff geworden.

Dreihundert Jahre Töpfertradition

Holzschnitzer und Puppenmacher

Nürnberger und Thüringer

Nürnberger Kaufleute haben auf ihren Fahrten durch Thüringen zur Leipziger Messe die Waldbewohner dazu angeregt, Holzwaren anzufertigen. Erste Produkte waren Haus- und Küchengeräte, die die Köhler und Waldarbeiter während der Wintermonate fertigten. Im Frühjahr nahmen die Kaufleute diese Waren dann mit auf die Märkte. Auch die seit dem 13. Jh. in Sonneberg ansässigen Holzschnitzer und Docken-(Puppen-)macher verkauften ihre Produkte an die durchziehenden Händler, die sie dann als ***„Nürnberger Waren"*** auf den Markt brachten. Als nach dem Dreißigjährigen Krieg die Verbindungen zu den Nürnbergern unterbrochen waren, nahmen die Thüringer den Vertrieb selbst in die Hand.

Wismutmalerei

Mit wachsendem Wohlstand und Ausdehnung der Handelsgebiete wuchsen auch die Ansprüche an die Holzwaren. Man verlangte „modische" Formen und vor allem ***bemalte Holzwaren.*** Die Schnitzer und Drechsler konnten ihre Produkte nun nicht mehr direkt verkaufen, sondern lieferten sie zunächst an die Maler, und die Wismutmalerei

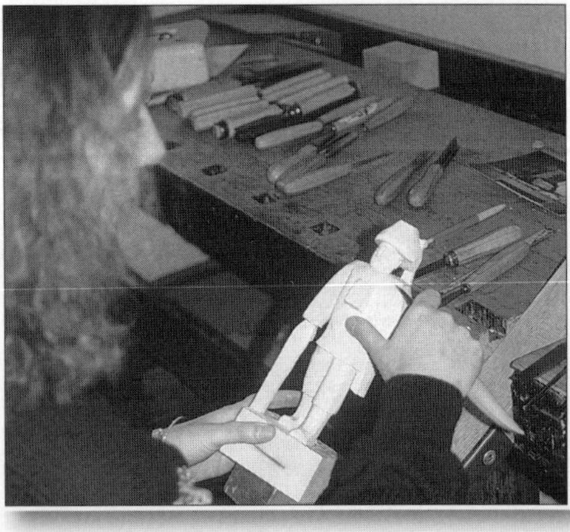

entwickelte sich rasch zu einem bedeutenden Gewerbe in Sonneberg.

Bossierer

Im 18. Jh. spezialisierte sich eine Gruppe von Malern zu „Bossierern". Nach einem von den Wismutmalern erfundenen Verfahren, das „Bossieren" (von „bossen" = kleine Feinarbeiten machen), stellten sie schwierig zu schnitzende Teile für Figuren aus einer ***Teigmasse*** her, die aus Schwarzmehl und Leimwasser bestand.

Kaufleute und Heimarbeiter

Ab dem 17. Jh. traten die Sonneberger gleichberechtigt mit den Nürnbergern auf der Frankfurter Messe auf und exportierten nicht nur in zahlreiche europäische Länder, sondern sogar nach Amerika. Gesichert wurde das Handelsmonopol durch das ***„Große Sonneberger Privilegium",*** das bis zur Einführung der Gewerbefreiheit galt.

Die Folge davon war jedoch auch, dass die Kaufleute die Preise diktieren konnten und die Heimarbeiter in zunehmende Abhängigkeit gerieten und sich gegenseitig unterboten, um Aufträge zu bekommen. Am schlimmsten war die ***Lage der Schnitzer und Drechsler,*** weil die unbemalten Holzwaren sich kaum auf den Märkten verkaufen ließen. Die Erträge aus der kleinen Landwirtschaft waren karg, und zudem fielen die größten Aufträge der Schnitzer in die Hauptarbeitszeit der Landwirtschaft. Oft waren diese Leute verschuldet und lebten mehr schlecht als recht von Kartoffeln: „Kartoffeln in der Früh, zu Mittag in der Brüh, des Abends mitsamt dem Kleid – Kartoffeln in Ewigkeit", hieß es damals. Um Lagerkosten zu sparen, vergaben die „Verleger" genannten Händler ihre Aufträge kurzfristig, so dass die Heimarbeiter und ihre Kinder in den Monaten des Weihnachtsgeschäftes bis zu 20 Stunden am Tag arbeiten mussten.

Papiermaché

1806 führte der Spielwarenarbeiter *Friedrich Müller* für die Puppenherstellung das aus Papierabfällen, Schwarzmehl, Schlemmkreide und Leimwasser gemischte Papiermaché ein. Diese Masse wurde in Formen gepresst, an der Luft getrocknet und anschließend lackiert. Der Beruf des Bossierers, der seine Figuren frei formte, wurde durch den des „Drückers" abgelöst, der die Masse nur noch in die vorgefertigten Formen „drückte". Hierdurch war die Grundlage für eine billige ***Massenproduktion*** geschaffen. Das Papiermaché dominierte bis zum Ende des 19. Jh. und wurde erst in neuerer Zeit durch Kunststoffe (Weichplaste) abgelöst.

(Nach Informationen aus „Der Puppenmacher" von Karin Kaspaar, in „Heimarbeit und Lohnerwerb in Thüringen", herausgegeben vom Museum für Thüringer Volkskunde, Erfurt 1989)

Thüringer Backwerk: Striezel und „nasse" Kuchen

Spezialitäten

Neben Sachsen ist Thüringen das ***traditionelle deutsche „Kuchenland".*** Gebacken wird im kornreichen Herzen Deutschlands seit ältester Zeit, und das Teigkneten und Backen war ein feierliches, fast heiliges Ritual.

Neben großen Brotlaiben wurden zunächst einfache, ***trockene Kuchen*** in der Pfanne gebacken: mit Zwiebeln und einem Ei verfeinerte „Detscher", die manchmal auch einfach auf der Herdplatte knusprig braun gebacken wurden, so genannte ***Pfannen*** aus Kartoffelteig mit Milch, Öl und einem Obstbelag oder die bekannten ***Striezel,*** die man – wenn nicht gerade Beerenzeit war – einfach mit Butter bestrich und mit Zucker bestreute.

In den zahlreichen Klöstern mit eigenen Backhäusern wurde das Kuchenbacken zu einer Kunst entwickelt, und eine Vielfalt unterschiedlicher Ku-

chenrezepte entstand. Die ***berühmten „nassen" Obstkuchen*** („nass" = saftig) mit dem traditionellen Guss aus Eigelb, Zucker und saurer Sahne gab es früher nur zu besonderen Festen: zu Ostern und Pfingsten, zur „Kirmse" oder an Hochzeiten. Dann schwelgte man in leckeren „Zwetschen"- und Apfelkuchen mit Guss, in „Zippelkuch" (Zwiebelkuchen) und Speckkuchen, in „Schmant-"(Sahne-)kuchen oder in „trockenem" Butterstreusel-Gebäck.

Dorfbackhaus

Schon im 6. Jahrhundert wurde aus Franken das Dorfbackhaus eingeführt, das bald nicht nur dem Backen diente, sondern zu einer gesellschaftlichen Einrichtung wurde. Was den Männern ihr Wirtshaus, das war für die Frauen das „Backs": ***Treffpunkt und Informationsbörse.*** Hier konnten sie nach Herzenslust tratschen und Neuigkeiten oder Rezepte austauschen.

Unter dem Jahr wurde dort überwiegend Brot gebacken: duftende, knusprige und bis zu sechs Pfund schwere Laibe in großer Zahl, die für meh-

Dorfbackhaus

rere Wochen reichten und in Holztrögen oder in Tücher eingeschlagen im Keller gelagert wurden. Besonderer Betrieb herrschte natürlich zur ***Kirmes- und in der Vorweihnachtszeit,*** wenn Hunderte von Kuchen und Schietchen (=Stollen) zu backen waren. Dann wurden selbst die Wohnstuben zu Bäckereien, und viele Familien haben bis heute ihre eigenen wohlbehüteten Rezepte.

Thüringer Fachwerk

Vorkommen

Die für das waldreiche Thüringen charakteristische Bauweise ist das mit dem Giebel zur Straße stehende Fachwerkhaus – entweder im üppigeren fränkischen oder im schlichteren hennebergischen ***Stil.*** Nicht nur Wohnhäuser und Gehöfte wurden so gebaut, sondern auch solche ***Gebäude,*** Kirchen, Klöster, Burgen und später sogar Industriebauten. Und da ein aus soliden Eichenbalken gefertigter Fachwerkbau viele Jahrhunderte überdauern kann, haben sich zahlreiche dieser Schmuckstücke bis heute erhalten.

Grundskelett

Das Grundskelett eines ***Fachwerkbaus*** besteht aus den waagerechten „Schwellen" und senkrechten

„Ständern“ oder „Stielen“, die durch schräge Streben oder „Bänder“ stabil mit den Schwellen und Rahmen verbunden werden. Die Bänder werden als „Fußband“ oder als „Kopfband“ bezeichnet, je nachdem, ob sie den Ständer nach unten oder nach oben verstreben. Den oberen Abschluss des Stockwerks bildet der wiederum waagerecht liegende Rahmen oder „Rähm“. Zum Ausfüllen der Zwischenräume („Gefache“) verwendete man meist Lehm und Feldsteine.

Dekorationen

Die zunächst schlichten und rein technisch bedingten Konstruktionen wurden im Laufe der Zeit durch regional ***unterschiedliche „Figuren“*** zu dekorativer Schönheit ausgestaltet. Diagonal überkreuzte Streben ergaben das „Andreaskreuz“, je zwei nach oben und unten gerichtete Streben, die sich zu beiden Seiten eines Ständers paarweise überschneiden, heißen „Männer“, und reichen zwei Streben bis an kurze Knaggen (Eckverbindung zwischen Ständer und Rähm) heran, so spricht man vom „Wilden Mann“. Daneben gibt es Rosetten, Rauten und geschweifte Rauten sowie dekorative Schnitz- und Sägearbeiten.

Orte

Bekannt für ihre schönen Fachwerkbauten sind beispielsweise ***Schmalkalden*** (hennebergischer Stil mit vorkragenden Geschossen und kraftvollem Rähm), ***Meiningen*** (fränkisch-thüringischer Stil mit vielfältigen Verzierungen) und ***Wasungen.*** Besonders prachtvolle Beispiele findet man in ***Suhl*** (hennebergischer Stil), in den Ortsteilen Neundorf und Heinrichs. Etwa das Neundorfer „Waisenhaus“ mit charakteristischen „Wilden Männern“, „Thüringer Leitern“ und reich verzierten Balkenköpfen, und – als besonderes Glanzstück – das Rathaus in Heinrichs mit geschweiften Andreaskreuzen, Mann-Figuren, Rauten und Rosetten, die zusammen mit den Schwellen und Ständern ein faszinierendes Muster ergeben.

Thüringer Märkte und Feste

„Tages Arbeit, abends Gäste, saure Wochen, frohe Feste", so hat es einer der namhaftesten Bürger Thüringens in Worte gefasst: ***Johann Wolfgang von Goethe.*** Und seine Landsleute verstehen es bis heute, ihre traditionellen Märkte und Volksfeste lebendig zu erhalten.

Kirmes

Weit verbreitet ist die „Kirmse" (Kirmes), ein Kirchweihjubiläum und ausgelassenes Volksfest, das aus uralten Erntebräuchen hervorgegangen ist. Einen besonderen Ruf genießt die „Kirmse" von Steinach und die „Brotteröder Kirmse", aber auch in vielen anderen Orten des Thüringer Waldes wird dieses Fest ausgiebig gefeiert. Mit Musik und farbenfrohen Umzügen vergnügt man sich oft tagelang, und abends geht es auf dem Tanzboden hoch her.

Örtliche Feste

In ***Eisenach*** feiert man mit dem „Sommergewinn" zu Lätare (dritter Sonntag vor Ostern) den Sieg von Frau Sunna über den grimmigen Herrn Winter. In einem Festzug, angeführt von alten Germanen und gefolgt von zahlreichen Frühlingsboten, werden beide Gestalten durch die mit Papierblumen und den Fruchtbarkeitssymbolen Ei und Brezel geschmückten Straßen zu Markt geführt, wo der Herr Winter als Strohpuppe verbrannt wird.

Alte Traditionen werden z.B. beim Burgfest und beim Schmiedefest in ***Steinbach-Hallenberg,*** beim Grubenfest am Schaubergwerk ***Finstertal*** bei Schmalkalden, beim großen Schützenfest in ***Suhl,*** beim Großbreitenbacher Kräutermarkt und beim Köhlerfest in ***Schmerbach*** neu belebt.

Märkte

Zu den bekanntesten Märkten zählt der ***Weimarer Zwiebelmarkt,*** der sich zu einem Volksfest von überregionaler Bedeutung entwickelt hat. Er wurde bereits 1653 als „Zippel- und Viehemarkt" urkundlich erwähnt und zu *Goethes* Zeit auf dem Frauenplan abgehalten. Zum Wahrzeichen dieses Marktfestes ist der kunstvoll geflochtene Zwiebelzopf geworden, aber neben Zwiebeln werden dort auch Obst und Gemüse, Blumen, Holz- und Keramikwaren sowie andere Thüringer Spezialitäten angeboten.

Weitere bekannte Märkte sind zum Beispiel der historische ***Herscheklasmarkt in Schmalkalden,*** der ***Lauschaer Kugelmarkt*** und Glasmarkt, der ***Arnstädter Wollmarkt,*** der ***Großbreitenbacher Kräutermarkt*** und der ***Heiratsmarkt in Paulinzella.*** Märkte, Feste und Veranstaltungen sind zusammen mit Angaben, wann sie stattfinden, im Infoteil zu jeder Ortschaft angegeben. Sie bieten vielfältige Gelegenheit, den Thüringer Wald und seine Bewohner kennen zu lernen und ihnen näher zu kommen.

Brotteröder „Kirmse"

Eisenach – die Wartburgstadt

Vorwahl:	03691 (vielen alten Rufnummern wurde eine 20 vorangestellt)
PLZ:	99817
Einwohner:	45.000
Höhe:	208-300 m
Stadtteile:	Hötzelsroda, Stedtfeld, Hörschel-Neuenhof, Wartha-Göringen, Stockhausen, Stregda, Neukirchen, Madelungen

Kommt man von Hessen her auf der großen West-Ost-Achse über den ehemaligen Grenzübergang Herleshausen nach Thüringen, so ist Eisenach die erste der großen und ***kulturell-historisch bedeutenden Städte,*** die sich von hier wie eine Perlenkette nach Osten erstrecken. Zugleich ist Eisenach aber auch die ***Pforte zum Thüringer Wald.*** Die Stadt liegt eng an dessen Nordwestrand geschmiegt in den Tälern von Hörsel und Nesse und ist von bewaldeten Bergen umgeben, die eng um sie herum zusammenrücken. Schmale Gassen, kleine Plätze und zahlreiche historischen Bauwerke, die in den letzten Jahren schön restauriert wurden, verleihen Eisenach eine liebenswürdige Atmosphäre kleinstädtischer Beschaulichkeit.

Geschichte

Als der Wartburg-Graf *Ludwig III.* vom Kaiser zum thüringischen Landgrafen ernannt wurde, musste die am Schnittpunkt bedeutender Handelswege gelegene ***Marktsiedlung Grimmelsbach*** (am heutigen Frauenplan) ausgebaut werden. Die umliegenden Ortsteile und Märkte an der Nikolaikirche und der Georgenkirche (heutiger Markt) verschmolzen rasch und bildeten ab etwa 1150 die ***Stadt Eisenach,*** die 1189 als landgräfliche Stadt erstmals urkundlich erwähnt wurde und ab etwa 1200 eine Stadtmauer besaß.

Durch den Thüringer Erbfolgekrieg kam Eisenach 1262 an den *Markgrafen Heinrich von Meißen*. Es verlor seinen Rang als Hauptstadt und gehörte fortan zu den Wettinischen Landen. Als Hessen von Thüringen getrennt wurde, lag die Stadt wieder im westlichen Grenzgebiet. Um die Grenzstadt zu sichern und gleichzeitig die aufrührerischen Eisenacher in Schach zu halten, wurde an der nördlichen Stadtmauer, dort, wo heute das Theater steht, eine zweite

Zwingburg errichtet. Die ***„Klemme“*** nannte sie der Volksmund, weil die Stadt zwischen ihr und der Wartburg (deren Geschichte siehe unter „Die Wartburg“) „eingeklemmt“ wurde. 1306 erhoben sich die Bürger und zerstörten die „Klemme“, um Eisenach als Reichsstadt dem König zu unterstellen. Nach dessen Tod eroberte der Markgraf von Meißen die Stadt jedoch erneut, und die „Klemme“ musste wieder aufgebaut werden.

Stark geprägt wurde die Stadt im Mittelalter auch durch zahlreiche kirchliche Einrichtungen – darunter allein sieben (!) Klöster –, weshalb ***Luther*** sie als „Pfaffennest“ und „geistlichen Stapelort“ bezeichnet hat. Der junge *Luther* kam 1498 nach Eisenach, wo er bis 1501 die Lateinschule St. Georg besuchte. Auf seinem Weg zum Reichstag von Worms und wieder zurück predigte er 1521 mehrmals in der Georgenkirche. Wenig später lebte er – zu seiner eigenen Sicherheit gekidnappt – bis 1522 als *„Junker Jörg“* auf der Wartburg, wo er das Neue Testament ins Deutsche übersetzte.

1525 begannen in Eisenach die Unruhen des ***Bauernkrieges.*** Zunächst wurden die Bauern durch das Bürgertum unterstützt. Als das Heer der Fürsten anrückte, stellte sich der Stadtrat jedoch auf dessen Seite. Die Hauptleute des vor Eisenach lagernden Werrahaufens wurden in die Stadt gelockt und auf dem Markt enthauptet. Doch alle Klöster und Kirchen waren bereits gestürmt und zerstört, und die katholische Tradition war ausgelöscht. Eisenach wurde evangelisch-lutherisch.

In der ***Zeit der absolutistischen Herzöge*** von 1662 bis 1790 erlebte Eisenach (ab 1672 Residenzstadt) eine Zeit der kulturellen Blüte und reger Bautätigkeit.

1685 wurde hier ***Johann Sebastian Bach*** geboren, der berühmteste Sohn der Stadt.

Auf der Wartburg trafen sich 1817 bürgerlich-demokratische Burschenschaften zum ***Wartburgfest,*** dem ersten großen nationalen Treffen, um gegen Kleinstaaterei und für demokratische Rechte zu demonstrieren. Aus ihrer Burschenschaftsfahne sind die deutschen Nationalfarben schwarz-rot-gold hervorgegangen.

Die industrielle Entwicklung veränderte das Stadtbild durch Spinnereien, Färbereien und Farbenherstellung, und 1896 legte man den Grundstein zu der bis heute bedeutenden ***Automobilindustrie*** Eisenachs. Die Erhardtsche Fahrzeugfabrik wurde zunächst *Dixiwerk,* dann bis zum Ende des Zweiten Weltkriegs *BMW*-Filiale. Während der DDR-Zeit wurde dort der große Bruder des *Trabi,* der *Wartburg* gebaut. Insgesamt sind seit 1956 1,2 Millionen Exemplare dieses Mittelklassewagens hergestellt worden. Seit der Wende hat *Opel* mit dem *Vectra* hier die Automobilproduktion aufgenommen, und auch *BMW* ist wieder in Eisenach.

Bereits 1847 wurde Eisenach an die Bahnlinie Erfurt – Gotha angeschlossen, 1858 folgte der Anschluss an die Werrabahn. Neue Straßen durch den Thüringer Wald, nach Hessen und Nordthüringen wurden gebaut, und Eisenach entwickelte sich durch ***günstige Verkehrsverbindungen*** zur Industrie- und Kongressstadt.

Auf der ersten öffentlichen Arbeiterversammlung wurde 1868 der erste selbständige Arbeiterverein gegründet, der zu den Lassalleanern gehörte. Im August 1869 wurde auf dem ***Eisenacher Arbeiterkongress*** unter Führung von *August Bebel* und *Wilhelm Liebknecht* die Sozialdemokratische Arbeiterpartei Deutschlands gegründet (Eisenacher Partei) deren „Eisenacher Programm" weitgehend den Lehren von *Marx* und *Engels* entsprach und für viele Arbeiterparteien in aller Welt zum Vorbild wurde.

Im ***Zweiten Weltkrieg*** wurden große Teile der Stadt zerstört, und in den nachfolgenden 40 Jahren ***DDR*** prägte eine verfehlte Baupolitik das Stadtbild: Vernachlässigung der alten Bausubstanz, Flächenabrisse und Großblock-Bauweise mit zum Teil massiven Eingriffen in das historische Stadtbild.

Sehenswertes

Stadtbesichtigung

Trotz Zerstörungen im Krieg und Vernachlässigung zur DDR-Zeit konnten eine ganze Reihe bedeutender Bauwerke der Innenstadt erhalten und teilweise schön restauriert werden. Dadurch hat sich das Stadtbild spürbar freundlicher gestaltet und belebt.

Karlsplatz

Wer mit dem Bus oder Zug ankommt, der erreicht den Platz nach einem kurzen Weg entlang der Bahnhofstraße. Autofahrer finden einen großen gebührenpflichtigen Parkplatz an der Waldhausstraße. Durch das ***Nikolaitor*** gelangt man auf den Karlsplatz, mit dem man den mittelalterlichen Teil der Stadt betritt. Das Nikolaitor ist in seiner ursprünglichen Form um 1170 im romanischen Stil entstanden und heute das letzte von einst fünf Stadttoren, das erhalten geblieben ist.

Durch zwei Rundbögen und einen Zinnenkranz mit dem Nikolaitor verbunden, erhebt sich daneben die um 1200 als spätromanische Basilika erbaute ***Nikolaikirche,*** eines der schönsten und ältesten Baudenkmäler der Stadt. Sie gehörte zu dem angrenzenden Nonnenkloster des Benediktinerordens, das bis zur Zeit von Reformation und Bauernkrieg bestand. Das Kircheninnere wurde 1968-1971 in seiner ursprünglichen Form restauriert. Der Karlsplatz mit dreieckigem Grundriss war bereits seit 1368 Ort des Samstagsmarktes. Chroniken beweisen, dass sich hier einer der ältesten Siedlungskerne befunden hat, und die Hotel- und Bankgebäude lassen erkennen, dass der Platz seine Bedeutung bis in die Gegenwart bewahrt hat. Hier steht auch das 1895 von *Adolf von Donndorf* geschaffene ***Luther-Denkmal.***

Theaterplatz

Wer einen ausgedehnteren Rundgang machen will, der geht vom Karlsplatz auf der Alexanderstraße stadteinwärts und biegt dann nach rechts in die Querstraße. Diese mündet in den Theaterplatz mit dem repräsentativen Bau des ***Landestheaters*** (1879 eröffnet, 1993 renoviert). An seiner Stelle befand sich bis 1872 die 1263 als Wasserburg erbaute „Klemme" (siehe Geschichte).

Jakobsplan

In Richtung Westen folgt man der Sophienstraße, an der die ***Elisabethkirche*** (1888) steht und eine Gedenktafel am Geburtshaus von *Ernst Abbé* an den Mitbegründer der Zeisswerke in Jena erinnert. Auf dem Jakobsplan steht ein ***Denkmal des Drachentöters St. Georg,*** des Schutzpatrons Eisenachs, und an der Westseite des Platzes befindet sich das ***Bechtolsheimsche Palais,*** in dem *Goethe* ab 1777 häufig Gast des literaturinteressierten Vizekanzler-Ehepaars *von Bechtolsheim* war. Hinter dem Palais gelangt man zu der vor einigen Jahren restaurierten ***Stadtmauer*** mit Wehrgang und Aufstiegsturm.

★ 1 Wartburg
2 Jugendherberge
★ 3 Fritz-Reuter-Villa
★ 4 Kartausgarten
★ 5 Gedenkstätte Goldener Löwe
★ 6 Bachhaus
★ 7 Lutherhaus
★ 8 Residenzhaus
9 Georgenkirche
10 Stadtschloss
11 Elisabethkirche
★ 12 Schwarzer Brunnen
13 Predigerkirche
14 St.-Annen-Kirche
★ 15 Bechtolsheimisches Palais
16 Landestheater
★ 17 Nikolaikirche und Nikolaitor
• 18 Hauptbahnhof
19 Automobilbaumuseum
Eisenach-Information
Mühlhausen, A4
B84
Creutzburg
Herrenmühlenstr.
Rennbahn
Werneburgstraße
Karl-Marx-Straße
Kasseler Str.
August-Bebel-Straße
Hospitalstraße
Fischerstadt
Katharinenstraße
Hinter der Maue
14
Georgenstraße
12
Schlossberg
13
Schloßberg
Wartburgallee
Marksuhl
★1
Wartburgallee
0
300 m
Mariental
Drachen-Schlucht, Bad Salzungen
2

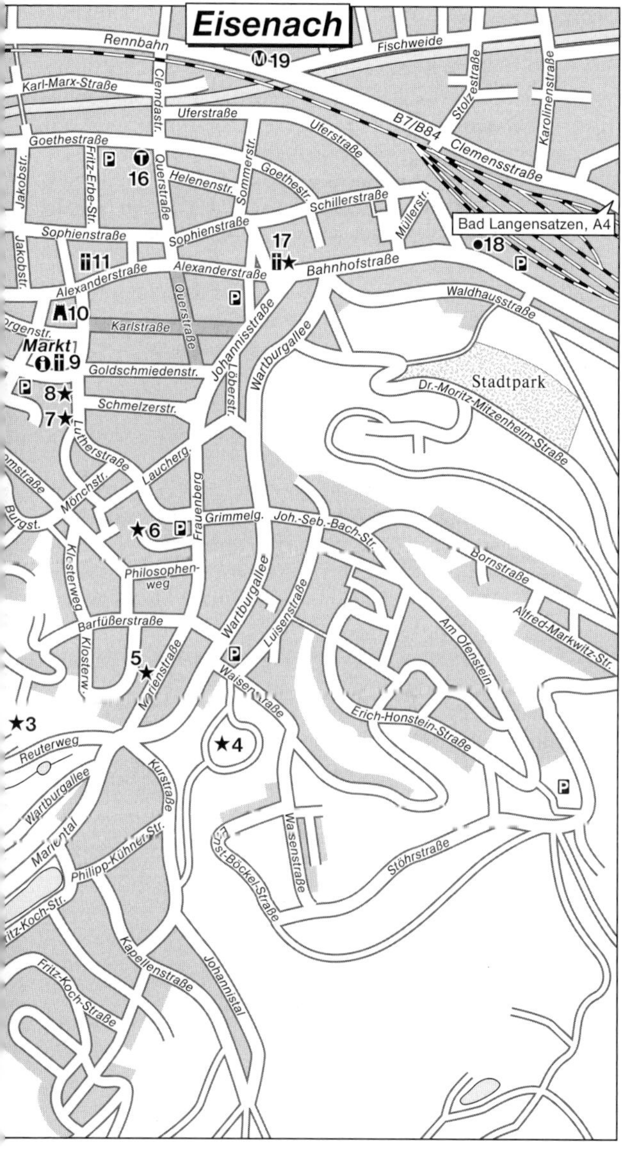
Eisenach
Rennbahn
Fischweide
19
Karl-Marx-Straße
Clemdastr.
Uferstraße
B7/B84
Stolzestraße
Karolinenstraße
Goethestraße
Fritz-Erbe-Str.
16
Querstraße
Helenenstr.
Sommerstr.
Goethestr.
Clemensstraße
Schillerstraße
Müllerstr.
Jakobstr.
Sophienstraße
Bad Langensatzen, A4
17
18
11
Alexanderstraße
Bahnhofstraße
Waldhausstraße
10
Karlstraße
Johannisstraße
Wartburgallee
Markt
9
Goldschmiedenstr.
Stadtpark
8
Schmelzerstr.
Löberstr.
Dr.-Moritz-Mitzenheim-Straße
7
Lutherstraße
Laucherg.
Mönchstr.
Frauenberg
Grimmelg.
Joh.-Seb.-Bach-Str.
Burgst.
6
Bornstraße
Philosophenweg
Luisenstraße
Am Ofenstein
Alfred-Markwitz-Str.
Barfüßerstraße
Klosterw.
5
Waisenstraße
Erich-Honstein-Straße
3
4
Reuterweg
Kurstraße
Wartburgallee
Philipp-Kühner-Str.
Störhstraße
Wasenstraße
Fritz-Koch-Straße
Kapellenstraße
Johannistal

Georgenstraße

Etwas weiter südwestlich, an der Georgenstraße, Ecke Reine Gasse, erhebt sich die schlichte spätgotische ***St.-Annen-Kirche,*** die sich früher außerhalb der Stadtmauer befand und zu dem von der *Landgräfin Elisabeth* 1226 gegründeten St.-Annen-Hospital gehört haben soll.

Folgt man der Georgenstraße nun wieder stadteinwärts, so erblickt man an der Kreuzung mit der Wydenburgkstraße den ***Schwarzen Brunnen,*** der an eine Katastrophe erinnert, die sich 1810 an dieser Stelle ereignet hat. Auf dem Rücktransport von *Napoleons* siegreichen Feldzügen nach Frankreich sind hier aus ungeklärten Gründen drei mit Munition beladene Güterwagen explodiert. Zurück blieb ein Trümmerfeld – 62 Menschen starben, und über 30 Häuser wurden zerstört.

Predigerplatz

Über die Wydenburgkstraße gelangen wir weiter auf den Predigerplatz mit der ***Predigerkirche,*** die zu Ehren der *Landgräfin Elisabeth* kurz nach deren Heiligsprechung erbaut wurde. Heute ist die Kirche Bestandteil des ***Thüringer Museums*** und beherbergt eine Sammlung mittelalterlicher Kunst. Wenige Schritte weiter gelangt man durch die enge Untere Predigergasse auf den Marktplatz.

Marktplatz

Wer weniger Zeit hat und sich auf die wichtigsten Sehenswürdigkeiten konzentrieren will, der geht vom Karlsplatz durch die als Fußgängerzone gestaltete Karlstraße (Hauptgeschäftsstraße) mit stilvoll renovierten Fassaden direkt zum Marktplatz. Rechts der Einmündung der Karlstraße auf den Markt fällt das prachtvoll restaurierte Fachwerkgebäude der ***Ratsapotheke*** auf. Gegenüber steht das ***Rathaus*** mit seinem schiefergedeckten Turm, ein stilvolles Renaissancegebäude, das 1564 für die Ratsherren umgebaut worden ist. Am Fuß des Turmerkers sind die „Eisenacher Elle" und eine Öse des alten Prangers zu sehen.

Das ***Stadtschloss*** an der Nordseite des Marktes wurde 1742-45 erbaut. Mehrere bereits bestehende Bürgerhäuser wurden einbezogen und zu einer einheitlichen Fassade zusammengefasst. Heute ist hier das ***Thüringer Museum*** untergebracht, das eine bemerkenswerte Porzellansammlung (18.-20. Jh.), Glaserzeugnisse, Gemälde und Thüringer Volkskunst zeigt (bis 2008 wegen Renovierung geschlossen; zurzeit nur Sonderausstellungen).

Auf dem Marktplatz erhebt sich die bereits 1196 genannte ***Georgenkirche,*** die dem Schutzpatron Eisenachs geweiht ist. Die ursprünglich romanische Kirche wurde ab 1515 im gotischen Stil umgebaut und erhielt 1899/1902 ihren barockisierenden Turm. In dieser Kirche wurde 1221 die ungarische Königstochter *Elisabeth* mit dem *Landgrafen Ludwig IV.* vermählt. *Luther* predigte hier 1521 auf dem Rückweg von Worms, *Bach* wurde hier 1685 getauft und sang als Chorknabe, und heute werden in der Georgenkirche häufig Bachwerke aufgeführt. Nach der Reformation war sie eine der ersten protestantischen Kirchen. Neben anderen Kunstschätzen birgt sie die vom Kloster Reinhardsbrunn hierher überführten „Landgrafensteine", die Grabsteine der Thüringer Landgrafen aus dem 14. Jh.

Auf dem Marktplatz steht der 1549 geschaffene ***Marktbrunnen*** mit dem vergoldeten Standbild des Stadtpatrons und Drachentöters St. Georg. Das ***helle Kreuz*** im dunklen Straßenpflaster zwischen der Georgenkirche und der Hauptpost markiert die Stelle, an der 1525 beim Herannahen des Fürstenheeres fünf aufständische Bauernführer enthauptet worden sind.

Lutherhaus Hinter der Kirche geht man am ***Residenzhaus*** vorbei und die Lutherplatz genannte Straße hinauf zum Lutherhaus, einer der wichtigsten Sehenswürdigkeiten in Eisenach. In diesem sehr schönen ***spätgotischen Fachwerkhaus*** soll *Martin Luther* als Lateinschüler von 1498 bis 1501 bei der wohlhabenden Bürgerfamilie *Cotta* gelebt haben. Das ursprüngliche Gebäude wurde 1944 bei einem Bombenangriff zerstört, nach dem Krieg aber ori-

ginalgetreu mit schönen Ziermotiven und dem seltsam nach innen geneigten ersten Geschoss wiederaufgebaut. Heute beherbergt es eine neu gestaltete und höchst sehenswerte ***Luthergedenkstätte*** mit Exponaten aus der Reformationszeit und Multimedia-Einrichtungen. Im Obergeschoss befindet sich eine interessante Sammlung zur Geschichte und kulturellen Bedeutung des evangelischen Pfarrhauses.

Frauenplan Am anderen Ende der Lutherstraße kommt man auf den Frauenplan mit dem ***Bachdenkmal*** und dem ***Bachhaus.*** Der berühmte Musiker und Komponist wurde am 21. März 1685 in Eisenach geboren. Da sein Geburtshaus nicht mehr existiert, wurde das aus dem 17. Jh. stammende Bürgerhaus am Frauenplan 1907 als Bachmuseum ausgebaut. Es umfasst Handschriften, Bücher, Noten, Bilder und andere Dokumente aus *Bachs* Leben und Wirken,

Das Bachhaus

Das Lutherhaus – hier lernte Luther von 1498 bis 1501 bei der Bürgerfamilie Cotta Latein. Heute befindet sich ein Museum im Gebäude.

eine Sammlung von über 300 historischen Musikinstrumenten und Räume, die einen Eindruck davon vermitteln, wie bürgerliche Familien zu *Bachs* Zeiten gelebt haben. Die Besichtigung wird durch ein kleines Konzert im Instrumentensaal bereichert, und im Winter finden auch größere Konzerte statt, z.T. auf historischen Instrumenten, insbesondere zu *Bachs* Geburtstag am 21. März.

Außerhalb des Zentrums

Nördlich des Zentrums, an der Rennbahn 8 (Durchgangstraße B7 und 84) liegt das 1994 neu gestaltete ***Automobilbaumuseum,*** in dem verschiedene Fahrzeuge aus Eisenacher Produktion sowie Videovorführungen gezeigt werden. Die ältesten sind ein *Wartburg*-Modell von 1898 und eine *Dixi U 34* von 1907. Daneben sind aber auch alte *BMW*-Modelle, schnittige Fahrzeuge wie ein Sportcoupe auf Wartburgbasis und der *AWE*-Rennsportwagen zu sehen.

Noch weiter stadtauswärts in Richtung Wartburg befindet sich an der Marienstr. 57 die ***Gedenkstätte „Goldener Löwe"*** (Tel. 75434). Im ehemaligen Gasthaus Zum Goldenen Löwen trafen sich am 7. August 1869 267 Delegierte, um unter Leitung von *Bebel* und *Liebknecht* die Sozialdemokratische Arbeiterpartei zu gründen. Da es zu Auseinandersetzungen zwischen verschiedenen Flügeln

der Arbeiterbewegung kam, musste die Sitzung abgebrochen und Tags darauf im Hotel „Zum Mohren" fortgesetzt werden.

Wer Ruhe und Entspannung sucht, kann im reizvollen ***Kartausgarten*** jenseits der Wartburgallee einen schönen Spaziergang machen (Gärtnerhaus mit Teezimmer). Er geht zurück auf das um 1380 gegründete Kartäuserkloster. Die Wandelhalle erinnert an den fehlgeschlagenen Versuch Eisenachs, sich zu Beginn unseres Jahrhunderts als renommierte Kurstadt zu behaupten.

Über die Marienstraße oder die Wartburgallee (schöner Blick auf die Wartburg) erreicht man den Reuterweg, der rechts weg zur ***Fritz-Reuter-Villa*** (Tel. 743293) führt. Hier hat der Mecklenburger Mundartdichter bis zu seinem Tod 1874 gelebt, nachdem er 1863 zusammen mit seiner Frau von Neubrandenburg nach Eisenach gezogen war. Heute sind in der im italienischen Renaissancestil errichteten Villa ein ***Reuter-Museum*** und eine ***Richard-Wagner-Ausstellung*** untergebracht. Sie ist die zweitgrößte nach der Sammlung von Bayreuth, und die Bibliothek umfasst 6000 Bände.

Hier beginnt auch der schöne ***Fußweg,*** auf dem man in etwa 30 bis 45 Minuten ***zur Wartburg*** hinaufgelangt.

Die Wartburg

Hauptattraktion Eisenachs ist fraglos die Wartburg, die alljährlich mehr als zehnmal so viele Besucher anlockt, wie die Stadt Einwohner hat. Nicht nur Historikern und Freunden der Baukunst bietet sie eine Fülle von Leckerbissen, auch der Laie ist begeistert von der Pracht dieser Anlage und den vielfältigen Legenden und historischen Begebenheiten, die mit ihr verknüpft sind.

Der letzte „Wartburg", der 1991 in Eisenach vom Band ging.

Anfahrt

Gegenüber vom Bahnhof fahren vom 01.04. bis 31.10. zwischen 9 und 17 Uhr stündlich ***Busse*** zur Wartburg ab. Preis: 0,76 €.

Mit dem ***eigenen Fahrzeug*** gelangt man vom Bahnhof her über die Wartburgallee bis zum Parkplatz unterhalb der Wartburg. Wer von Westen her auf der B 84 kommt, der folgt den Schildern, die zunächst von der Burg weg zu führen scheinen, bis man an der Bahnlinie entlang auf die B 19 (Wartburgallee) gelangt. Die Strecke ist gut beschildert.

Wer es nicht eilig hat, der kann von der Kreuzung Marienstraße/Wartburgallee in 30-45 Minuten auf einem schönen und bequemen ***Wanderweg,*** dem Reuterweg, zur Wartburg hinaufsteigen oder vom Stadtzentrum aus in etwa 20 Minuten durch die Predigergasse und über den steileren Schlossberg bis zur ***Eselstation*** spazieren. Die Esel für den traditionellen Ritt zur Wartburg tragen allerdings nur maximal 60 kg und haben im Winter Urlaub. Für die letzte Etappe (10-15 Minuten), auf der keine Fahrzeuge mehr verkehren, hat man die Wahl zwischen dem Fahrweg, einer Reihe von Treppen und einem Pendelbus, der die Besucher vom Parkplatz bis zum Wartburghotel bringt (3 € für Hin- und Rückfahrt).

Geöffnet

Die Wartburg (Tel. 2500) ist ganzjährig geöffnet. ***Führungen*** finden täglich zu folgenden Zeiten statt: März-Okt. 8.30-17 Uhr, Nov.-Feb. 9-15.30 Uhr. Wer möglichst viel von seinem Wartburgbesuch haben will, der sollte zu einer Zeit kommen, in der wenig Andrang herrscht.

Der ***Eintritt*** kostet für Einzelbesucher 6,50 € für die Kombinationskarte für Palas, Museum und Lutherstube bzw. 3,50 € nur für das Museum und die Lutherstube.

TIPP: Reihen Sie sich nicht ohne Eintrittskarte in die Warteschlange! Eintrittskarten erhält man in der Dirnitz (Führung für Einzelbesucher und Gruppen vom 2. Hof aus).

Geschichte

„Wart' Berg, du sollst mir eine Burg tragen!", soll ***Graf Ludwig der Springer*** aus dem Geschlecht der Ludowinger ausgerufen haben, als er seine strategisch günstige Lage erkannt hatte. Der nach Westen und Osten schroff abfallende Felsen hat nur einen schmalen Zugang von Norden her, und von hier ließen sich die unmittelbar an seinem Fuß verlaufende Via Regia und lokale Handelsrouten durch den Thüringer Wald gut kontrollieren. Anno 1067 soll er dann damit begonnen haben, auf dem „Wart' Berg" die ***„Wartburg" zu errichten.*** Da ihm der Gipfel nicht gehörte, so behauptet die Legende weiter, ließ *Graf Ludwig* von seinem Stammsitz, der Schauenburg bei Friedrichroda, in Körben Erde auf den Wartberg bringen, um auf „eigenem Boden" bauen zu können. Urkundlich erwähnt wurde die Burg erst 1080.

Bald schon hatten die ***Ludowinger*** ihren Machtbereich durch eine kluge Heiratspolitik und Belehnung weit ins Hessische hinein ausgedehnt, so dass die Wartburg nun im Zentrum des Reiches lag. *Ludwig I.* erhielt die Landgrafenwürde, und kaum hundert Jahre nach Gründung der Burg regierten die Ludowinger das mächtigste Reich im mittleren Deutschland. Die Wartburg verlor dadurch rasch ihren Wehrcharakter und wurde ab 1172 unter *Ludwig III.* zur ***prachtvollen Residenz*** ausgebaut.

Unter *Herrmann I.* (1190-1217) entwickelte sie sich zu einem bedeutenden Zentrum höfischer Kultur. Namhafte ***Minnesänger*** wie *Walther von der Vogelweide* und *Wolfram von Eschenbach* lebten und wirkten hier. Ihr ***„Sängerwettstreit",*** der 1206/1207 zwischen sechs Minnesängern mit *Klingsor* als Schiedsrichter abgehalten worden sein soll, wird von manchen für historisch gehalten, ist aber nicht urkundlich belegt und zumindest literarisch-theatralisch überhöht. *Heinrich von Ofterdingen* berichtet darüber in einem Gedichtzyklus, und *Richard Wagner* hat sich dadurch zu seiner romantischen Oper „Tannhäuser" inspirieren lassen.

Um seinen Machtbereich durch familiäre Bindungen weiter auszudehnen, heiratete *Ludwig IV.* im Jahre 1221 ***Elisabeth,*** die erst 14 Jahre alte Tochter des ungarischen Königs *Andreas II.* Mit 15 Jahren gebar sie eine Tochter und zog sich bald darauf vom sinnenfrohen Hofleben zurück, um ihre ganze Kraft den Kranken und Armen zu widmen. 1226 gründete sie am Nordhang des Wartbergs (beim „Elisabethbrunnen") ein Hospital, in dem sie selbst die Kranken pflegte. Sie wurde zur Symbolgestalt karitativen Engagements, geriet aber gerade hierdurch immer mehr in Konflikt mit dem Hof. Als ihr Mann auf dem Weg

Den Wartburg-Express gibt es nicht mehr.

zu einem kaiserlichen Kreuzzug 1227 starb, verließ sie die Wartburg bzw. wurde vertrieben und gründete in Marburg ein Hospital, in dem sie sich dem Dienst am Nächsten aufopferte, bis sie 1231 im Alter von nur 24 Jahren an körperlicher und seelischer Erschöpfung starb. Bereits vier Jahre später wurde sie heiliggesprochen, und seither spielt sie eine wichtige Rolle in den katholischen Heiligenlegenden. Zahllose Krankenhäuser in aller Welt sind nach ihr benannt.

Im Jahre 1247 erlosch das Geschlecht der Ludowinger, und ihr Herrschaftsbereich fiel im Thüringer Erbfolgekrieg (1247-63) an die ***Wettiner.*** Die Wartburg lag nun am Rande sächsischer Territorien und verlor zunehmend an politischer Bedeutung.

So war sie ein günstiger Zufluchtsort für den mit Bann und Reichsacht belegten ***Martin Luther.*** Auf seinem Rückweg vom Wormser Reichstag ließ ihn *Friedrich der Weise* am 4. Mai 1521 durch seine Soldaten zum Schein gefangen nehmen und heimlich auf die Wartburg verschleppen. Dort führte er bis zum 1. März 1522 unter dem Namen *„Junker Jörg"* ein ungewohntes Ritterleben. Die Wartburg wurde zu einem Zentrum der Reformation. Hier verfasste *Luther* Streitschriften, die kurfürstliche Boten verbreiteten.

Die Wartburg bei Nacht

Innerhalb von weniger als drei Monaten übersetzte er das Neue Testament aus dem griechischen Urtext in ein volkstümliches Deutsch (genauer: ins Meißner Kanzlei-Sächsisch!), womit er nicht nur die Reformation förderte, sondern zugleich einen wesentlichen Einfluss auf die Entwicklung einer einheitlichen deutschen Schriftsprache ausübte. Bei dieser fast übermenschlichen Leistung soll ihm in seiner Kammer der Teufel erschienen sein, gegen den er sich dann mit dem berühmten Tintenfass zur Wehr gesetzt haben soll. Wahrscheinlich geht diese Legende darauf zurück, dass *Luther* tatsächlich den Teufel mit Tinte, nämlich mit seinen Schriften, bekämpft hat.

Durch *Luther* wurde die Wartburg zu einem Symbol für die Reformation, für Meinungsfreiheit und Freiheit überhaupt. Zum 300. Jahrestag der Reformation und dem 4. Jahrestag der Völkerschlacht bei Leipzig trafen sich am 18. Oktober 1817 Studenten und Professoren von 11 protestantischen Universitäten zum ***Wartburgfest.*** Sie wandten sich gegen die Kleinstaaterei und forderten eine Verfassung als Garantie für Freiheit und bürgerliche Rechte. Aus der Burschenschaftsfahne gingen die deutschen Nationalfarben Schwarz-Rot-Gold hervor.

In den vorhergegangenen Jahrhunderten war die Burg vernachlässigt worden und heruntergekommen. *Goethe,* der sie 1777 erstmals besuchte, bezeichnete die heutige Touristenattraktion als „nüchternen, öden Kasten mit unbeschreiblicher Unbehaglichkeit", und wenn man es nicht anders wüsste, könnte man glauben, der Dichterfürst habe eine Vision der heutigen Großplatten-Wohnblocks beschrieben. Auf *Goethes* Rat bemühte sich der Weimarer Großherzog um die Erhaltung der Burg, und 1838 begann unter *Carl Alexander* die ***Restaurierung,*** die die Wartburg zusammen mit systematischen Erneuerungen seit den 50er Jahren in dem romantischen Glanz erstehen ließen, wie wir sie heute bewundern.

Besichtigung

Wer die Wartburg heute besucht, der findet eine gründlich restaurierte ***weitläufige Anlage*** aus verschiedenen Bauzeiten, die sich um zwei Höfe gruppiert und in weiten Teilen das romantisierte Mittelalterbild des 19. Jh. widerspiegelt.

Die Zeiten der langen Besucherschlangen, in denen die Wartburg als „Wart-Burg" berüchtigt war, sind lange vorbei. Sicher wird man auch heute noch gut daran tun, in der Hauptsaison die Wochenenden zu meiden; aber wer bis spätestens 10 Uhr am Tor steht, hat selbst an Wochenenden keine Probleme.

Vom Parkplatz über die Treppen herauf kommt man zunächst am ***Wartburghotel*** vorbei, das selbst schon wie ein Teil der Burg aussieht, und erreicht dann die ***Schanze*** mit einem herrlichen Blick über das Tal und einer beliebten Perspektive für ein Wartburg-Foto.

Über die Zugbrücke und durch das Torhaus betritt man von Norden her den malerischen ***ersten Burghof*** mit schönen Fachwerkbauten, darunter die ***Vogtei,*** in der *Luther* wohnte. Durch eine Gruppe von neugotischen Bauten (Dirnitz, Neue Kemenate) gelangt man auf den ***zweiten Burghof.***

Ältester und dominierender Teil ist der 1170-1220 entstandene prachtvolle ***Palas*** (Landgrafenhaus). Dieser dreigeschossige Sandsteinbau mit Arkadengängen zählt zu den am besten erhaltenen und eindrucksvollsten Werken profaner spätromanischer Baukunst. Im Erdgeschoss des Palas beginnt auch die Burgführung.

Zu den am ehesten in ursprünglich mittelalterlicher Form erhaltenen Räumen gehört der ***Rittersaal*** mit seinen romanischen Kreuzgewölben, Konsolsteinen und gotischem Pflasterfußboden. Architektonisches Gegenstück dazu ist die ***Elisabeth-Kemenate*** (früher Frauenstube), die allerdings zu Beginn des 20. Jh. mit farbigen Mosaiken mit Motiven der Elisabeth-Legenden ausgeschmückt wurde. Der ***Speisesaal*** ist der älteste erhaltene Teil der Burg; seine eichenen Deckenbalken müssen um 1168 gefällt worden sein. Das ***Landgrafenzimmer***, der ***Sängersaal*** und die ***Galerie*** mit Fresken aus dem Elisabeth-Zyklus sowie die 1320 vom Sängersaal abgetrennte ***Kapelle*** liegen im Stockwerk darüber. Der prachtvolle ***Festsaal*** mit Kassettendecke, prunkvoller Bemalung und einem mittelalterlich nachempfundenen Arkadengang umfasst das gesamte später hinzugefügte Obergeschoss. Er wird heute noch für kulturelle Veranstaltungen genutzt.

An den Palas – nach dem die Führung endet – schließen sich Ausstellungsräume in der ***Neuen***

Kemenate und der ***Dirnitz*** an, in denen man Werke von *Cranach, Riemenschneider* und anderen namhaften Künstlern sowie Dokumente zum Werk *Martin Luthers* und zur Restaurierung der Wartburg sehen kann.

Über einen Wehrgang gelangt man zu der oberhalb des ersten Hofes gelegenen ***Lutherstube,*** die fast unverändert erhalten geblieben ist. Wer nun aber den berühmten Tintenfleck sehen will, der wird enttäuscht sein. „Der wird schon seit über zwanzig Jahren nicht mehr aufgefrischt", verrät uns die Führerin augenzwinkernd.

Die Wartburg

Der Sängerkrieg auf der Wartburg

Unter dem die Dichter und Sänger fördernden Landgrafen *Herrmann I.* soll 1206/07 im Palas der Wartburg der legendäre Sängerwettstreit stattgefunden haben, den *Richard Wagner* mit der Tannhäusersage verknüpft und zum Thema seiner 1845 in Dresden uraufgeführten Oper „Tannhäuser und der Sängerkrieg auf der Wartburg" gemacht hat. Inwieweit dieser Sängerwettstreit auf historischen Tatsachen beruht, ist heute strittig. Einig ist man sich indes darüber, dass *Walther von der Vogelweide* und *Wolfram von Eschenbach* Gäste auf der Wartburg gewesen sind und dass ein solcher Sängerwettstreit historisch zumindest denkbar war.

Die Legende schildert die Ereignisse folgendermaßen: Landgraf *Herrmann I.* und seine Frau *Sophia* liebten den Gesang und die Dichtkunst, und im Jahre 1207 weilten gleich sechs berühmte Meistersinger an ihrem Hofe: *Walther von der Vogelweide, Wolfram von Eschenbach,* der zeitweise in Eisenach lebende Österreicher *Heinrich von Ofterdingen,* der Thüringer *Reimar von Zwetzen* sowie *Johannes Biterolf* und *Heinrich der Schreiber,* die beide als Bedienstete zum Hofe gehörten.

Zum Sängerwettstreit traten sie vor das Landgrafenpaar und den ganzen versammelten Hofstaat, um das Lob edler Fürsten zu singen, wie es damals der Brauch war. Und alle sangen sie natürlich das Lob des Thüringer Landgrafen. Alle außer *Heinrich von Ofterdingen,* der als treuer Österreicher seinen Erzherzog *Leopold von Österreich* über alle anderen Fürsten erhob. Tapfer und unter Aufbietung all seiner Kunst sang der Österreicher gegen die Überzahl der fünf anderen Meister an, die ihm seine Begabung eifersüchtig neideten. Immer hitziger wurde der Wortstreit, immer glühender die Empörung darüber, dass der loyale Österreicher sich weigerte, den gastgebenden Landgrafen über seinen eigenen Landesherrn zu stellen. Bis man schließlich forderte, der Scharfrichter solle den Wettstreit entscheiden helfen, indem er dem unbotmäßigen *Heinrich von Ofterdingen* den Kopf vom Rumpf trenne.

Der Österreicher aber, der eine solche – von mangelndem Kunstsinn zeugende – Entscheidung aus naheliegenden Gründen nicht akzeptieren konnte, rief den Schutz der Landgräfin an und forderte, dass der in allen sieben Künsten bewanderte Meister *Klingsor* aus Ungarn anstelle des Scharfrichters entscheiden solle. Der Schutz wurde ihm gewährt und seiner Bitte entsprochen, sofern er innerhalb eines Jahres *Klingsor* auf die Wartburg schaffe.

Froh, seinen Kopf noch auf den Schultern zu tragen, verließ *Heinrich von Ofterdingen* die Wartburg und zog nach Ungarn, um den Meister der Meister zu suchen. Er fand ihn, klagte ihm sein Leid und sang ihm all seine Lieder vor. Und *Klingsor* lobte sie sehr. Sie blieben zusammen und übten sich in der Dichtkunst und im Gespräch. Das Jahr verging und der Ungar machte keine Anstalten, auf die Wartburg zu reisen, was den Österreicher allmählich beunruhigte, da er fürchtete, als Wortbrüchiger landflüchtig bleiben zu müssen. Doch als der letzte Tag vor Jahresfrist anbrach, da setzte der ungarische Meister seinen Gast auf einen Zauberteppich und flog mit ihm zusammen stracks gen Eisenach und – sehr zum Erstaunen des Hofes – durch das offene Fenster direkt in den Palas der Wartburg, wo die übrigen fünf Sänger bereits versammelt waren, um *Heinrich von Ofterdingen* des Wortbruchs zu bezichtigen.

Im Beisein des Landgrafenpaars und des gesamten Hofstaates verteidigte *Klingsor* nun mit langen, schönen Reden die Kunst *Heinrichs von Ofterdingen* und schaffte es, alle versöhnlich zu stimmen, so dass sie die Kunst des Österreichers gelten ließen und darauf verzichten wollten, den Scharfrichter zu bemühen. Nur *Wolfram von Eschenbach*, der vor Jahresfrist am erbittertsten gegen *Heinrich* gesungen hatte, blieb durch *Klingsors* Worte unberührt. Da rief dieser einen Geist zu Hilfe, der in Gestalt eines Jünglings erschien und *Wolfram* im Wortstreit bezwingen sollte. Der Jüngling setzte den gesamten Hof durch seine Gelehrtheit in Erstaunen, doch als *Wolfram* die christlichen Mysterien zum Thema machte, da musste der Geist passen. In seiner Not griff der Jüngling in der nächsten Runde zu naturwissenschaftlichen Themen und fragte *Wolfram* nach dem Lauf der Sterne und anderen Dingen, die damals noch unerforschte Rätsel waren. Und *Wolfram* konnte natürlich keine der Fragen beantworten. Da triumphierte der Geist lachend und schrieb mit dem Finger in die Steine der Mauer: „Wolfram, du bist ein Laie!"

Nachdem der Streit so beigelegt worden war, verließ Meister *Klingsor* die Wartburg und zog reich beschenkt zurück nach Ungarn. Jedoch nicht ohne eine Weissagung zu hinterlassen, die er während der Nacht zuvor in den Sternen gelesen hatte und die den Auftakt zum nächsten Legenden-Zyklus der an Legenden so reichen Wartburg bilden sollte: „Ich sehe, dass meinem Herrn, dem König von Ungarn, in dieser Nacht eine Tochter geboren wurde. Sie wird Elisabeth heißen und den Sohn des Landgrafen heiraten. Und ganz Thüringen wird die Tugend Elisabeths preisen!

Praktische Hinweise

Info

• ***Tourismus Eisenach,*** Markt, 99817 Eisenach, Tel. 03691/7923-0, Fax 792320, bundesweite Info-Rufnummer (auch Sa., So.): 03691/19433; Internet: www.eisenach-tourist.de; mit Zimmervermittlung und Koordinierungsstelle für Besichtigungen, Stadtführungen und gastronomische Leistungen; Öffnungszeiten: Mo. 10-18 Uhr, Di.-Fr. 9-18 Uhr, Sa., So. 10-14 Uhr

Parken

• Die Parkmöglichkeiten in der Innenstadt sind begrenzt; alle Parkplätze sind gebührenpflichtig. Recht zentral für eine Stadtbesichtigung liegt der ***Parkplatz am Frauenplan*** (über die Wartburgallee und die Grimmelgasse). Weitere Parkplätze siehe Karte

Hotels

• ***Hotel auf der Wartburg****,*** Wartburg, Tel. 7970, Fax 797100, Internet: www.wartburghotel.de; wie ein weiterer Burgteil schmiegt sich dieses 1912-24 in romantisierendem Stil errichtete Hotel an die Nordflanke der Wartburg; Zimmer frühzeitig reservieren; ÜF im EZ/DZ 130-150/97,50-132,50 € pro Person; auch das gediegene Hotelrestaurant ist sehr gefragt, reservieren!

• ***Steigenberger Hotel Thüringer Hof****,*** Karlsplatz 11, Internet: www.eisenach.steigenberger.de, Tel. 28000, Fax 28190; im Herzen der Altstadt; nach Umbau 1996 eröffnet; mit Sauna, Solarium, Fitness-Center, Restaurant und Bar; ÜF im EZ/DZ ab 85/49,50 € pro Person

• ***Best Western Hotel Kaiserhof****,*** Wartburgallee 2, Internet: www.kaiserhof-eisenach.bestwestern.de, Tel. 213513, Fax 203653; 1897 im Renaissancestil erbautes, völlig restauriertes Hotel in zentraler Lage mit gehobener Ausstattung, Bar und Restaurant; ÜF im EZ/DZ 60-70/50-60 € pro Person

• ***Hotel Glockenhof***,*** Grimmelgasse 4, Tel. 234-0, Fax 234131, Internet: www.glockenhof.de; hübscher Teil-Fachwerkbau am Rande des Zentrums; First-Class Hotel mit modernen Zimmern; ÜF im EZ/DZ 62/37-44 € pro Person.

• ***Berghotel,*** An der Göpelskuppe 1, Tel. 22660, Fax 226644, Internet: www.berghotel-eisenach.de, schöne 1 km vom vom Zentrum mit Blick auf die Wartburg; ÜF im EZ/DZ 50-65/42-45 € pro Person

• ***Haus Hainstein***,*** Am Hainstein 16, Tel. 2420, Fax 242109, Internet: www.hainstein.de; schlossartiger Bau in idyllischer Lage am Waldrand unterhalb der Wartburg; historische Kapelle; vornehm holzvertäfelter Speisesaal, für Rollstuhlfahrer geeignet; ÜF im EZ/DZ 45-50/35-40 € pro Person

• ***Villa Elisabeth,*** Reuterweg 1, Tel. 77052, Fax 743652, E-mail: villa-elisabeth@t-online.de; Hotel garni in ruhiger Lage am Fuß der Wartburg, 1 km vom Zentrum; Nichtraucher; ÜF im EZ/DZ 40-50/30-40 € pro Person
• ***Haus Waldblick,*** Albrechtstr. 1, Tel. 214751, Fax 214752; ÜF im EZ/DZ 34-38/26-28 € pro Person

Pensionen

• ***Villa Kesselring,*** Hainweg 32, Tel. 732049, Fax 744290, wunderschöner, schlossartiger Bau in ruhiger Lage am Waldrand; 15 Min. zur Wartburg, 5 Min. zum Zentrum; ÜF im DZ 27 € pro Person
• ***Puppenstubenhotel „Pension Mahret",*** Neustadt 30, Internet: www.puppenstubenhotel.de, Tel. 742744, Fax 75033, ; ruhige Lage am Waldrand, 5 Min. vom Markt; Ü 22,50-29 € pro Person zzgl. Frühstück

JH

• ***JH Artur Becker,*** Mariental 24, Tel. 743259, Fax 743260, Internet: www.djh-thueringen.de, E-mail: jh-eisenach@djh-thueringen.de; Übernachtung 15 bzw. 18 €

Wanderheim

• ***Rennsteigwanderhaus Hörschel,*** Rennsteigstr. 9, 99819 Eisenach-Hörschel, Tel. 036928/91194

Camping

• ***Altenberger See,*** 99819 Wilhelmsthal, Tel./Fax 215637; ca. 9 km über die B 19 in Richtung Meiningen; vor Etterwinden rechts; schöner Platz in waldreicher Gegend; Duschen/WC, Stromanschluss, Badestrand; Ferienhäuser für 4 Personen; ganzjährig geöffnet; Hunde an der Leine erlaubt

Gaststätten

• ***Restaurant auf der Wartburg***
(Hotelrestaurant, s. Hotels)
• ***Café-Restaurant Alt Eisenach,*** Karlstr. 51, Tel. 746080 (hausgemachte Thüringer Spezialitäten wie Topfbraten mit Klößen und Rotkohl; reichhaltiges Frühstücksangebot, hausgebackene Kuchen; geöffnet tägl. 9-24 Uhr)
• ***Brauhaus Rheinischer Hof,*** Clemensstr. 15, Tel. 211381 (hausgebraute Biere, Biergarten, rustikale Küche und Ausstattung; geöffnet tägl. 11-1 Uhr)
• ***Residenzkeller,*** Markt/Esplanade, Tel. 203885 (gemütliches Speiserestaurant beim Lutherhaus, Biergarten; Thüringer Küche, Steaks, Fisch; Mo. Ruhetag, Mai-Sept. durchgehend geöffnet)
• ***Brunnenkeller,*** Markt 10, Tel. 71429 (rechts neben der Georgenkirche; im historischen Kellergewölbe des alten Stadtschlosses, Thüringer und internationale Küche; sehr empfehlenswert)

- ***Der Zwinger,*** Wartburgallee 2, Tel. 203343 (sehr traditionsreich und gutbürgerlich; geöffnet tägl. 11-24 Uhr)
- ***Rossini,*** Frauenberg 5, Tel. 742428 (frisch zubereitete italienische Küche, selbstgemachte Pasta, Sauerteig-Pizza)
- ***Das verrückte Kartoffelhaus,*** Sophienstr. 44, Tel. 732626 (gemütliches holzvertäfeltes Restaurant mit lauschigen Nischen und allerlei Kartoffel-Spezialitäten; lieber reservieren!)
- ***Klappertopf,*** Markscheffelshof, Tel. 213049 (etwas versteckte, seit langem beliebte Szenekneipe mit urigem Mobiliar, guter Atmosphäre, Rocksound, Snacks und vielen Cocktails; Getränk der Woche nur 2,20 €)
- ***O'Tooles,*** Goethestr. 25, Tel. 743811 (Irish Pub)

Cafés

- ***Café-Restaurant Lackner,*** Johannisstr. 22, Tel. 624550 (Traditionscafé mit gemütlicher Atmosphäre, hausgemachten Kuchen und internationalen Gerichten, geöffnet tägl. 9-24, So. 12-22 Uhr)
- ***Café-Weinstube Schrön,*** Elsterweg 9, Tel. 890979 (gepflegte Speisen und Weine, Fremdenzimmer, Mo., Di. Ruhetag)
- ***Café auf der Wartburg*** im Hotel (s. Hotels)
- ***Café Konditorei Brüheim,*** Marienstr. 1, Tel. 203509 (traditionsreiches Café mit umfangreichem Angebot an selbstgemachten Kuchen und Konditorwaren; Mo.-Sa. 9-18, So. 13-18 Uhr)

Disco

- ***MAD,*** OT Hötzelsroda, Tel. 69140

Nachtlokale

- ***Lido Night Club,*** Bahnhofstr. 50, Tel. 625195
- ***Gastronomiekomplex Maxi,*** An der Katzenaus, Tel. 625439
- ***Piano Bar,*** Bahnhofstr. 52, Tel. 203704

Theater, Konzerte

- ***Thüringer Landestheater,*** Theaterplatz 4-7, Tel. 6860 (Musiktheater, Schauspiel, Ballett. Vorverkauf: Besucher-Büro, Sophienstr. 53, Tel. 256232, Mo.-Sa. 10-17 Uhr)
- ***Freies Eisenacher Burgtheater,*** Spielstätte: Alte Mälzerei, Tel. 214074

Galerien

- ***Galerie Schmales Haus,*** Johannisplatz 9, Tel. 71238
- ***Galerie S 58,*** Sophienstr. 58, Tel. 23970
- ***Galerie-Café,*** Ebertstr. 12, Tel. 610600
- ***Galerie-Keller im Haus Mattheus,*** Am Markt, Tel. Kulturamt 670410
- ***Fotogalerie im Haus Bohl,*** Karlstr. 32, Tel. 203472

Museen

- ***Lutherhaus,*** Lutherplatz 8, Tel. 29830, Fax 298331; geöffnet April-Okt. tägl. 9-17 Uhr; Nov.-März 10-17 Uhr, Eintritt: 2,50 €, Gruppen 2 € pro Person.
- ***Bachhaus,*** Frauenplan 21, Tel. 79340; geöffnet tägl. 10-18 Uhr (Führung ca. 1 Std.); Eintritt 4 €
- ***Automobilbaumuseum,*** Rennbahn 8 Tel. 77212; geöffnet Di.-So. 10-17 Uhr; Eintritt 2,10 € pro Person.
- ***Gedenkstätte „Goldener Löwe“,*** Marienstr. 57, Tel. 75434; geöffnet Mo.-Fr. 9-16 Uhr, Sa., So. nach Vereinbarung
- ***Reuter-Villa,*** Reuterweg 2, Tel. 743293; geöffnet Di.-So. 10-17 Uhr; Eintritt 3 € pro Person.

TIPP: Die „Classic Card Eisenach“ für 14 € gewährt drei Tage lang freien Eintritt in alle Museen und auf die Wartburg, Freifahrten mit innerstädtischen Bussen, 50% Ermäßigung bei Stadtführungen und 20% Nachlass bei Theaterbesuchen. Erhältlich bei Tourismus Eisenach (s.o.).

Aktivitäten

- ***Angeln:*** Siebenbornteich, Trenkelhofteich; Angelscheine: *G. Rimbach*, Tel. 893896
- ***Baden:*** Freibad und Schwimmhalle an der Katzenaue, Tel. 672108
- ***Fahrradverleih:*** *Helm*, Katharinenstr. 141, Tel. 77374; *Schmidt* (Mountainbikes), Johannisplatz 12, Tel. 214824
- ***Reiten und Kutschfahrten:*** *Haflingerhof Clausberg*, Am Clausberg, Tel. 217378; *Eisenacher Reitclub*, Tel. 203025
- ***Wandern:*** Rings um Eisenach gibt es fünf Naturlehrpfade und drei Naturschutzgebiete (s. auch Hohe Sonne und Hörselberge im Abschnitt Umgebung); Wanderkarten und nähere Infos erhält man von der Eisenach-Information.

Veranstaltungen

- ***Telemann-Tage*** (Juni, alle 2 Jahre; Info: Tel. 72747)
- ***Eisenacher Bachtage*** im Rahmen der Thüringer Bachwochen (März)
- ***Eisenacher Sommergewinn*** (traditionelles Volksfest mit sehr alter, auf germanische Zeit zurückgehender Tradition am Sonnabend vor Lätare, drei Wochen vor Ostern. Bei diesem größten westthüringischen Volksfest mit Festzug, Häuserschmuck, den Symbolen Hahn, Ei, Brezel und Papierblumen wird der Sieg der Sonne, Frau Sunna über den Winter gefeiert.)
- ***Wartburg-Konzerte*** (Mai-Okt. im Festsaal des Palas)
- ***Thüringer Herbst*** im Rahmen der Klassikerstraße (Info: Kulturamt, Tel. 670410)

Umgebung

Hohe Sonne (6 km südlich, B 19) – Durch die wildromantische ***Drachenschlucht*** mit engen Felswänden und bizarren Formen kann man zur Hohen Sonne wandern. Hier, im Bereich des NSG Wartburg/Hohe Sonne, kreuzen zahlreiche Wanderwege die Straße, darunter der ***Rennsteig*** und die ebenfalls bereits seit alter Zeit bekannte ***Weinstraße.*** Die Weinstraße, ein mittelalterlicher Handelsweg, führt in nordöstlicher Richtung zur ***Mosbacher Linde*** (herrliche Aussicht). Auf halbem Weg zur Mosbacher Linde kann man auch nach Norden abzweigen und durch die reizvolle ***Landgrafenschlucht*** wieder nach Eisenach hinunterwandern. Sehr schöne Wege führen auch durch das Waldgebiet bei der Hochwaldgrotte, zum Schwalbennest und hinunter nach Wilhelmsthal.

Auf der ***Göpelskuppe*** südöstlich von Eisenach steht das 1902 errichtete Burschenschaftsdenkmal, das sich hinsichtlich Stil und Monumentalität

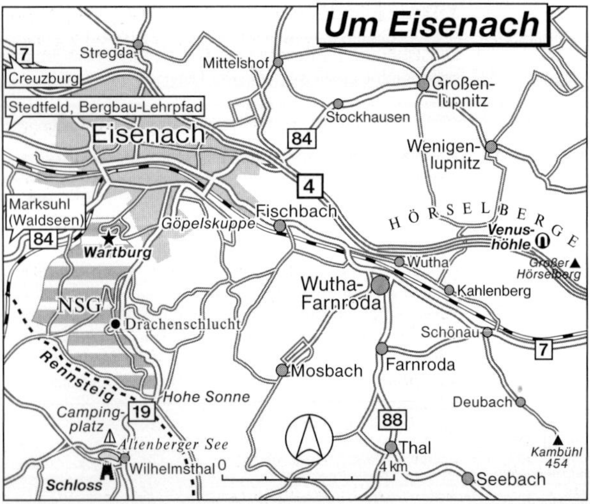

Durch die wilde Drachenschlucht

Wahrhaftig – so wildromantisch und urwelthaft wie die Drachenschlucht südlich von Eisenach aussieht, könnte man sich tatsächlich vorstellen, dass hier einst ein Drache hauste. Allerdings müsste es ein äußerst schlankes Exemplar gewesen sein, denn stellenweise verengt sich die Schlucht zwischen 10 m hohen und nahezu senkrechten Wänden auf kaum noch 80 cm, so dass man an entgegenkommenden Wanderern gerade noch vorbeikommt. Ein zum Teil über dem Bach verlaufender Bohlenweg erschließt diese wilde Szenerie – sofern er nicht gerade wieder von einem Hochwasser weggerissen wurde. Zahllose Seitenklüfte, düsteres Licht, ständig über die Felsen herunterrieselndes Wasser und die von Farnen, Moosen, Greiskraut und Teufelskralle überzogenen Wände schaffen eine schaurige Atmosphäre und einen ganz eigenartigen Lebensraum, in dem sich Ruderfußkrebse und leuchtend schwarz-gelbe Feuersalamander wohl fühlen.

Ähnlich reizvoll und etwas weniger stark besucht ist die Landgrafenschlucht, die man auf dem Rückweg von der Gaststätte Hohe Sonne durchwandern kann, wenn man von dort nach Norden der Weinstraße folgt, an den Kleinen Drachensteinen vorbeigeht und dann nach links abbiegt.

mit dem Völkerschlachtdenkmal messen kann. Außerdem hat man von dort einen schönen Blick auf die Wartburg.

Stedtfeld (ca. 3 km westlich, an der Landstraße südl. der Autobahn) – Von Stedtfeld bis zum Rennsteig wurde in den letzten Jahren ein ***Bergbaulehrpfad*** mit neun Stationen geschaffen, der nicht nur über den Kupferbergbau der Region von 1522 bis 1800 informiert, sondern zugleich einen schönen Einstieg in den Rennsteig bietet.

● Information: Rennsteigverein, Ortsgruppe Stedtfeld, c/o *L. Kappherr,* Unterlandstr. 5, 99819 Stedtfeld

Schloss Wilhelmsthal (8 km südlich, B 19) – Zu Beginn des 18. Jh. wurden hier bereits bestehende Jagdunterkünfte zur Sommerresidenz ausgebaut. Ein See wurde angelegt, Gärten und Tiergehege wurden geschaffen, und von Eisenach wurde über die „Hohe Sonne" ein Weg angelegt, dem heute noch die Straße folgt. Ein ***Landschaftspark*** entstand, der Mitte des 19. Jh. unter Leitung von *Fürst Pückler-Muskau* als Naturpark das gesamte Gebiet bis hin zur Wartburg umfassen sollte. Die Pläne konnten allerdings nicht realisiert werden.

Altenberger See

Etwa einen Kilometer südlich von Wilhelmsthal liegt dieser schöne Waldsee, an dem sich ein ***Campingplatz*** mit Bademöglichkeiten, Gaststätte und Bungalows befindet. Noch einen Kilometer weiter zweigt in Etterwinden ein kleines ***Sträßchen*** ab, das durch malerische Waldlandschaft nach Ruhla hinaufführt; wochentags zwischen 16.00 und 16.30 Uhr ist es gesperrt.

Marksuhl

(ca. 10 km südwestlich; B 84) – Die B 84 führt zunächst durch die nördlichen Ausläufer des Thüringer Waldes mit schönen Sandsteinfelsen und dann durch die Landschaft des ehemaligen Zonenrandgebietes mit Obstalleen, Sumpftälern und malerischen Waldseen nach Marksuhl. Bei schönem Wetter kann man dorthin einen herrlichen Ausflug mit ***Picknick am See*** machen.

Der Angelverein Stedtfeld hat in der Umgebung dieser Seen inzwischen eine ***behindertenfreundliche Begegnungsstätte*** geschaffen: Es wurden barrierefreie Wege mit Holzgeländer angelegt und Ruhebänke aufgestellt, um auch Gehbehinderten, Rollstuhlfahrern und Blinden dieses schöne Stück Natur zu erschließen.

• Information: Angelsportverein, c/o *Rainer Schiefke*, Wittigstr. 4, 99819 Eisenach-Stedtfeld

Hörselberge

Östlich von Eisenach erstrecken sich die zerklüfteten ***sagenumwobenen Muschelkalkfelsen.*** Der

See bei Marksuhl

Sage zufolge sollen hier Wotan und Tannhäuser ebenso wie Frau Holle und Venus ihr Domizil haben, und in stürmischen Herbstnächten soll hier die „Wilde Jagd" Wanderer in Angst und Schrecken versetzen. Aber auch geologisch und botanisch sind diese Kalkberge sehr interessant. Man findet hier Buchenwälder, „Steingärten" mit Wacholder, Halbtrockenrasen und zahlreiche ***seltene Pflanzen,*** darunter Anemonen, Gelber Eisenhut, Eberwurz, Aaronstab und 20 Orchideenarten.

Empfehlenswert ist eine ***Kammwanderung*** über den Petersberg, den Kleinen Hörselberg (436 m) und den Mittelberg bis zum Großen Hörselberg (484 m) mit der ***Venus- und Tannhäuserhöhle*** und einem herrlichen Ausblick auf den Thüringer Wald. Unterhalb der Höhlen wird der vom Aussterben bedrohte Orchideen-Halbtrockenrasen gepflegt. Da weite Teile der Hörselberge seit 1987 ***Naturschutzgebiet*** sind, darf man die Wege nicht verlassen.

Einen kürzeren Abstecher zum ***Großen Hörselberg*** (Gaststätte) hinauf kann man von Schönau an der B 7 (kurz hinter Wutha) über Kahlenberg unternehmen.

Kammregion –
von Eisenach
bis Oberhof

Überblick

Der nördliche Thüringer Wald ist ein ***Wanderwald:*** Er erschließt sich vor allem dem Wanderer, der dem Rennsteig und seinen Nebenpfaden folgt. Autofahrer können ihn nur im Zickzackkurs erkunden. Kaum richtig drin, ist man auch schon wieder draußen, denn der Bergzug ist hier nur wenige Kilometer schmal, und fast alle Straßen folgen den quer zum Kamm verlaufenden Tälern.

Aber es gibt auch einige sehr reizvolle kleine ***Sträßchen,*** auf denen man den waldreichen Höhenzug durchqueren kann. Eindrucksvoll ist schon die Fahrt auf der B 19 von Eisenach durch das wildromantische Waldtal hinauf zur Gaststätte Hohe Sonne. Hier kreuzt man den mit einem weißen „R" gekennzeichneten Rennsteig, der ab der Hohen Sonne streckengleich mit dem „Internationalen Fernwanderweg Eisenach – Budapest" (Markierung: blauer Balken) entlang dem Kamm des Thüringer Waldes nach Südosten führt. Vom selben Kreuzungspunkt gehen noch weitere Wanderwege aus, auf die im Abschnitt „Umgebung von Eisenach" näher eingegangen wird.

Der Rennsteig – durch „R" gekennzeichnet

Nach der „Hohen Sonne" führt die B 19 schon wieder abwärts zum Tal der Werra hin. Wir verlassen sie daher in Etterwinden, wo links ein kleines und unscheinbares Sträßchen abzweigt, das wieder in den Thüringer Wald hinaufführt. Auf dem schmalen Teersträßchen geht es durch eine wildromantische Waldlandschaft in engen Kehren und Windungen aufwärts. Auf der Höhe angekommen, kreuzt man bei einem Parkplatz mit einer Schutzhütte erneut den Rennsteig. Danach geht es leicht abwärts nach ***Ruhla.***

Ruhla

Vorwahl:	036929 (vielen alten Rufnummern wurde eine 6 vorangestellt)
PLZ:	99842
Einwohner:	7100
Höhe:	370-530 m
Stadtteile:	Thal, Kittelsthal

Die Bergstadt Ruhla liegt am Rennsteig, eingebettet in das enge Erbstromtal und umgeben von der reizvollen Landschaft des Westlichen Thüringer Waldes. Die schönen Fachwerk- oder mit Schieferplatten verkleideten Häuser ziehen sich hoch an den Hängen hinauf. Der im 14. Jh. erstmals erwähnte Ort war durch die Landesteilung von 1640 bis zur Bildung des Landes Thüringen 1920 in einen Gothaer und einen Eisenacher Teil getrennt.

Die ***ersten Ansiedler*** waren Schmiede, die das Erz aus den umliegenden Wäldern verarbeiteten. Bekannt wurde der Ort dann auch durch die ***Sage über den „Schmied von Ruhla".*** Ihr zufolge soll sich der junge und nachlässig regierende *Landgraf Ludwig II. von Thüringen* im Jahre 1161 auf der Jagd verirrt und in der Waldschmiede ein Nachtlager gefunden haben. Der Schmied von Ruhla habe ihm die halbe Nacht hindurch – während er seinen Hammer auf den Amboss sausen ließ – die grenzenlose Willkür seiner Edelleute vorgehalten, die durch die Nachlässigkeit des Landgrafen das Volk hemmungslos unterdrückten und ausbeuteten, und habe ihn so zum „Eisernen" Landgrafen hartgeschmiedet, der fortan unnachgiebig und mit fester Hand die Übergriffe seiner Vasallen unterband.

Heute ist Ruhla ein staatlich anerkannter Erholungsort, der besonders bei Wanderern und Wintersportlern beliebt ist. Seine unmittelbare ***Umgebung*** bilden sechs bis zu 700 m hohe Bergzüge, die mit steilen Hängen zum Ort hin abfallen. Sie umschließen vier weitere Seitentäler und bieten schöne Ausblicke. Auf der Kammhöhe des Gebirges führt etwa 2 km vom Ort entfernt der Rennsteig vorüber, von dem aus man einen großartigen Fernblick zum Inselberg und zur Wartburg genießt.

Sehenswertes

Das ***Tabakpfeifenmuseum und Museum für Stadtgeschichte*** an der Oberen Lindenstr. 29-31 befindet sich in einem stattlichen thüringisch-fränkischen Fachwerkhaus aus dem frühen 17. Jh., einem der schönsten Bürgerhäuser des Ortes. Es ist in erster Linie dem Ruhlaer Handwerk gewidmet und zeigt u.a. eine alte Messerschmiede, die Werkstatt eines Pfeifenmachers sowie verschiedene Erzeugnisse des heimischen Handwerks. Außerdem sind die Wohnverhältnisse des 18. bis 20. Jahrhunderts zu besichtigen. Neu ist das ***Ruhlaer Uhrenmuseum.***

Für Freunde der Baukunst ist die zweischiffige ***Kirche St. Concordia*** interessant, die 1661 errichtet wurde und eine der seltenen Winkelkirchen ist, von denen es in ganz Deutschland nur drei Beispiele gibt. Ihre Entstehung verdankt sie der Teilung des Ortes, durch den ab 1640 entlang des Ruhlabaches die Grenze zwischen den Herzogtümern Sachsen-Gotha und Sachsen-Weimar verlief.

Diese Teilung führte zu einem erbitterten Kirchenstreit und dem Entschluss, eine zweite Kirche zu errichten. Das andere Gotteshaus Ruhlas ist die ***Trinitatiskirche*** mit ihrer wertvollen Kanzel aus dem Schloss Friedenstein, die ebenfalls aus dem 17. Jh. stammt.

Im Lappengrund, einem Seitental des Erbstromtales, erstreckt sich der ***Heimatpark „Klein-Thüringen"*** (oder „mini-a-thür") mit Miniaturnachbildungen von 50 bedeutenden Thüringer Sehenswürdigkeiten (Mai-Okt. tägl. 10-18 Uhr).

Vom ***Alexander-Turm*** auf dem 639 m hohen Ringberg hat man einen schönen Ausblick über den westlichen Thüringer Wald bis hin zur Wartburg und den Hörselbergen. Ein beliebtes Wanderziel vom Stadtteil Thal aus ist die ***Ruine Scharfenburg*** mit ihrem begehbaren Turm, der 1137 erstmals erwähnt wurde.

Die ***Kittelsthaler Tropfsteinhöhle*** im gleichnamigen Ortsteil wurde 1888 durch den Bergbau entdeckt und bereits 1896 der Öffentlichkeit zugänglich gemacht.

Vor allem geologisch interessierte Wanderer werden in der ***Umgebung*** von Ruhla auf ihre Kosten kommen: Wegen ihrer Vielfalt an Gesteinen zählt diese Landschaft zu den interessantesten Gebieten Deutschlands und wird von Fachleuten als die „Klassische geologische Meile" bezeichnet. Exkursionen und Hilfe bei der Bestimmung von Mineralien bietet das Steinlädchen (s.u.).

Praktische Reisetipps

Info

- ***Tourist- und Naturparkinformation,*** 99842 Ruhla, Markt 1, Tel. 036929/ 89013, Fax 89022, Internet: www.ruhla.de

Hotels

- ***Hotel Arnstädter Hof,*** Karolinenstr. 18, Tel. 88911, Fax 88910; ÜF im EZ/DZ 30/21 € pro Person
- ***Waldhotel Rennsteighof,*** Liebensteiner Str. 108, Tel. 6020, Fax 602111, im Wald zwischen Ruhla und Winterstein; ÜF 27,50-32,50 € pro Person

- ***Hotel Klosterschänke,*** Ruhlaer Str. 14, 99843 Thal, Tel./Fax 63179; ÜF im EZ/DZ 33/27 € pro Person
- ***Hotel Waldhaus,*** Knaudtstraße 5, Tel./Fax 62293, www.waldhaus-hutzelhoeh.de; ÜF 21-23 € pro Person im DZ; schöne Lage am Waldhang
- ***Hotel Thüringer Baude*** (z.Zt. geschlossen)

Wanderhütten

(auch für Wandergruppen geeignet):

- ***Bermerhütte*** (im Wald am Ortsrand in Richtung Etterwinden nahe Rennsteig; Übernachtung nach Voranmeldung an Wochenenden von Mai bis Oktober, Tel. 80348)
- ***Schanzenbaude*** (am Ortsrand in Richtung Brotterode nahe Rennsteig, Küchenbenutzung, WC, Dusche; ganzjährig für max. 14 Personen; mit Voranmeldung, Tel. 80348)
- ***Königshäuschen*** (im Wald beim Aschhof; Matratzen für max. 15 Personen; WC und Waschraum außer Haus, gastronomische Versorgung; Übernachtung nach Voranmeldung an Wochenenden zwischen Mai und Nov., Tel. 87525)
- ***Geißen-Alm;*** im Wald gelegene Hütte mit 14 Betten und Sauna; ganzjährig bewirtschaftet, Tel. 63584; ÜF 25/15 € pro Person im EZ/DZ

Besichtigen

- ***Tabakpfeifenmuseum Ruhla,*** Obere Lindenstr. 29-31, Tel. 89014, geöffnet Di., Do., Sa. 13.30-17.30 Uhr, Mi., Fr. 9-14 Uhr; Eintritt: 3 €
- ***Heimatstube Thal,*** Dorfstr. 1, Tel. 82512 (Naturkunde und Ortsgeschichte; Mai-Okt. Sa., So 14-17 Uhr oder auf Voranmeldung)
- ***Tropfsteinhöhle Kittelsthal,*** Tel. 63318, *Herr Jäger;* beim Bergbau 1888 entdeckte und 1992 wieder eröffnete Höhle mit Baryt- und Sinterablagerungen; April-Okt. Di.-Fr. 9-17 Uhr, Sa., So. Feiertage 10-18 Uhr oder nach Absprache, letzter Einlass 30 Min. vor Schließung; Erwachsene 3 €.
- ***Miniaturpark „Klein Thüringen“,*** Lappengrund-Ruhla; Mai-Okt. tägl. 10-17 Uhr; 4 €
- ***Thüringer Steinlädchen,*** Marienstr. 3, Tel. 80975 (Mineralien, Fossilien, Schmuck, historische Bergbaugeräte; Schleifarbeiten, Mineralienbestimmung, Beratung, geführte Exkursionen)

Aktivitäten

- ***Skikurse und -verleih:*** Touristinformation, Tel. 89013

Umgebung

Luthergrund

Auf einem guten Weg, der an einem kleinen Parkplatz etwa 2-3 km vor Steinbach links der Straße

Die Entführung Luthers

Ein Obelisk erinnert im sogenannten „Luthergrund“, 4 km nördlich von Bad Liebenstein, an die fingierte Entführung des Reformators. *Luther* befand sich auf seinem Rückweg vom Reichstag zu Worms nach Wittenberg in einer äußerst gefährlichen Situation. Durch die Reichsacht vogelfrei geworden, hätte jeder Galgenstrick ihn erschlagen können, ohne eine Strafe fürchten zu müssen. Um ihn aus dieser Gefahr zu retten, wurde der so genannte „Berlepsche Plan“ ersonnen. Auf Befehl *Friedrichs des Weisen* bereitete *Kaspar Hans von Berlepsch*, der Schlosshauptmann der Wartburg, zusammen mit dem Altensteiner Schlossherrn *Burkhard Hunt* im geheimen die Gefangennahme vor.

Luther war am 3. Mai 1521 bei einem Onkel im Stammhaus der *Luthers* in Möhra eingekehrt. Am folgenden Tag fuhr er von dort mit zwei Begleitern und einem Kutscher die alte Schweinaer Straße über Altenstein durch den Thüringer Wald hinauf in Richtung Waltershausen. Dieser uralte Gebirgsübergang, den schon *Bonifatius* im 8. Jh. benutzt hatte, war für den fingierten Überfall ideal, da er durch einsame Wälder und tiefe Hohlwege führte, in denen die „Entführung“ unbeobachtet vonstatten gehen konnte.

Im Hohlweg am Eselskopf überfielen dann fünf vermummte Reiter die Kutsche und holten den Reformator aus dem Wagen. Zur Täuschung des Kutschers wurden ihm die Hände gebunden, und er musste über Stock und Stein hinter den Pferden hertraben. Zunächst verließen die Reiter den Weg und ritten in Richtung Brotterode – ebenfalls zu Täuschungszwecken von der Wartburg weg in die entgegengesetzte Richtung. Nach wenigen hundert Metern – genau an der Stelle, an der heute das Denkmal steht – hielten sie an, banden *Luther* los und gaben sich als Freunde zu erkennen. *Luther* erhielt ein Pferd und einen Reitermantel, da er auf der Wartburg unerkannt als *„Junker Jörg“* eingeführt werden sollte. Erst bei Einbruch der Dunkelheit wurde der Ritt fortgesetzt, und nach einigen Umwegen, um die Spur zu verwischen, erreichte man kurz vor Mitternacht die Wartburg.

Das heutige Denkmal im Luthergrund ist 1857 durch den Herzog von Sachsen-Meiningen errichtet worden. Der ältere Gedenkstein mit dem Datum der Gefangennahme (4. Mai 1521) wurde damals entfernt und ist oberhalb der Quelle Lutherborn eingemauert worden.

beginnt, kann man einen Spaziergang in den Luthergrund unternehmen. Dort erinnert ein ***Luther-Denkmal*** daran, dass hier am 4. Mai 1521 der fingierte Überfall kurfürstlicher Soldaten auf den aus Worms kommenden und unter Reichsacht stehenden Reformator stattfand, um *Luther* zu seinem Schutz auf die Wartburg zu „entführen".

Weiterfahrt

In Ruhla kann man entweder nach links abbiegen und durch den langgezogenen Ort bis nach Thal hinunterfahren, wo man auf die B 88 stößt, oder man biegt nach rechts, wo die Straße den Hang wieder hinaufklettert und zur Kreuzung unterhalb des Gerbersteins (729 m) führt. Biegt man bei dieser Kreuzung nach rechts, so gelangt man durch schönen Buchenwald am ***Luthergrund*** vorbei nach ***Bad Liebenstein.*** Links geht es steil hinunter nach ***Winterstein*** und bei Schwarzhausen auf die B 88 nach ***Tabarz*** und ***Friedrichroda.*** Indem man zunächst nach links abbiegt, sich dann aber gleich wieder rechts hält, kann man noch ein Stück weit der Kammlinie folgen. Man fährt unterhalb des Großherrensteins vorbei und gelangt dann aus dem Wald heraus in das in einem Talkessel gelegene ***Brotterode*** hinunter, wo man wieder auf eine Querstraße stößt, die den Thüringer Wald zwischen Trusetal und Tabarz durchquert.

Brotterode

Vorwahl:	036840 (vielen alten Rufnummern wurde eine 3 vorangestellt)
PLZ:	98599
Einwohner:	3100
Höhe:	580-620 m

Der staatlich anerkannte Erholungs- und Wintersportort Brotterode liegt eingebettet in ein idylli-

sches, von Wäldern umgebenes Tal südlich des Großen Inselberges (916 m). Der Ort entstand im 11. Jh. an einem alten Verkehrsweg über das Gebirge dank der ***Erzlager*** in seiner Umgebung. Jahrhundertelang wurde hier Eisenerz gefördert und verarbeitet, und der heutige Ort ist auf den Schlackehalden der damaligen Zeit erbaut worden. Ihre Blütezeit erlebte die Eisenverarbeitung im 16. Jh. Zahlreiche kleinere Werkstätten fertigten Eisenwaren wie Schnallen, Messer, Ringe und dergleichen, wie man sie heute im Technischen Museum „Happelshütte“ bei Schmalkalden besichtigen kann. Im 18. Jh. kam die Verarbeitung des im Werratal angebauten Tabaks und später die ***Zigarrenherstellung*** dazu, die erst 1964 eingestellt wurde. Die letzte Erzmine schloss 1922.

Brotterode aus der Vogelperspektive

Um die Jahrhundertwende begann die Entwicklung Brotterodes zum ***Wintersportort,*** und bereits 1907 fand hier das erste Wintersportfest statt. Auch heute noch ist das Städtchen ein beliebtes Zentrum des Wintersports mit vielfältigen Möglichkeiten: Skipiste mit Schlepplift, Skikurse, Skiverleih, 40 km Skiwanderwege und mehrere Sprungschanzen sowie ein Eisstadion und eine Rodelbahn.

Herrliche ***Wandermöglichkeiten*** bieten sich im Winter wie im Sommer auf gut markierten Wegen mit Schutzhütten rings um den Ort. Beliebt sind Touren auf den Großen Inselberg (für Gehfaule auch mit dem Inselberg-Express ab der Grenzwiese zu erreichen) und mehrtägige Wanderungen auf dem Rennsteig (Transfers und Gepäcktransport möglich). Empfehlenswert ist außerdem ein Spaziergang auf dem 7,5 km langen Naturlehrpfad ab dem Festplatz „Breite Wiese" (Rundstrecke, April-Nov. beschildert).

Auch sonst findet man in Brotterode zahlreiche ***Erholungs- und Sportanlagen*** (Hallenbad „Inselbergbad" mit Außenbereich und großzügiger Sau-

nalandschaft, Trimm-Pfad und eine Sommerrodelbahn mit Bungee-Trampolin).

Wer hingegen nur bauliche Sehenswürdigkeiten sucht, der kann durch Brotterode hindurchfahren, ohne anzuhalten, denn durch einen verheerenden Stadtbrand wurde 1895 nahezu der gesamte Ort zerstört. Dadurch besitzt er heute ein geschlossenes ***Stadtbild*** aus der Zeit der Jahrhundertwende mit einigen hübschen Fachwerkhäusern (z.B. Rathaus, Schule) und einer hübschen neugotischen Kirche.

Bad Vilbeler Platz

Der Inselberg-Express

Praktische Reisetipps

Info

- ***Gästeinformation,*** 98599 Brotterode, Haus des Gastes, Bad Vilbeler Platz 4, Tel. 036840/3333, 3334, Fax 3335 (Zimmervermittlung, Stadtführungen, Kirchenführungen, Wanderkarten)

Hotels

- ***Hotel Waldschlösschen,*** Gehegsweg 12, Tel. 32263, Fax 32127; kleines Hotel in ruhiger Waldlage mit Boots- und Forellenteichen, Restaurant und Transferservice; ÜF 29-42 €
- ***Hotel „Zur guten Quelle",*** Schmalkalder Str. 27, Tel. 340, Fax 34111; zentrale Lage, Restaurant mit Fisch- und Wildgerichten; ÜF 26,50-44,00 €
- ***Ferienhotel Berggarten,*** Inselbergstr. 59, Tel. 3720, Fax 37232; ÜF ab 21 €; ruhige Ortsrandlage, familiäre Atmosphäre; organisierte Rennsteig-Wanderungen mit Transfers
- ***Hotel-Gasthaus Kleiner Inselberg,*** Kleiner Inselberg 1, Tel. 32453, Fax 32142; ruhige Lage 4 km außerhalb; Sommerrodelbahn; ÜF 17,50-30,00 €

Pensionen

- ***Turmschlösschen***, Schöne Aussicht 12, Tel. 0170/4881164, ruhige Ortsrandlage mit Panoramablick, neu erbaut; ÜF 20,50-30,50 €
- ***Pension Pfefferstübchen,*** Höhstr. 32, Tel. 31013, Fax 31371; gemütliche Familienpension; Ferienwohnung; Hausschlachtung, ÜF 18-25 €
- ***Pension Haus am Reitstein,*** Kleiner Inselberg 2, Tel. 32494, Fax 32493; ruhige Lage 5 km außerhalb; Zi. z.T. mit Dusche/ Bad/WC; ÜF 15-17 €; Ferienwohnungen

JH

- ***Jugendherberge Brotterode,*** Am Zainhammer 4, Tel. 32125; Internet: www.djh-thueringen.de; ruhige Ortsrandlage, ÜF ab 12 €, zwei Bungalows mit Dusche/WC

Gaststätte

- ***Ausflugsgaststätte Berggasthof Stöhr*** auf dem Großen Inselberg (täglich geöffnet, Tel. 32425)

Aktivitäten

- ***Sauna/Solarium:*** Inselbergbad, Am Bad 1, Tel. 3730
- ***Sommerrodelbahn:*** an der Grenzwiese, Tel. 32370 (1000 m Abfahrt mit 12 Steilkurven, Mai-Okt. tägl. 10-17 Uhr, entspr. Witterung und Nachfrage)
- ***Wandern:*** Von der Gästeinformation (s.o.) erhalten sie ein Faltblatt mit Informationen zu acht beliebten Routen zwischen 8 und 12 km Länge. Die Gästeinformation organisiert außerdem sechstägige Rennsteig-Wanderungen mit Hüttenübernachtung (100 € p.P.) und auf Wunsch auch mit Gepäcktransport (172 € pro Gruppe)

- ***Radwandern:*** Ein Faltblatt mit Informationen zu neun Tagestouren rings um Brotterode erhalten Sie von der Gästeinformation
- ***Verleih von Ski, Snowboard, Schlittschuhen, Schlitten:*** *Inselberg-Sport,* Tel. 30560
- ***Ski-Kurse:*** *Inselberg-Sport,* Tel. 30560
- ***Feste:*** Höhepunkt ist die alljährlich im Juli stattfindende Brotteröder Kirmes mit Festumzug, Markt und Thüringer Spezialitäten.

Weiterfahrt

Kreuzt man in Brotterode die Querstraße durch den Thüringer Wald, so geht es in Haarnadelkurven nochmals hinauf zum Pass zwischen dem Mommelstein (700 m) und der Hohen Scharte (814 m). Dann schwenkt die Straße noch weiter vom Kamm weg nach Süden, und wenige Kilometer weiter, in ***Kleinschmalkalden*** (auf manchen Karten als Kurort Pappenheim bezeichnet), stößt man auf eine weitere Querstraße (zwischen Schmalkalden im Süden und Friedrichroda im Norden). Die Fahrt entlang der Hauptachse des Bergzuges ist hier unwiderruflich zu Ende.

Man kann nun entweder nach Norden quer durch den Thüringer Wald bis Friedrichroda fahren und dann von Georgenthal (beide s. Route Nordostseite) oder vorher ab Engelsbach auf einem kleinen Sträßchen über ***Finsterbergen*** (s.u.) einen weiteren Aufstieg nach ***Tambach-Dietharz*** (s.u.) beginnen, der auf der anderen Seite des „Waldes" auch wieder in Seligenthal endet.

Oder man kann in Richtung Süden gleich nach Seligenthal fahren und dann über Schnellbach und Rotterode nach ***Steinbach-Hallenberg*** (s.u.), wo sich die Straße erneut gabelt. In südlicher Richtung gelangt man über Viernau auf die B 280, die nach Osten bis ***Zella-Mehlis*** und ***Suhl*** (s. Route Südwestseite) führt.

Finsterbergen

Vorwahl:	03623 (vielen alten Rufnummern wurde eine 30 vorangestellt)
PLZ:	99898
Einwohner:	1560
Höhe:	420-710 m

Der ***kleine Erholungsort*** liegt am Nordrand des Thüringer Waldes nur 5 km südöstlich von Friedrichroda. Er hat weder Durchgangsverkehr noch Industrie und ist daher ideal für Erholungssuchende. Durch die ausgedehnten Bergwälder rings um Finsterbergen führen insgesamt 90 km markierte ***Wanderwege*** und Lehrpfade mit Anschluss an den nur 4 km entfernten Rennsteig. Zahlreiche Winterwanderwege und 20 km gespurte Loipen bieten auch im Winter gute Sportgelegenheiten. Ein 4,5 km langer Naturlehrpfad führt durch das Leinatal und am Erlebnisbereich Brandleiteteiche vorüber.

Das ***Heimatmuseum*** (Di.-Do. 9-12 und 14-16 Uhr, Mi. 10-12 Uhr, Fr., Sa. 9-12 Uhr; Tel. 30 61 43) an der Hauptstraße ist im Heinemannhaus untergebracht, einem denkmalgeschützten Fuhrmannshaus aus dem 18. Jahrhundert. Es bietet Einblick in die Entwicklung Finsterbergens von der Fuhrmannszeit bis zum Kurort.

Weiterhin gibt es im Ort eine 1730 erbaute ***Barockkirche*** mit einer historischen Orgel sowie ein nagelneues Freizeit- und ***Erlebnisbad*** mit Riesenrutsche.

Praktische Reisetipps

Info

- ***Kurverwaltung,*** 99898 Finsterbergen, Haus des Gastes, Hauptstr. 17, Tel. 3642-0, Fax 306396, Internet: www.finsterbergen.de

Hotels

- ***Hotel Zur Tanne,*** Hauptstr. 37, Tel. 306125; DZ 48 €
- ***Hotel und Berggasthof Spiessberghaus,*** Schmalkalder Str. 3-4, Internet: www.spiessberg.de, Tel. 363500,

Fax 353543; herrliche Lage mitten im Wald am Rennsteig, Restaurant, Sauna, Wellnessangebote; ÜF im DZ 25 € p.P.
● ***Gasthof Zum Leinatal,*** Tambacher Str. 19, Tel. 306277; DZ ohne Bad; Etagen-WC; ÜF 10,20 €; Gaststätte Mo. geschlossen

Gaststätten

● ***Hüllrod-Baude,*** Am Hüllrod, Tel. 306175 (Schlachtplatte und andere Thüringer Spezialitäten; Di. Ruhetag)
● ***Reiterhof am Rennsteig,*** Schmalkalder Str. 1, Tel. 306583 (tägl. geöffnet)
● Restaurants in den o.g. Hotels

Museen, Konzerte

● ***Heimatmuseum,*** Hauptstraße, Tel. 306143; Di.-Do. 9-12 und 14-16 Uhr, Mi. 10-12 Uhr, Fr., Sa. 9-12 Uhr
● ***Schulmuseum,*** Lindenstraße 1, Tel. 306394; Mi. 10-12 Uhr,
● ***Kurkonzerte:*** sonntags 10.30-11.30 Uhr im Kurpark Hüllrod von Pfingsten bis Mitte September

Aktivitäten

● ***Reittouristik, Kutsch- und Schlittenfahrten:*** Reiterhof am Rennsteig (s.o.)
● ***Angeln:*** am Brandleiteteich (Mai-Okt), Anmeldung bei der Kurverwaltung (s.o.)
● ***Freizeit- und Erlebnisbad:*** Friedrichrodaer Weg, Tel. 306217 (Mai-Sept. tägl. 9-20 Uhr)
● ***Wandern:*** *Kleine Rundwanderung* um Finsterbergen (5 km, Markierung: grüner Punkt); *Große Rundwanderung* (10 km, grüner Strich); *Route zum Spießberg,* 6,7 km, (gelber Punkt, Höhenunteschied 200 m); *Naturlehrpfad Finsterbergen-Rennsteig* und zurück (4,5 km, Markierung: grüner Schrägstrich). Ausgangspunkt ist jeweils das Haus des Gastes (s.o.).
● ***Holzhauer- und Fuhrmannsfest*** (Juli)

Tambach-Dietharz

Vorwahl:	036252 (vielen alten Rufnummern wurde eine 3 vorangestellt)
PLZ:	99897
Einwohner:	5000
Höhe:	450-886 m

Dieser Erholungsort liegt ***zwischen ausgedehnten Wäldern*** im reizvollen Tambacher Becken, umgeben von einem der größten zusammenhängenden Wandergebiete Deutschlands. Er entstand aus den im 13. Jh. erstmals erwähnten Walddörfern Tambach und Dietharz, die sich 1919 zusammenschlossen. 1537 hat sich *Martin Luther* auf der Durchreise nach Gotha hier gestärkt und durch einen Erfrischungstrunk Linderung für sein Steinleiden gefunden. Ihm zu Ehren ist der ***Lutherbrunnen*** benannt.

Der in einer der waldreichsten Gegenden Thüringens gelegene Ort wurde bekannt durch die bedeutendsten Funde von ***Saurierspuren*** und Knochen in ganz Europa. Mehr als 20 Skelette und zahlreiche Spuren der Ursaurier aus der Karbon- und Permzeit vor ca. 300 Millionen Jahren wurden hier gefunden, und Übereinstimmungen mit Funden in den Rocky Mountains beweisen, dass beide Erdteile damals zusammenhingen.

Tambach-Dietharz besitzt ein kleines ***Heimatmuseum*** (Waldstr. 1) in einem Fachwerkhaus mit Rauchfangküche aus dem 16. Jahrhundert und ein Technisches ***Sägewerk-Museum*** (Talsperrstr. 14).

Praktische Reisetipps

Info

- ***Verkehrsamt,*** 99897 Tambach-Dietharz, Burgstallstr. 31a, Tel. 34428, Fax 36390, E-mail: tourismus@tambach-dietharz.de

Hotels

- ***Hotel-Restaurant Landhaus Falkenstein***,*** Bahnhofstr. 14, Tel. 3430; schöne Ortsrandlage, Biergarten, rustikales Restaurant und Gewölbekeller; ÜF im EZ/DZ 45/29 € pro Person
- ***Waldhotel,*** Waldstr. 30, Tel. 3460; hübsches Landhaus mit Fachwerk-Obergeschoss direkt am Waldrand; ÜF im EZ/DZ 43/29-32 € pro Person
- ***Berghotel „Tambach“,*** Rödichenstraße 34, Tel. 36300; schöne Lage am Waldrand, Zimmer m. Dusche u. WC; ÜF im EZ/DZ 36/18,50-29,50 € pro Person
- ***Ferienpark Sonnenhof,*** An der Burg, Tel. 36253, Ferienhaus-Siedlung am Waldrand mit Blick auf den Ort; DZ ab 30 €, Ferienhäuser ab 65 €

JH

- ***Jugendherberge Tambach-Dietharz,*** Oberhoferstr. 3, Tel. 36149, Fax 36564; Internet: www.djh-thueringen.de, zentrale Lage, Kat. III, ÜF ab 15 €

Unterhaltung

- ***Diskothek Schwemme,*** Hauptstr. 88, Tel. 36251 (Fr., Sa. ab 20 Uhr)

Besichtigen

- ***Heimatmuseum,*** Tel. 34428, Waldstr. 1 (Führungen Fr. 14 und 15 Uhr, Sa. 14 Uhr und nach Vereinbarung)
- ***Technisches Museum Sägewerk,*** Talsperrstraße, Tel. 34428 (Führungen Mai-Okt. Mi. 14 Uhr)
- ***Alte Tambacher Talsperre*** (Führungen Mai-Okt. So. 14 und 15 Uhr)

Aktivitäten

- ***Schwimmen:*** Waldschwimmbad und Bergsee Hühnberg
- ***Kutsch- und Schlittenfahrten:*** *Morba,* Tel. 36712, und *Schmidt* Tel. 36039
- ***Mountainbiking:*** Tel. 31450
- ***Radwandern:*** 75 km Radwanderwege und 3 Tourenbeschreibungen (Tel. 34428)
- ***Wintersport:*** 50 km Loipen und Skiwanderwege, Eisbahn
- ***Wandern:*** Insgesamt 173 km markierte Wanderwege, z.B.: *Saurierpfad am Bromacker* (1 km), *Erlebnispfad im Apfelstädter Grund* (5 km), *Lutherweg* (17 km, Markierung: L; informatives Faltblatt beim FVA), *Rundweg Schmalwassertalsperre* (18 km)
- ***Klettern:*** Kletterfelsen Falkenstein Tel. 36040 (Mai-Okt.)
- ***Reiten:*** Tel. 36596
- ***Angeln:*** Tel. 36835
- ***Schießen:*** Schützenhaus Apfelstädter Str., Tel. 32066 (modernstes Schützenhaus Thüringens)
- ***Tennis:*** Tel. 31960
- ***Nordic Walking:*** Tel. 466884
- ***Rafting*** (August)
- ***Verleih von Fahrrädern, Ski, Schlitten, Schlittschuhen, Rollschuhen etc.:*** Verkehrsamt, Haus des Gastes, Tel. 34428

Feste

- ***Stadt- und Schützenfest*** (14 Tage nach Pfingsten)
- ***Bergseefest*** (letzter Sonntag im Juni)
- ***Talsperrenkonzert*** (Juni)

Umgebung

In der Umgebung des Ortes findet man eine ganze Reihe von Natursehenswürdigkeiten: den ***Spitterfall*** (größter natürlicher Wasserfall Thüringens, 23 m), den ***Falkenstein*** (ein 96 m hoher, freistehender Kletterfelsen), das ***Steinerne Tor*** (ein

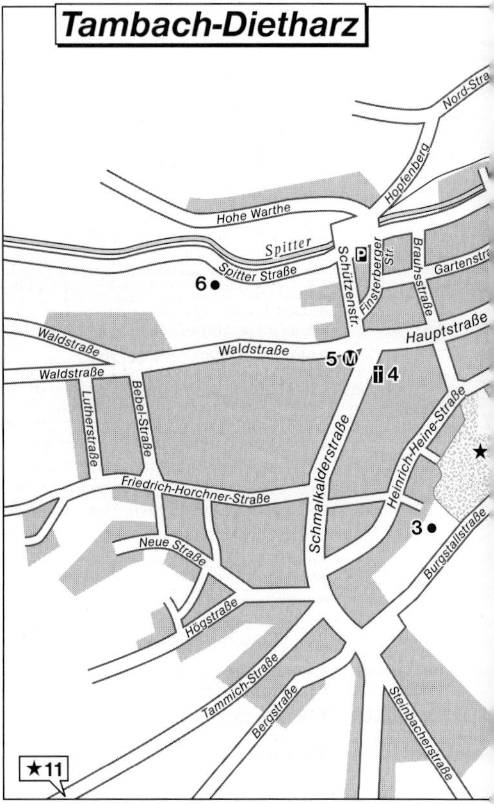

Felsentor aus Konglomerat-Gestein), das Röllchen (die einzige Hochgebirgsklamm Thüringens), eine ***Konglomerat-Felsenhöhle*** (Hülloch) am Eingang des Schmalwassergrunds, den ***Bergsee Hühnberg*** (ein romantischer kleiner Badesee in 766 m Höhe), den ***Marderbach*** (wildromantischer Talgrund mit interessanter Flora zwischen Felswänden) sowie ***zwei Talsperren*** (die älteste und die jüngste Talsperre Thüringens). Die kleine Gothaer Talsperre südöstlich des Ortes ist die älteste in Thüringen.

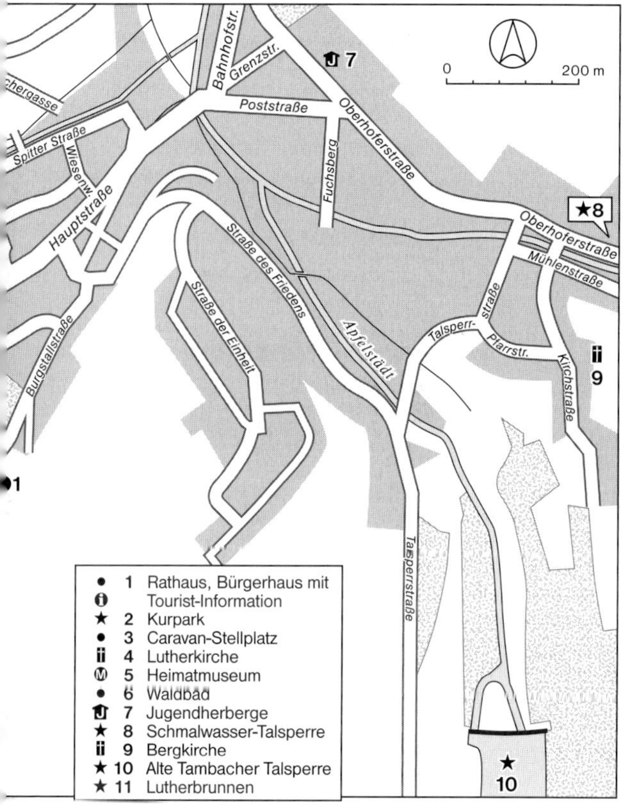

Sie wurde 1902-05 zur Trinkwasserversorgung Gothas errichtet. Die Talsperre Schmalwasser mit 21 Millionen Kubikmeter Wasser ist die jüngste Thüringens.

Weiterfahrt

Von Tambach-Dietharz kann man auf kleinen Waldsträßchen (eins beginnt direkt im Ort, das andere am südlichen Ortsende) durch ein herrliches, ununterbrochenes Waldgebiet in Kammnähe bis nach ***Oberhof*** fahren. Wem diese Sträßchen zu schmal sind oder wer weitere Orte sehen möchte, folgt der hier beschriebenen Route auf der Hauptstraße talwärts nach ***Schnellbach*** (Richtung Schmalkalden) und dann über Struth-Helmershof (s. Route „Südwestseite" unter Floh-Seligenthal) und ***Steinbach-Hallenberg*** wieder hinauf nach Oberhof.

Steinbach-Hallenberg

Vorwahl:	036847 (vielen alten Rufnummern wurde eine 3 oder 4 vorangestellt)
PLZ:	98587
Einwohner:	6200
Höhe:	420-450 m (Stadt), 450-850 m (Wander- und Skigebiet)
Stadtteil:	Herges-Hallenberg

Der aus den Ortsteilen Unter- und Obersteinbach entstandene Erholungsort ist als ***ausgeprägte Straßensiedlung*** ähnlich lang wie sein Name. Er liegt im oberen Haseltal am Südwesthang des Thüringer Waldes, 4 km südlich des Rennsteigs. Seine ***Umgebung*** wird geprägt durch bis zu 900 m hohe Berge, bizarre Felsgebilde, dunkle Wälder mit verborgenen Matten, Hochplateaus und rauschende Bergbäche. Abgeschiedenheit und ausgedehnte Nadelwälder machen das Städtchen zu einem idealen Ausgangspunkt für Wanderungen und Skitouren.

Die ***Geschichte des Ortes*** begann mit der Besiedelung durch Köhler und Waldarbeiter, später kamen Bergleute, die Eisen- und Kupfererze abbauten. Als der Erzabbau Mitte des 18. Jahrhunderts eingestellt wurde, begann die Blütezeit der Eisenverarbeitung (Hufschmiede, Schlosser, Feilenhauer, Nagelschmiede), an die heute das sehenswerte Museum im Heimathof erinnert. Seit 1997 ist

Steinbach-Hallenberg staatlich anerkannter Erholungsort.

Wahrzeichen von Steinbach-Hallenberg ist die oberhalb des Ortes gelegene ***Ruine Hallenburg,*** der die Ortschaft wohl ihren zweiten Namensteil verdankt. Von der um 1212 errichteten einstigen Residenz der Herren von Hallenberg auf dem 80 m hohen Porphyr-Felsen sind nur noch Reste des Palas und der 20 m hohe Bergfried erhalten, dessen Turmspitze 1984 nach historischem Vorbild wieder hergestellt wurde (Besuch und Führungen nach Absprache mit der Gästeinformation).

Hauptsehenswürdigkeit ist der ***Heimathof*** an der Hauptstraße 45, nahe der Kirche, mit dem ***Metallhandwerksmuseum.*** Der Heimathof ist ein denkmalgeschützter Gebäudekomplex, bestehend aus einem 1826 errichteten Fachwerkhaus mit Scheune, Schlosserei, Innenhof und Bauerngarten. Sonderausstellungen in der Scheune informieren über Alltag und Leben vergangener Jahrhunderte; außerdem werden dort Kurse u.a. im Spinnen, Weben und Specksteinschnitzen angeboten. Im Museum und in Werkstätten der Umgebung kann man sich über die Arbeitsweise der Zangenschlosser, Hufschmiede, Feilenhauer, Nagelschmiede und sogar über die Korkenzieherherstellung informieren und manchmal Vorführungen erleben.

Außerdem sind im Ort weitere, teils liebevoll restaurierte ***Fachwerkhäuser*** zu sehen sowie das hübsche Fachwerk-Rathaus und die 1656 erbaute ***Stadtkirche*** mit einer prachtvollen Kanzel von 1658.

Etwa 8 km das Tal hinauf in Richtung Oberhof, gelangt man zu der ***Großschanze*** im oberen Kanzlersgrund. Weiterhin findet man in der Umgebung der Stadt einen ***Skihang*** mit Schlepplift. Bekannt wurde der Ort auch durch die hier geborenen Skispringer *Helmut Recknagel* und *Manfred Wolf.*

Der Heimathof

Praktische Reisetipps

Info

- ***Tourist-Information „Haseltal" im Heimathof,*** 98587 Steinbach-Hallenberg, Hauptstr. 45, Tel. 036847/41065 und 19433, Fax 41066 (Stadtführungen Mai-Oktober nach Absprache)

Hotels und Pensionen

- ***Hotel-Pension Holland-Moritz,*** Hennebergstr. 6, Tel. 362-0, Fax 362-14; zentral und ruhig gelegen; sehr gepflegt und modern; ÜF ca. 35 €
- ***Hotel-Gasthof Zum Adler,*** Suhler Str. 30, Tel. 42069, zentral im OT Herges-Hallenberg; ÜF 25 €
- ***Hotel-Restaurant Wagner,*** Bahnhofstr. 5, Tel. 42128; zentrale Lage, Etagenbad und -WC; ÜF ca. 21 €, Haustiere nach Absprache

Ferienhäuser

- ***Aurora,*** Bahnhofstr. 26, Tel. 33068; vier moderne und mit viel Holz gemütlich ausgestattete Ferienhäuser für 4-5 Personen in ruhiger sonniger Lage; ab 41 € pro Tag
- ***Ferienpark Pfaffenwiese,*** Brunnenstr. 22, Tel. 30212; 12 ganz verschiedene, komfortabel eingerichtete Ferienhäuser für 3-6 Personen in schöner Waldrandlage ab 32-51 €/Tag

Disko

● ***Diskothek top 3,*** Gewerbegebiet am Scherzer, Tel. 40765

Besichtigen

● ***Heimathof und Metallhandwerksmuseum,*** Hauptstr. 45, Tel. 41065; geöffnet: Mo.-Fr. 10-16 Uhr, Sa. 10-15 Uhr, Nov. und März: Mo.-Fr. 9-16 Uhr, So. geschl.; sonst nach Voranmeldung; Eintritt 1,50/2,00 €

Aktivitäten

● ***Angeln:*** am Hergeser Teich und an der Hasel; *Roland Luck*, Tel. 32094
● ***Flugsport:*** Luftsportzentrum *Crawinkel*, Tel. 03624/31317
● ***Schwimmen:*** Freibad am Naherholungsgebiet, Tel. 31748
● ***Skilauf:*** Skigebiet Knüllfeld (650-800 m) mit Schlepplift, Tel. 33964
● ***Wandern:*** Rings um den Ort gibt es rund 100 km markierte Wege und im Winter 45 km gespurte Skiwanderwege sowie einen gespurten Loipengarten am Knüllfeld; die Tourist-Information gibt ein Info mit Empfehlungen und Routenbeschreibungen sowie einen Wanderplan heraus, verkauft Wanderkarten und bietet geführte Wanderungen.
● ***Radtouren:*** Ein gutes Info mit Routenvorschlägen/-beschreibungen für kürzere und längere Touren erhält man von der Tourist-Information wo man auch Karten bekommt.
● ***Ski- und Rodelverleih:*** *B. Nothnagel*, Bergweg 10, Tel. 48209; *Sport-Jäger*, Hauptstr. 28, Tel. 31738
● ***Fahrradverleih:*** *Fahrrad Bahner*, Hauptstr., Tel. 48349
● ***Wandern:*** *Rund um den Arzberg* (ca. 6 km, gelbes Viereck); *Rund um den Arnsberg* (ca. 8 km, gelber Kreis); *Kieferle-Knüllfeld* (ca. 8 km, grünes Viereck); *Moosburg-Moosbachtal* (ca. 8 km, grünes Dreieck); *Rundweg zur Jahnhütte* (ca. 14 km, grüner Strich). Nähere Beschreibungen enthält das Info des FVA (s.o.).

Feste

● ***Kirmes*** (2. Wochenende im Sept.)
● ***Burgfest*** (Mitte Juni in ungeraden Jahren; 1991 erstmals durchgeführt, um alte Sitten, Handwerk und Tradition des Haseltals aufleben zu lassen)
● ***Schmiedefest*** mit Schauschmieden im Heimathof (2. Sonntag im September)

Weiterfahrt

Biegt man bei Steinbach-Hallenberg nach Norden, so schwenkt die Straße über Unter- und Oberschönau nach Osten und führt durch den malerischen Kanzlersgrund hinauf nach ***Oberhof.***

Oberhof – Zentrum des Wintersports

Vorwahl:	036842
PLZ:	98559
Einwohner:	1700
Höhe:	810-836 m
Schneetelefon:	26921

Das bekannte Wander- und Wintersportzentrum Oberhof liegt etwa 17 km nördlich von Suhl auf dem Kamm des Thüringer Waldes. In der Nähe des Ortes befinden sich die ***zwei höchsten Berge*** des Thüringer Mittelgebirges: der Große Beerberg (982 m) und der Schneekopf (978 m). Der das Gebiet dominierende Fichtenwald reicht bis an den Ortsrand heran und wird durch Wiesenflächen aufgelockert.

Oberhof befindet sich direkt an der Wanderstrecke ***Rennsteig*** (siehe Umgebung).

Von Gotha und Suhl aus ist Oberhof über die B 247 ***gut zu erreichen.*** Günstige Bahnverbindungen bestehen ab Eisenach, Erfurt und Arnstadt. Der Bahnhof liegt zwar 4 km außerhalb des Ortes, es gibt jedoch Buszubringer. Durch die Neueröffnung der A 71 ist Oberhof nun auch über die Autobahn zu erreichen.

Seine Bekanntheit verdankt Oberhof in erster Linie seinem breiten Angebot an ***Wintersportmöglichkeiten*** und den zahlreichen Wettkämpfen, die dort ausgetragen werden. Auf der Rennschlitten- und Bobbahn, im Biathlon-Stadion und auf den Sprungschanzen im Kanzlersgrund finden alljährlich Wettkämpfe statt. Hier befinden sich eine der größten Mattenschanzen der Welt sowie eine Sprunganlage mit drei Anlaufspuren (Eis, Keramik, Matte), die ganzjährig genutzt werden kann. Trainingszeiten erfährt man bei der Kurverwaltung.

Die Umgebung von Oberhof bietet außerdem zahlreiche Möglichkeiten für den individuellen

Wintersport, insbesondere für reizvolle ***Skiwanderungen.***

Geschichte

Der ***Passweg*** bei Oberhof wurde bereits in frühgeschichtlicher Zeit benutzt und diente im Mittelalter als wichtige Nord-Süd-Verbindung zwischen Zella-Mehlis und Arnstadt. Im 15. Jh. errichtete der Johanniterorden an der Stelle des heutigen Ortes ein Hospiz, das wegen seiner Höhenlage ***„Oberer Hof"*** genannt wurde. Hier konnten die Fuhrleute Rast machen. Die 1259 erstmals urkundlich erwähnte Passstraße führte steil ins Tal hinunter und durch enge Schluchten, die stellenweise gerade breit genug waren, um einen Wagen passieren zu lassen. Damit sich die Fuhrleute an solchen Engpässen nicht begegneten, durfte bergauf nur vormittags und bergab nur nachmittags gefah-

Die Sprungschanze in Oberhof

ren werden. Der „Obere Hof" war der zentrale Punkt des Passwegs. Seit dem 16. Jh. gab es hier eine Schankwirtschaft für die Fuhrleute. Vom 16. bis zum 19. Jh. diente der „Oberhof" gleichzeitig als Zollstation. Seit dem 19. Jh. entwickelte sich der kleine Bergort zu einem Ziel für Erholungsuchende.

Begünstigt wurde diese Entwicklung durch den Bau der Bahnstrecke Erfurt – Suhl – Meiningen (1883/84), die kurz vor Oberhof durch den mit 3038 m längsten ***Eisenbahntunnel*** der Neuen Bundesländer führt.

Sehenswertes

Viele der Hauptattraktionen von Oberhof liegen in der Umgebung des Ortes: die herrliche Landschaft, Wander- und Wintersportmöglichkeiten sowie der berühmte Rennsteiggarten. Aber auch Oberhof selbst hat in letzter Zeit immer mehr zu bieten. Etwa die 1995 eröffnete ***Wintersportausstellung,*** die mit 3000 Exponaten über 100 Jahre Thüringer Wintersport informiert. Sie zeigt u.a. Sammlungen zu den Themen: Ursprünge des Skisports, Entwicklung der Nordischen Disziplinen, Olympische Winterspiele ab 1924, Biathlon, Rodeln, Bob- und Rennschlittensport, Eissport.

Eine weitere Hauptattraktion sind die ***Rennsteigthermen*** mit finnischen Saunen, irisch-römischem Dampfbad, Biosauna, Blockhaussauna, Außenbecken, Felsengrotte, Hot-Whirls, Geysiren, einer 100 m langen Großwasserrutsche und einem 80 m langen Wildwasserkanal (geöffnet tägl. 10-22 Uhr, Tel. 2920, 29211).

Stadtrundfahrten kann man mit dem *Rennsteig-Express* unternehmen, einer offenen und daher wetterabhängigen Kleinbahn (Abfahrt am Busplatz Crawinkler Straße; Tel. 22900). Und schließlich hat Oberhof einige interessante ***Schauwerkstätten*** (s.u. Besichtigen) und ***Lehrpfade*** (s.u. Aktivitäten) zu bieten.

Über den Bau der Thüringer Wald-Autobahn A 71 informiert das ***DEGES Zentrum*** zur Kamm-Querung.

Ebenfalls einen Besuch wert ist das ***Exotarium,*** Mitteldeutschlands größter Reptilienzoo.

Neueste Attraktion des Ortes ist der ***„Woodjungs" Hochseilgarten,*** in dem man 14 m über der Erde kletternd Hindernisse überwindet.

Praktische Reisetipps

Info

- ***Oberhof-Information,*** Crawinkler Str. 2, Tel. 2690, Fax 26920, E-Mail: information@oberhof.de (mit Zimmervermittlung; geöffnet Mo.-Fr. 9-18 Uhr, Sa., So. 9-13 Uhr)
- ***Bergwacht:*** Tel. 20686, 22122 und 20686
- ***Bahnauskunft:*** Tel. 01805-996633
- ***Taxi:*** Tel. 2900

Hotels

- ***TREFF Hotel Panorama***,*** Dr.-Th.-Neubauer-Str. 29, Tel. 500, Fax 22554; modernes Hotel; durch seine Schanzen-Form fast ein Symbol für Oberhof; Zimmer und Appartements mit Bad/Dusche und WC, 4 Restaurants, Bar, Disco, Schwimmbad, Tennishalle, Sauna, Solarium; ruhige Ortsrandlage ÜF im EZ/DZ 70/48 € pro Person
- ***Sporthotel Oberhof***,*** Am Harzwald 1, Tel. 2860, Fax 22595; ruhige Ortsrandlage nahe Rennsteig, mit Sauna, Solarium, Bowling, Tennis und Fitnessraum; Fahrrad- und Skiverleih; ÜF 32-55 €
- ***Hotel Oberland***,*** Crawinkler Str. 3, Tel. 5200, Fax 52022202; ÜF 24-48 €
- ***Ferienhotel Zum Gründle,*** R.-Breitscheidt-Str. 8, Tel. 5100, Fax 21013; schöne und ruhige Ortsrandlage, Sauna, Fitnessraum; ÜF im EZ/DZ 43/24 € pro Person
- ***Pension Haus Immergrün,*** Breitscheidtstr. 2, Tel. 22339; ÜF 15-24 €

Außer den genannten gibt es noch eine ganze Reihe weiterer Hotels, Pensionen und Privatzimmer sowie zahlreiche Ferienwohnungen und Ferienhäuser (Informationen erhält man über die Kurverwaltung).

Camping

- ***Campingplatz Lütsche-Talsperre,*** Fremdenverkehr und Campinganlagen GmbH, 99330 Frankenhain, Hauptstr. 7 (ca. 5 km entfernt an der Straße nach Frankenhain), Tel. 036205/76518 (umgeben von Wäldern direkt am Stausee; Duschen, Stromanschluss, Gaststätte, 200 Stellplätze für Wohnmobil und Wohnwagen; Angeln, Bootsverleih; Ferienhäuser, Einkaufsmöglichkeit; geöffnet 15.04.-15.10.)

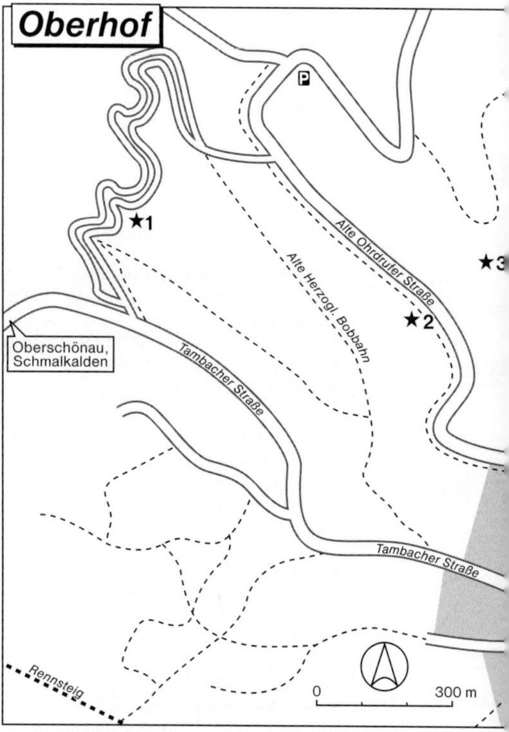

★ 1 Rennrodel- und Bobbahn
★ 2 Naturlehrpfad
★ 3 Schanzenkomplex Wadeberg
• 4 Mountainbike-Verleih
★ 5 Naturschutzgebiet Oberer Schlossberg
★ 6 Rennsteigthermen
★ 7 Kurpark
✉ 8 Postamt
• 9 Öffentliche Duschen
• 10 Sportanlage am Harzwald
Ⓜ 11 Wintersportausstellung
★ 12 Rondell, Rennsteiggarten
P 13 Womo-Stellplatz
i Tourist-Information
P Parkplatz

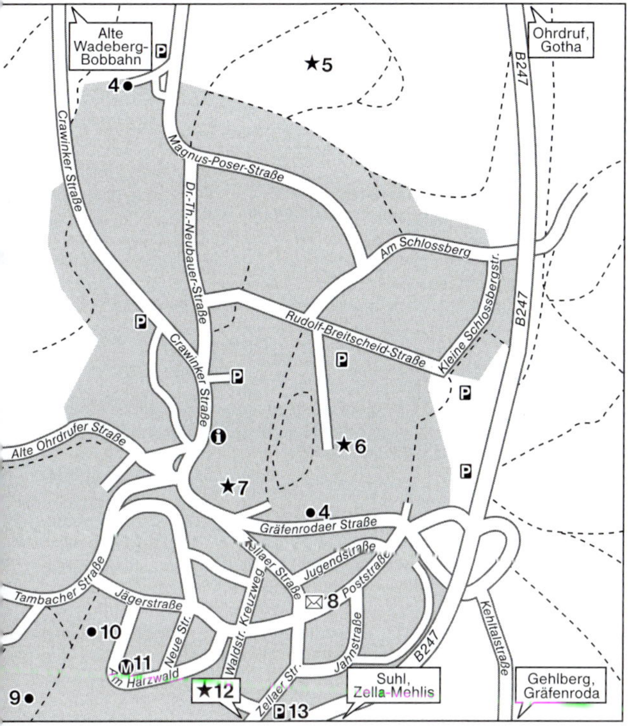

Wohnmobile

● ***Womo-Stellplatz:*** Parkplatz Zellaer Straße, Ent-/Versorgung; Gasflaschentausch; Information: *Herr Winkler,* Tel. 22521, 20673

Gaststätten

● ***Hotel Panorama,*** Dr.-Th.-Neubauer-Str. 29, Tel. 500 (mit verschiedenen Restaurants und Bars, die in den letzten Jahren restauriert wurden, darunter Thüringer Stube; tägl. geöffnet)

● ***Restaurant-Café Luisensitz,*** Dr.-Th.-Neubauer-Straße 25, Tel. 22196

● ***Bella Italia,*** R.-Breitscheidt-Str. 5, Tel. 20953 (italienisches Restaurant)

- ***Zum Kleinen Wirtshaus,*** Zellaer Str.6, Tel. 20517 (Mo. Ruhetag)
- ***Bistro-Café Scharfenberg,*** Dr.-Th.-Neubauer-Str. 2, Tel. 20441 (Bistro/Café, Mi. Ruhetag)
- ***Musik-Café So&So,*** Am Parkplatz, Tel. 22127

Besichtigen

- ***Wintersportausstellung*** (geöffnet tägl. 10-17 Uhr, Tel. 52237)
- ***Schauwerkstätten:*** *Glasstube,* Dr.-Theodor-Neubauer-Str. 17a (Glasbläserei mit Vorführungen und Verkauf; geöffnet tägl. 10-17 Uhr, Tel. 20417), *Scholzens Wachsstübchen* im Oberen Hof, Crawinkler Str. 1 (Handarbeiten aus Wachs, geöffnet Mo.-Fr. 10-18 Uhr, Sa. 11-16 Uhr, Tel. 20319; *Schnitzer-Ecke,* Crawinkler Str. (Besichtigung und Verkauf, geöffnet tägl. 9-18 Uhr)

Aktivitäten

- ***Kostenlose Stadtführungen*** durch die Kurverwaltung
- ***Wandern:*** Die Umgebung von Oberhof (unmittelbar am Rennsteig) bietet eine Fülle von Wandermöglichkeiten; ein Infoblatt mit Routenvorschlägen erhält man von der Kurverwaltung
- ***Lehrpfade:*** *Moorlehrpfad* durch das Schützenberg-Hochmoor (2 km von Oberhof auf der Zellaer Loipe in Richtung Veilchenbrunnen; *Naturlehrpfad* in Richtung Obere Schweizer Hütte, Ziel Rennschlittenbahn (auch für Rollstuhlfahrer geeignet); *Historischer Sportwanderweg* (beginnt an der alten Ohrdrufer Straße nahe dem Busplatz)
- ***Baden/Sauna:*** *Rennsteigthermen* (tägl. 10-22 Uhr, Tel. 2920; s.o.)
- ***Inline-Skater-Bahn:*** nähe Kurpark
- ***Kutschen- und Planwagenfahrten:*** *Ortlepp,* Tel. 03623/ 200429 oder 0172-3687133 und *Luhn,* Tel. 483632
- ***Mountainbike-Touren:*** *Sporthotel Oberhof,* Tel. 2860; *Sport- und Freizeitanlagen,* Tel. 22349; *Treff Hotel Panorama,* Tel. 500; geführte Mountainbike-Touren bietet auch die Kurverwaltung an
- ***Mountainbike-Verleih:*** *Sport-Luck,* Gräfenrodaer Str. 2, Tel. 22212; *Sporthotel Oberhof,* Tel. 2860, *Mountain-Sport,* Zellaer Str. 9, Tel. 21184
- ***Duschen für Wanderer und Sportler:*** im *Sporthotel Oberhof,* Am Harzwald 1, Anmeldung (Rezeption): Tel. 2860

Wintersport

- ***Schanzen im Kanzlersgrund:*** *K120* (eine der größten Mattenschanzen der Welt), *K90* (mit 3 Anlaufspuren: Eis, Keramik, Matte); *Kleiner Schanzenkomplex Wadeberg.* Alle Sprungschanzen werden ganzjährig genutzt.
- ***Skischule:*** *Armbruster,* Breitscheidtstr. 27, Tel. 20117
- ***Biathlonstadion:*** nach Umbau 2003 als Rennsteig-Arena neu eröffnet

- ***Rollerstrecken*** (ca. 8 km lang)
- ***Rennrodel- und Bobbahn*** (Länge: 1113 m, Höhenunterschied: 100 m, Betrieb: Okt.-März). Mutige Gäste können diese Bahn mit dem Viererbob, dem gut gepolsterten Gaudibob oder mit dem Sommerbob auf Rädern (Mai bis Sept.) befahren, wobei Geschwindigkeiten von 75-90 km/h erreicht werden! Information: Tel. 21406 oder über die Kurverwaltung
- ***Hundeschlittenrennen:*** werden meist Ende Februar oder Anfang März veranstaltet (Info: Kurverwaltung)
- ***Loipen:*** insgesamt 33 km; Auskunft: Tel. 036842/26921
- ***Skihänge*** und Übungshänge mit zwei Schleppliften (250 m und 150 m): Skigebiet „Alte Golfwiese"; Skihang „Fallbachlift" neben der Rennschlitten- und Bobbahn mit Sessellift (800 m), Beschneiungsanlage und Flutlicht
- ***Schneetelefon:*** 26921

Umgebung

Rondell

An die Handelsstraße des 19. Jh. von Erfurt über Oberhof nach Suhl und weiter nach Franken erinnert ein 2003 rekonstruierter ***Obelisk*** („Rondell") an der Rennsteigstrecke bei Oberhof.

Rennsteig-Garten

Unbedingt sehenswert ist der nahe dem Rondell gelegene Rennsteig-Garten, der von Oberhof aus über Wanderwege in etwa 20 Minuten zu erreichen ist. Jeder, der einen Sinn für Pflanzen und urwüchsige Berglandschaft hat, sollte sich diesen sehr ***naturnah angelegten botanischen Garten*** ansehen. Er ist etwa 1 km von Oberhof und knapp 200 m von dem großen Parkplatz am Rondell entfernt (der Weg ist beschildert). Der Rennsteiggarten wurde in einem ehemaligen Steinbruch zwischen 1970 und 1976 in über 40.000 Arbeitsstunden von Tausenden von Freiwilligen angelegt.

Auf einer Fläche von 7 Hektar sind hier – nach Regionen und Biotopen geordnet – über 4000 Arten von ***Gebirgspflanzen aus aller Welt*** zu sehen. Mich beeindruckte besonders, dass große Teile des Rennsteiggartens überhaupt nicht wie eine Garten- oder Parkanlage wirken, sondern wie eine natürlich gewachsene und zudem sehr ur-

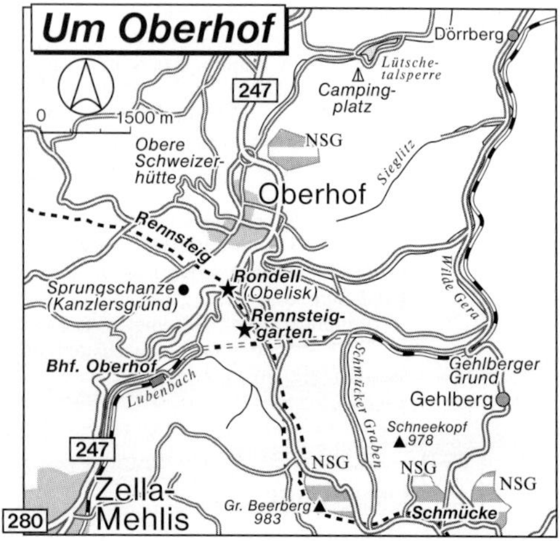

sprüngliche Gebirgslandschaft. Etwas vermisst habe ich zunächst hohe Bäume, bis mir klar wurde, dass diese in den dargestellten Biotopen der arktisch-alpinen Regionen nicht gedeihen.

Hier ein kleiner Ausschnitt der dargestellten Bereiche: Felsenschauanlage, Nordamerika, Nordeuropäische Waldtundra, Zwergstrauchheide, Rhododendren-Anlage, Steilpfad, Kaukasus, Krummholzformation und Hochmoor (besonders eindrucksvoll). Am schönsten ist ein Besuch des Rennsteiggartens während der Blütezeit zwischen Mitte Juni und Anfang August.

- Information: Rennsteiggarten Oberhof, Postfach 12/18, 98557 Oberhof, Tel./Fax 22245, Internet: www.rennsteiggartenoberhof.de
- Geöffnet: von April bis bis September 9-18 Uhr, im Oktober 9-17 Uhr geöffnet; letzter Einlass ist jeweils eine halbe Stunde vorher.

Schmücke Das aus einem Forstort hervorgegangene Dörfchen Schmücke auf 911 m Höhe besitzt übrigens bereits seit 1812 die ***höchstgelegene Gaststätte Thüringens*** mit Herberge. Aufschwung und weite Bekanntheit erlangte diese Gaststätte durch ihren Wirt *Johann Friedrich Joel* (1792-1852), auch *„Vater Joel"* oder *„Grober Joel"* genannt, der durch seine urwüchsige Grobheit und seinen Mutterwitz zu einer der populärsten Volksfiguren Thüringens wurde.

Wanderrouten Vom Parkplatz am Rondell aus kann man Wanderungen in alle Richtungen unternehmen; z. B. zum ***Großen Beerberg*** und weiter zur ***Schmücke*** oder über die Schlossbergkanzel zur ***Lütsche-Talsperre,*** die malerisch in einem Talkessel liegt und seit 1992 wieder zum Baden freigegeben ist (jedoch kein Bademeister).

Zur Lütsche-Talsperre führen von Oberhof mehrere Wege. Zu empfehlen ist der Wanderweg über den Kamm des Schlossberges zur ***Schlossbergkanzel.*** Hier befindet sich eine Hütte des Berg-

rettungsdienstes Gräfenroda. Man hat einen weiten Ausblick über die Talsperre bis hin zum Vorland des Thüringer Waldes. Direkt am Lütsche-Stausee gibt es einen ***Campingplatz*** (s.o.). Die Talsperre kann man auch mit dem Auto über Crawinkel - Frankenhain erreichen.

Weiterfahrt

Von Oberhof hat man verschiedene Möglichkeiten, seinen Weg fortzusetzen. Entweder an der Bobbahn und den Schanzen vorbei den reizvollen Kanzlersgrund hinunter nach ***Steinbach-Hallenberg*** - falls man nicht der oben beschriebenen Route folgend von dort gekommen ist - oder auf der B 247 in nördlicher Richtung nach ***Luisenthal*** und ***Ohrdruf*** oder in südlicher Richtung steil hinunter nach ***Suhl*** und ***Zella-Mehlis*** (s. u. Route Südwestseite). Die landschaftlich schönste Variante ist jedoch das kleine Kammsträßchen (für LKW gesperrt), das parallel zum und teilweise direkt auf dem Rennsteig mit herrlichen Ausblicken (sofern das Wetter mitspielt!) durch die Fichtenwälder zur ***Schmücke*** führt und dann abwärts in Richtung Bahnhof Rennsteig, wo es zwischen Schmiedefeld und Stützerbach auf die B 4 stößt.

Rennsteig

„Auf Bergesscheiteln läuft ein alt Geleise, oft ganz verdeckt vom Farnkrautüberschwung: ein Bergpfad ist's! Die Städte flieht er und keucht zum Kamm des Waldgebirgs hinauf. Durch Laubgehölz und Tannendunkel zieht er und bringt im Dickicht seinen scheuen Lauf. Der Rennsteig ist's, die alte Länderscheide, die von der Werra bis zur Saale rennt ...", so schrieb der Dichter *Viktor Scheffel* im letzten Jahrhundert - und bis heute hat sich daran nicht viel geändert, außer dass der „Farnkrautüberschwung“ vom Pfad verschwunden ist.

Wer den Thüringer Wald zu Fuß kennenlernen will, der sollte den bekannten Rennsteig unter die Sohlen nehmen. Er ist insgesamt 168 km lang und verläuft in 800-900 m Höhe auf dem ***Kamm des Thüringer Mittelgebirges.*** Dieser berühmte Wanderweg beginnt in Hörschel bei Eisenach und führt quer durch das Mittelgebirge bis Blankenstein an der Saale. Ab der Hohen Sonne bei Eisenach verläuft er streckengleich mit dem „Internationalen Fernwanderweg Freundschaft Eisenach – Budapest“.

Bereits in frühgeschichtlicher Zeit ***entstanden,*** erlangte der Rennsteig im Mittelalter wichtige Bedeutung als Kurier- und Handelsweg. Erstmals urkundlich erwähnt wurde er 1330 als *Rynnstieg,* der die Verbindung zwischen dem östlichen und westlichen Teil Thüringens bildete.

Was die ***Bedeutung des Namens*** betrifft, so ist man sich uneinig, ob er tatsächlich „Rennweg“ bedeutet und auf die Möglichkeit der schnellen Fortbewegung für die Kuriere hinweist, oder ob er auf das Wort *Rain* für Grenze zurückgeht und so als „Grenzweg“ die ebenfalls entlang des Kammes verlaufende alte Grenze zwischen Thüringen und Franken bezeichnet. Damals pflegten die Landesherren bei Regierungsantritt auf solchen Wegen einen Grenzumritt zu machen. An Grenzstreitigkeiten erinnern noch Flurnamen wie *Haderholz* nahe dem Rennsteig. Entlang des Weges findet man noch zahlreiche alte Grenzsteine. Die ältesten stammen aus dem 16. Jh., die jüngsten aus dem 19. Jh. Der Kammweg war jedoch nicht nur politische Grenze, sondern zugleich eine heute noch spürbare Dialektgrenze und Wasserscheide zwischen Saale und Werra.

In der zweiten Hälfte des 17. Jh. ließ *Herzog Ernst der Fromme von Sachsen-Gotha* den Rennsteig von seinen Beauftragten bereisen und systematisch erkunden. Zu Beginn des 19. Jh. war die

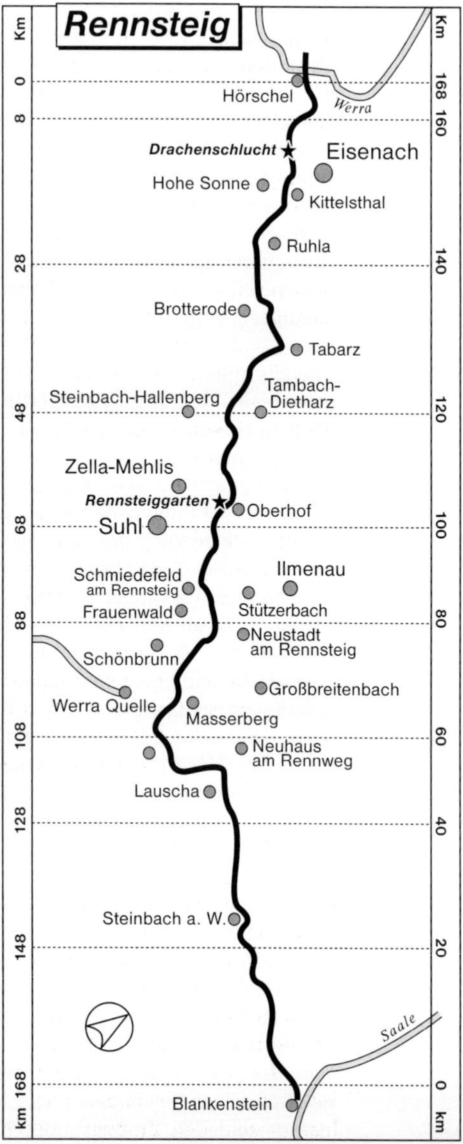
Rennsteig
Km
0
8
28
48
68
88
108
128
148
km 168
Km
168 160
140
120
100
80
60
40
20
0 km
Werra
Hörschel
Drachenschlucht
Eisenach
Hohe Sonne
Kittelsthal
Ruhla
Brotterode
Tabarz
Tambach-Dietharz
Steinbach-Hallenberg
Zella-Mehlis
Rennsteiggarten
Oberhof
Suhl
Ilmenau
Schmiedefeld am Rennsteig
Stützerbach
Frauenwald
Neustadt am Rennsteig
Schönbrunn
Großbreitenbach
Werra Quelle
Masserberg
Neuhaus am Rennweg
Lauscha
Steinbach a. W.
Saale
Blankenstein

Kammroute als ***Wanderweg*** bekannt und beliebt. Bereits im Jahr 1830 bewältigte der wackere Gothaer *Major Julius von Pläncker* den Rennsteig in fünf Tagesmärschen mit einer reinen Wanderzeit von 43,5 Stunden und setzte damit den Maßstab für eine sportliche Rennsteigwanderung. Seit Ende des 19. Jh. markiert ein weißes „R" den Verlauf der Wanderstrecke.

Der im Jahre 1896 gegründete ***Rennsteig-Verein*** ist nicht nur ein Wanderverein, sondern befasst sich auch mit der wissenschaftlichen Erforschung der wohl bekanntesten Kammlinie des Thüringer Waldes.

Seit 1968 steht der Rennsteig unter ***Landschaftsschutz,*** und einige Abschnitte führen durch Naturschutzgebiete, in denen das Verlassen des Weges nicht gestattet ist.

Wanderungen

Eine Wanderung auf dem Rennsteig kann an beliebigen Stellen des Kammes begonnen werden. Für ***mehrtägige Touren*** stehen im Abstand von Tagesetappen Berghütten für die Übernachtung zur Verfügung. Weitere ***Übernachtungsmöglichkeiten*** bieten der internationale Campingplatz von Großbreitenbach und mehrere kleine Zeltplätze entlang der Strecke.

Doch auch auf ***Tagestouren*** erhält man einen Eindruck von der reizvollen Landschaft. An vielen Stellen ***kreuzen lokale Wanderwege den Rennsteig*** und schaffen vielfältige Möglichkeiten, eine längere Tour durch Abstecher zu markanten Punkten oder Ortschaften abwechslungsreich zu gestalten. Oft sind diese Nebenwege ruhiger und reizvoller als der doch sehr bekannte „Rennweg".

Im Winter bietet der alte Kammweg durch seine schneesichere Kammlage vielfältige Möglichkeiten für Skiwanderungen und ist – fast durchgehend gespurt – die längste Loipe des Landes.

Und falls Ihnen jemand unterwegs ***„Gut Runst!"*** wünschen sollte, so halten Sie das nicht für eine Unverschämtheit. Dies soll der Gruß der zünftigen Rennsteigwanderer sein (offenbar ist mir bisher kein „Zünftiger" begegnet) und sich als Kunstwort von „rennen" ableiten, ähnlich wie „Kunst" von „kennen".

- ***Wanderroute:*** Die Rennsteig-Wanderung kann man südwestlich von Eisenach am *Vachaer Stein* beginnen und von dort in Richtung zur *Hohen Sonne* marschieren. Die Erhebung an der Hohen Sonne ist von Eisenach aus auch durch die *Drachenschlucht* (s. Eisenach, Umgebung) zu erreichen, auf einem schmalen und wildromantischen Pfad zwischen hohen Felsen. Außerdem gibt es gute Busverbindungen von Eisenach zur Hohen Sonne.

Von der Hohen Sonne weiter in Richtung Südost und an Ruhla westlich vorbei zum *Ruhlaer Häuschen* weiter zum *Oberen Beerberg* und zum *Großen Inselberg* (916 m) – nördlich von Brotterrode weiter zu den *Grenzwiesen* am kleinen *Inselberg-Spießberghaus* – westlich an Tambach-Dietharz vorbei – weiter nach Süden in Richtung Steinbach-Hallenberg – in südöstlicher Richtung zum *Dreiherrenstein* – vorbei an der Schützenwiese zur *Schanzenbaude* – zum *Rondell* bei Oberhof – zur *Kleinen Schmücke* – zum *Großen Beerberg* (982 m) mit Plänckners Aussicht – zur *Schmücke* – südlich am *Großen Finsterberg* (944 m) vorbei zur *Hohen Warte* südlich von Stützerbach – durch den Ort Allzunah – weiter zum *Großen Dreiherrenstein* – in Richtung Süden nach Neustadt – vorbei an Masserberg zum *Hochmoor* (NSG) zur *Eisfelder Ausspanne* – zur *Friedrichshöhe* – vorbei an Limbach und Scheibe-Alsbach – dann in nordöstlicher Richtung am *Schwarzaquell* vorbei nach Neuhaus.

- Mehrtägige ***geführte Rennsteigwanderungen*** kann man bei folgenden Stellen buchen: *Tourist-Information Suhl,* 98527 Suhl, Marktplatz 1, Tel./Fax 720052; *Gästeinformation Brotterode,* 98599 Brotterode, Haus des Gastes, Bad Vilbeler Platz 4, Tel. 036840/3333, 3334, Fax 3335

- ***Tipp für Radler:*** Wer den Rennsteig per Fahrrad erkunden will, kann seinen Drahtesel in den Bussen von Eisenach zur Hohen Sonne kostenlos mitnehmen.

- Der traditionelle ***Guts-Muths-Rennsteiglauf,*** „Europas größter Crosslauf", umfasst einen 65 km- und einen 45-km-Lauf sowie 55-km- und 32-km-Wanderungen. Anmeldung:

Meldebüro des Guts-Muths-Rennsteiglaufes, *A. Kilian*, Zellaer Str. 22, 98528 Suhl-Goldlauter.

• ***Information:*** *Fremdenverkehrsverband Thüringer Wald*, Postfach 124, 98501 Suhl, Tel./Fax 03681/22179 (dort erhält man u.a. ein sehr nützliches Faltblatt mit einer Kartenskizze, Hinweisen zu Sehenswürdigkeiten und vielen hilfreichen Adressen)

SG-AY 263

Kammregion – Von Oberhof zum Schiefergebirge

Überblick

Ab Oberhof wird der Thüringer Wald breiter, und es gibt nun eine Straße, die immer in Kammnähe (und damit nahe dem Rennsteig) in südöstlicher Richtung bis nach Neustadt a.R. führt.

Schmiedefeld am Rennsteig

Vorwahl:	036782
PLZ:	98711
Einwohner:	2200
Höhe:	680-944 m

Entstanden ist Schmiedefeld durch den Abbau von Eisenerz, mit dem im 16. und 17. Jahrhundert die Suhler Waffenhersteller beliefert wurden. Mitte des 19. Jahrhunderts wurde die Herstellung von Musikinstrumenten und 1862 die Glasherstellung eingeführt. Seit der Jahrhundertwende kommen Urlauber in den Höhenort, und durch den Bahnanschluss 1904 wurde der Fremdenverkehr stark gefördert.

Der Erholungsort liegt zwischen hohen Bergen und ausgedehnten Fichtenwäldern und bietet vielfältige Wandermöglichkeiten. Der Rennsteig ist nur einen Kilometer entfernt, und Schmiedefeld ist Zielort des alljährlichen Guts-Muths-Rennsteiglaufes, der als längster Crosslauf Europas mehr als zehntausend Sportfreunde anlockt.

Südlich von Schmiedefeld erstreckt sich das ***Naturschutzgebiet Vessertal*** mit dem 170 km² großen UNESCO-Biosphärenreservat (s.u. St. Kilian/Vessertal).

Praktische Reisetipps

Info

- ***FVA Schmiedefeld,*** 98711 Schmiedefeld, Suhler Str. 4, Tel./Fax 61324, Internet: www.schmiedefeld.de

Hotels

- ***Hotel Blaues Haus,*** Schmückestr. 74, Tel. 70090, Fax 70099; 1 km vom Zentrum; ÜF ab 26 €
- ***Hotel Gastinger,*** Ilmenauer Str. 21, Tel. 6170-8, Fax -2; 800 m vom Zentrum; ÜF ab 25,50 €
- ***Pension Im Kurpark,*** Friedrichsweg 21, Tel. 6360, Fax 63645; ruhige Ortsrandlage, ÜF ab 25 €
- ***Hotel Zur Henne,*** Bahnhofstr. 38, Tel. 61325, Fax 62425, zentrale Lage, ÜF ab 25 €
- ***Pension Anschütz,*** Suhler Str. 23, Tel. 61385, Fax 60368; zentrale Lage; ÜF ab 23 €
- ***Hotel Thüringer Hof,*** Vesserstr. 3, Tel. 61221; zentrale Lage, ÜF ab 21,50 €
- ***Pension Kleine Blaue Maus,*** Schmückestr. 72, Tel. 61529; ruhige Ortsrandlage; ÜF ab 20 €
- ***Rennsteighotel Grüner Baum,*** Suhler Str. 3, Tel. 70811, Fax 70812; zentrale Lage, ÜF ab 19 €
- ***JEB: Jugendbildungs- und Erholungsstätte,*** Rennsteig 5, 98711 Post Frauenwald, Am Rennsteig, Tel. 62213, ÜF ab 9 €

Wohnmobile

- ***Womo-Stellplatz:*** Stellplätze auf dem gepflasterten Parkplatz am Sportgelände zu 3 € pro Nacht

Besichtigen

- ***Heimatmuseum,*** Suhler Str. 37, Tel. 60800, geöffnet Mo.-Fr. 10-12 und 14-17 Uhr, Sa. 10-12 Uhr (traditionelle Glasbläserstube und Sonderausstellung zum Orgelbau)
- ***Tierglasbläserei Ehrhardt,*** Suhler Str. 50, Tel. 61538, geöffnet Mo.-Fr. 9-18 Uhr, Sa. 9.30-13, So 14-16 Uhr (dort können Sie selbst Glaskugeln blasen und bemalen)
- ***Kunstglasbläserei Sieder,*** Suhler Str. 37, Tel. 60800, geöffnet Mo.-Fr. 10-12 und 14-17 Uhr, Sa. 10-12 Uhr
- ***Spielzeugwerkstatt Doris Lachnitt,*** Marktsstr. 4, Tel. 61349 (Besichtigung und Workshops nach Absprache)
- ***Töpferei Tina Gastinger,*** Ilmenauer Str. 21, Tel. 61363 (Besichtigungen im Hotel ganztägig, Vorführungen nach Absprache)
- ***Christallerie Glashütte,*** Hüttenstr. 1, Tel. 70627 (Besichtigung Mo.-Fr. 9-15 Uhr, Sa. 9-12 Uhr und Verkauf Mo.-Fr. 9-17, Sa. 9-12 Uhr)

Aktivitäten

- ***Schwimmen:*** Freibad zwischen Schmiedetal und Vesser (Juli/August)
- ***Wandern:*** Der Ort hat einen Naturlehrpfad und das FVA gibt ein Heftchen mit 13 sehr ausführlich und schön beschriebenen Wanderrouten heraus.
- ***Wintersport:*** Liftanlage am Eisenberg (Talstation in unmittelbarer Ortsnähe) mit 800 m und einem Höhenunterschied von 120 m; 35 km Loipen und Skiwanderwege; Loipengarten mit Nachtloipe, Spritzeisbahn am Sportplatz, Rodelbahn

- **Skiverleih:** Alpin: Skilift-Talstation; Nordisch: Vesserstr. 6
- **Fahrradverleih:** *Tankstelle Schmidt*, Marktstraße

Feste

- **Schneeschuhlauf** (Januar)
- **Skifasching am Eisenberg** (Februar)
- **Schneeskulpturenbau** (Februar)
- **Frühlingsmarkt** (April)
- **GutsMuths-Rennsteiglauf** (Mai)
- **Rennsteigfestwoche** (Juli)
- **Kirmes** (August)
- **Hüttenfest** (September)
- **Weihnachtsmarkt**

Sankt Kilian/Vessertal

Vorwahl:	036841 (Erlau, Breitenbach, Sankt Kilian), 03681 (Altendambach, Hirschbach)
PLZ:	98553
Einwohner:	3300
Höhe:	400-850 m
Ortsteile:	Erlau, Breitenbach, Sankt Kilian, Altendambach, Hirschbach

Die Gemeinde Sankt Kilian wurde 1991 aus fünf bis dahin unabhängigen Orten gebildet und liegt am Rand des UNESCO-Biosphärenreservats „Vessertal" (s.u.), umgeben von Mischwäldern, Bergwiesen und Tälern. Die einzelnen Ortsteile eignen sich besonders für einen ruhigen Erholungsurlaub oder als Ausgangspunkte für Wanderungen im Schutzgebiet. Das Naturschutzgebiet liegt fast ganz auf der Gemarkung von Breitenbach. Die Teilgemeinden Erlau, Breitenbach und Hirschbach sind staatlich anerkannte Erholungsorte.

Praktische Reisetipps

Info

- ***Tourismusverein Vessertal,*** Hauptstr. 67, 98553 Breitenbach, Tel. 036841/47271, Fax 53822, Internet: www.gg-sankt-kilian.de (mit Zimmernachweis)

Hotels

- ***Hotel Zum Goldenen Hirsch***,*** Hirschbach, Hauptstr. 33, Tel. 720037, Fax 303509; schöner Backstein-Fachwerkbau in zentraler Lage, Sauna, Solarium; ÜF im EZ/DZ 39-45/30-33 €

● ***Gasthof Zur Grünen Erle,*** Erlau, Hauptstr. 21, Tel. 31871, Fax 42951, Internet: www.hotel-erle.de. Historische Räume mit Stil, Thüringer Küche; ÜF im EZ/DZ 36/30-35€
● ***Berghotel Stutenhaus***,*** Hirschbach, Post: 98711 Vesser, Stutenhaus 1, Tel. 036782/6710, Fax 60046, Internet: www.stutenhaus.de; Waldlage auf 770 m am Fuß des Adlersbergs; Zufahrt über Schmiedefeld; Gaststätte, Sauna, Skiverleih; ÜF im EZ/DZ 35/30 €
● ***Landgasthof Zum Adlersberg,*** Breitenbach, Hauptstr. 44, Tel./Fax 48210; gutbürgerliche Küche; ÜF im EZ/DZ ab 30/25 €

Camping

● ***Campingplatz Breitenbach,*** Am Waldbad, Tel. 41153 (schöne Lage zwischen Wald und Wiesen direkt am Freibad; für Caravans geeignet; sehr gut für Wintercamping; ganzjährig geöffnet; inmitten eines Naherholungsgebietes, Freibad, Bungalowvermietung)
● ***Campingplatz Am Waldbad,*** Erlau, Tel. 036841/48228, Fax 42834 (für Caravans geeignet, ganzjährig geöffnet; ruhige, waldreiche Lage; Bungalowvermietung)

Besichtigen

● ***Heimatstube,*** Breitenbach, Hauptstr. 74 (Anmeldung: Frau Ludwig, Hauptstr. 72, Tel. 48216 oder beim FVA)
● ***Naturpark-Infozentrum Thüringer Wald*** am Berghotel „Stutenhaus"

Vessertal

Das Naturschutzgebiet Vessertal ist Teil des international anerkannten ***Biosphärenreservates*** gleichen Namens. Es umfasst eine der schönsten und ursprünglichsten Tallandschaften des Thüringer Waldes, geprägt durch Bachläufe und Bergmischwälder. Hier kann man ***ursprüngliche Natur,*** Blumenwiesen und seltene Vogelarten kennen lernen. Ausgangspunkt für Wanderungen durch das Reservat sind Breitenbach/St. Kilian und das anmutig gelegene Dörfchen Vesser. Eine ständige Ausstellung über das Schutzgebiet und vielfältige Führungen vermitteln Informationen über das seit 1979 bestehende UNESCO-Reservat.
● Information: Besucher-Service der Verwaltung, Biosphärenreservat Vessertal, Naturpark Thüringer Wald, Waldstraße 1, 98711 Schmiedefeld, Tel. 036782/6660

Aktivitäten

- ***Baden:*** Schwimmbäder in Erlau und Breitenbach
- ***Fahrradverleih:*** An der Heide 4, Breitenbach, Tel. 41410, und FVA
- ***Reiten, Kutschfahrten:*** *Reiterhof am Stutenhaus,* Tel. 036782/62348, 0161/5303826
- ***Radtouren/Wandern:*** Vom FVA sind hervorragende Routenbeschreibungen (8-33 km) mit Höhenprofil und Ausschnitt-Kopien topographischer Karten erhältlich.
- ***Natur- und Erlebnispfad*** von Breitenbach nach Erlau
- ***Sportanlage*** Erlau mit Tennisplatz
- ***Ortsverbindender Radweg*** von Breitenbach nach Altendambach
- ***Kegelbahn*** in Breitenbach

Stützerbach

Vorwahl:	036784 (vielen alten Nummern wurde eine 50 vorangestellt)
PLZ:	98714
Einwohner:	1850
Höhe:	590-828 m

Der Kurort Stützerbach liegt am Nordhang des Thüringer Waldes in einem von Wäldern umgebenen Talkessel. Bis zum Rennsteig sind es nur 3 km. Wie überall im Thüringer Wald, so findet man auch hier zahlreiche markierte ***Wanderwege*** (besonders attraktiv: der Goethe-Wanderweg; siehe Ilmenau, Umgebung), und die schneesicheren Berge bieten gute ***Wintersportmöglichkeiten.***

Der Ort entstand im 16. Jh. aus zwei hennebergischen Höfen, zu denen sich Getreidemühlen, eine Papiermühle und eine Glashütte gesellten. Bei der ***Teilung*** der Grafschaft Henneberg 1660 wurde Stützerbach – ähnlich wie andere Orte im Thüringer Wald – aufgeteilt; der Dorfbach bildete die Grenze zwischen dem weimarischen und dem preußischen Teil. Obwohl der Ort nicht einmal 30 Wohnhäuser zählte, brauchte er bis 1945 zwei Kirchen, zwei Schulen und zwei Gemeindeämter.

Besondere Bedeutung erlangte Stützerbach im 19. Jh. durch seine ***Laborglasindustrie.*** Der von Jena her bekannte Glastechniker *Otto Schott* führte hier seine Schmelzversuche durch, *F. Greiner* entwickelte ein Verfahren zur Herstellung von Thermometern und *Conrad Röntgen* machte seinen Namen durch eine in Stützerbach entwickelte Röhre unsterblich, mit der ihm seine erste Durchleuchtung gelang. Auch die erste Glühlampe und das erste Thermosgefäß wurden in Stützerbach hergestellt. Darüber informiert das Heimat- und Glasmuseum in der Bahnhofstr. 1.

Sehenswert ist das ***Goethehaus*** in dem um 1700 erbauten Haus des ehemaligen Glashüttenbesitzers *Gundelach* an der Sebastian-Kneipp-Straße 18 (geöffnet 15.03.-25.10. Mi.-So. 10-17 Uhr, sonst Mi.-So. 10-16 Uhr). Es informiert über das Wirken des Dichters und Staatsmannes in Stützerbach und im Thüringer Wald. Den Mittelpunkt bildet das Wohn- und Arbeitszimmer *Goethes*, der von 1776 bis 1783 nicht weniger als dreizehnmal in Stützerbach zu Gast war. Im Erdgeschoss befindet sich ein Glasmuseum.

Praktische Reisetipps

Info

- ***Kurverwaltung,*** 98714 Stützerbach, Bahnhofstr. 1, Tel. 036784/50211, Fax 50890, www.stuetzerbach.de, stuetzerbach-kurort@t-online.de

Hotels und Pensionen

- ***Hotel Deutscher Kaiser,*** Mittelstr. 16, Tel. 50040, Fax 50049; zentrale Lage; ÜF im EZ/DZ 29-40/24-34 € pro Person
- ***Pension-Gaststatte Waldidyll,*** Auerhahnstr. 4, Tel. 50310, Fax 50646; ruhige Ortsrandlage; Kneippanwendungen, im Garten ein Modell des einstigen Jagdschlosses Dianenburg; ÜF im EZ/DZ 28-33/23-31 € p. P.
- ***Hotel Waldfrieden,*** Goethestr. 13, Tel. 50294, Fax 50500; ruhige Waldlage 400 m vom Zentrum; ÜF im DZ 31 € pro Person
- ***Gasthof Eintracht,*** Schleusinger Str. 118, Tel. 50349, Fax 50066; ÜF im EZ/DZ 20-28/22-25 € pro Person
- ***Gasthof Zum Reifberg,*** Gartenstr. 23, Tel. 50390; Ortsrand 200 m vom Zentrum; moderne, helle Zimmer; Ferienwohnungen; ÜF im EZ/DZ 31-38/23-28 € p. P.

Camping

- ***Campingpark Meyersgrund*** (Tel. 036784/50363; nördlich des Ortes an der B 4 in Richtung Ilmenau – s. dort)

Gaststätten

- ***Bernies Verrückte Quelle***, Schleusinger Str. 59, Tel. 50084, Mo. Ruhetag
- ***Schwarzer Adler,*** Mittelstr. 27, Tel. 50261 (geöffnet Mai-Okt. 11.30-14 und 17-24 Uhr, Nov.-April 17-24 Uhr, Mo. Ruhetag)
- ***Waldgasthaus Auerhahn,*** Tel. 50214 (geöffnet 10-18 Uhr, Mo. Ruhetag)
- in o.g. Hotels und Pensionen

Aktivitäten

- ***Schwimmen:*** Naturbad am Taubachtal
- ***Eisbahn***: Im Waldbad
- ***Mountainbike-Verleih:*** Talstr. 43, Tel. 50814
- ***Wintersportgeräte-Verleih:*** Talstr. 43, Tel. 50719
- ***Kutsch- und Schlittenfahrten:*** *Fuhrgeschäft Rudolph,* Talstr. 25 a, Tel. 50305

Frauenwald

Vorwahl:	036782
PLZ:	98711
Einwohner:	1150
Höhe:	800 m
Ortsteil:	Allzunah

Der kleine Erholungsort liegt nur einen Kilometer vom Rennsteig entfernt auf einem nach Süden verlaufenden Bergrücken. *Graf Poppo XIII. von*

Henneberg stiftete 1218 eine ***Kapelle*** für das Kloster Veßra, das hier seine Nonnen ansiedelte. Die Kapelle wurde „Zu den frawen auf dem Wald" genannt. Diese erste Siedlung am Rennsteig, der hier die alte Handelsstraße Erfurt – Nürnberg kreuzt, war der Ursprung des Dorfes.

Der direkt am Rennsteig gelegene ***Ortsteil Allzunah*** entstand aus der 1691 errichteten Glashütte, die nach Ansicht der Stützerbacher „allzunah" bei ihrer Glashütte lag. In beiden Orten hat die ***Glasverarbeitung*** Jahrhunderte lange Tradition. Beide Orte sind von schönen Wäldern und Bergwiesen umgeben und bieten vielfältige Möglichkeiten für ***Wanderungen und Skitouren.*** Ein Skihang mit Lift ist vorhanden. Bei schlechtem Wetter kann man sich die kleine ***Heimatstube (geöffnet*** nach Vereinbarung, Tel. 61925) ansehen, die Ortsgeschichtliches und Heimatkundliches zeigt, oder die 1831 nach Plänen von *Schinkel* erbaute ***Kirche.***

Praktische Reisetipps

Info

- ***Fremdenverkehrsamt,*** 98711 Frauenwald, Nordstr. 96, Tel. 036782/61925, Fax 61239, Internet: www.frauenwald.de

Hotels und Pensionen

- ***Hotel Am Tränkbachtal,*** Nordstraße 79, Tel. 6350, Fax 63563; schöne Lage; Kellerbar, Sauna und Solarium; komfortabel eingerichtet; ÜF im DZ ab 33 €
- ***Gasthof Rennsteighütte,*** Nordstr. 121, Tel. 6900; Gästezimmer: ÜF im DZ ab 25 €, Ferienwohnung 37 € pro Nacht, Sauna
- ***Hotel Drei Kronen,*** Südstr. 18, Tel. 6800; zentrale Lage, Sauna/Solarium, ÜF im DZ ab 25,50 €
- ***Gasthof Am Bergbad,*** Waldstraße 1, Tel. 6960, Fax 69696; rustikale Gaststätte mit Thüringer Kost, Café, Bar; ÜF im DZ mit Du/WC ab 25 €
- ***Gasthaus Waldfrieden,*** Nordstr. 71, Tel./Fax 61467; Biergarten, Mountainbiker-Treff und Bike-Verleih ; ÜF im DZ ab 23 €
- ***Hotel Rennsteighöhe,*** Am Rothenberg 1, Tel. 62200, Fax 62201; unmittelbar am Rennsteig, Thüringer Küche, Sauna, Solarium, Bunkermuseum; ÜF im DZ ab 19 €

Kleine Blockhütte im Skigebiet Frauenwald

- ***Waldpension Fraubachmühle,*** Fraubachtal, Tel./Fax 61831; sehr schöne Waldrandlage, Sauna, Solarium, DU/ WC auf der Etage; ÜF im DZ 14,50 €

Gaststätten

- ***Gaststätte Rennsteighütte,*** Nordstr. 121, Tel. 6900 (Grill-Spezialitäten vom Buchenholzfeuer)
- ***Fraubachmühle,*** Tel. 61831 (Waldgasthaus in sehr schöner Lage; Thüringer Küche und Wildgerichte; Grillabende, Eisspezialitäten)
- ***Historisches Gasthaus Drei Kronen,*** siehe Hotel Drei Kronen, Restaurant und Biergarten, Tel. 6800
- Bauernstube, Tel. 61256 (Wildspezialitäten)

Besichtigen

- Verschiedene ***Glasbläsereien***; z.B. *D. Ewald,* Nordstr. 32, Tel. 61593; *W. Ewald,* Nordstr. 51, Tel. 61477; *Felka,* Bergstr. 9, Tel. 61920

Aktivitäten

- ***Fahrradverleih:*** Waldfrieden, Tel. 61467
- ***Schwimmen:*** Schwimmbad Am Lenkgrund
- ***Reiten, Pferdevermietung, Kutsch- und Schlittenfahrten:*** *Reiterhof Rosenberg,* Waldstr. 2, Tel. 61582 und 61992
- ***Wintersport:*** 45 km Loipen und Skiwanderwege, Piste Am Riesenhaupt (350 m Länge) mit Schlepplift; Skiverleih, Langlauf (Tel. 61925)
- ***Wandern:*** Das FVA gibt Infoblätter mit guten Routenbeschreibungen heraus
- ***Besichtigung:*** Informations- und Bildungszentrum des Biosphärenreservates Vessertal, 98711 Frauenwald, Nordstr. 96, Förderverein des Biosphärenreservates, Tel. 036782/62947, Fax 61500

Neustadt am Rennsteig

Vorwahl:	036781 (vielen alten Nummern wurde eine 28 vorangestellt)
PLZ:	98701
Einwohner:	1230
Höhe:	805 m

Der Erholungsort Neustadt liegt auf einer kleinen Hochebene direkt auf dem Kamm des Thüringer Waldes. Der **Rennsteig** führt daher mitten durch den Ort.

Bis März/April liegt meistens noch Schnee

An der Stelle einer mittelalterlichen Siedlung von Bergleuten wurde hier 1698 eine ***Glashütte*** und mit ihr die neue Ortschaft gegründet (daher der Name „Neustadt"). Da der Ort sich zu beiden Seiten des Rennsteigs erstreckte, gehörte – ähnlich wie bei Ruhla – der eine Teil zu Schwarzburg-Sondershausen, der andere zu Sachsen-Meiningen. Erst 1923 wurde diese Teilung beendet.

Da die Glashütte wenig ertragreich war und zu Beginn des 19. Jh. schließen musste, war Neustadt ***einer der ärmsten Orte*** im Walde. Die Bewohner ernährten sich mehr schlecht als recht durch den Verkauf von Baumschwämmen als Zunder und von der Herstellung von Zündhölzern (bis 1964!). Bereits Mitte des 18. Jh. sollten sie eigentlich nach Mecklenburg umgesiedelt werden, weigerten sich jedoch. Seit der Mitte unseres Jahrhunderts hat sich der Fremdenverkehr zum Haupterwerbszweig entwickelt.

Die ausgedehnten, sehr wildreichen Nadel- und Laubwälder der Umgebung bieten vielfältige ***Wandermöglichkeiten*** für unterschiedlichste Ansprüche. Neustadt ist als besonders schneesicher bekannt und ein ***beliebtes Wintersportgebiet*** mit verschiedenen Skihängen, einem Lift und einem gespurten Skiwanderweg (30 km). Wintersport ist oft bis Ende März/Anfang April noch möglich.

In der Nähe des Ortes sind einige der ***alten Grenzsteine*** mit Wappen zu sehen, die im Abschnitt über den Rennsteig erwähnt sind. Die ***Heimatstube*** an der Kirchgasse 5 und das ***Rennsteig-Museum*** (April-Okt. Di.-Fr. 10-16, Sa. 11-16 Uhr; Nov.-März Di.-Sa. 11-16 Uhr, Heimatstube So. 10-11 Uhr, Tel. 41444, www.rennsteigmusum.de) in der Rennsteigstr. 38 informieren über die Ortsgeschichte und die Herstellung von Zündwaren sowie über die geschichtliche Bedeutung des Rennsteigs.

An der Straße von Neustadt in Richtung Ilmenau beginnt kurz hinter der Abzweigung eines kleinen Waldsträßchens nach Gehren ein kurzer Fußweg zum ***historischen Meiler*** mit Köhlerhütte und einer Tafel, die über das Köhlerhandwerk informiert, das im Thüringer Wald einst weit verbreitet war.

Praktische Reisetipps

Info

- ***Rennsteig Information,*** 98701 Neustadt, Rennsteigstr. 52, 98701 Neustadt/a.R., Tel. 036781/2377-8, Fax -0, Internet: www.neustadtamrennsteig.de (geöffnet Mo.-Do. 8-12 und 13-17 Uhr, Fr. 8-12 und 13-16 Uhr)

Hotels

- ***Waldhotel „Am Kammweg" ***,*** Ehringhäuser Str. 4, Tel. 440; ruhige Ortsrandlage, gute Ausstattung und vielfältige Angebote; Ü im EZ/DZ 38/31 € pro Person
- ***Pension Haus Tannengrund,*** Tannengrundstr. 50; Tel. 036781/28890; ruhige Lage mit Blick in den Tannengrund; modern ausgestattete Zimmer; Dusche, Etagen-WC, Ü im EZ/DZ ab 20 € pro Person

Altenfeld

Vorwahl:	036781 (vielen alten Nummern wurde eine 42 vorangestellt)
PLZ:	98701
Einwohner:	1176
Höhe:	650 m

Der staatlich anerkannte Erholungsort liegt nahe der Grenze zwischen Thüringer Wald und Thürin-

ger Schiefergebirge, im Tal der Oelze, 3 km südöstlich von Neustadt und ca. 2 km vom Rennsteig entfernt.

Erstmals urkundlich erwähnt wurde Altenfeld 1492 anlässlich der Errichtung einer Sägemühle. Der Holzreichtum führte dann 1646 auch zur Gründung der ersten Glashütte im Altkreis Ilmenau. Das Altenfelder Glas hatte eine hohe Qualität und wurde bis nach Holland verkauft. Die Glastradition hat sich bis heute erhalten und kann im Glasmuseum nachvollzogen werden.

In der Grundstraße 12 befindet sich eine private ***Sammlung alter Musikautomaten*** aus der Zeit von 1888 bis 1924 (geöffnet täglich 9-18 Uhr, Tel. 24695). Und natürlich gibt es auch hier vielfältige Wander- und Wintersportgelegenheiten.

Alte Musikautomaten aus privater Sammlung

Praktische Reisetipps

Info

- ***Touristinformation,*** Bürgerhaus, Kirchstr. 2, Tel. 42318, Fax 24695

Unterkunft

- ***Pensionen, Privatzimmer, Ferienwohnungen*** und ***Ferienhäuser,*** gute Ausstattung mit Dusche und WC

Besichtigen

- ***Schauvorführungen:*** *Kunstglasbläserei Krannich,* Tel. 42627; *Glasbläserei Radschuwait,* Tel. 42205
- ***Glasmuseum und Kleine Galerie*** im Bürgerhaus, geöffnet Mo.-Fr. 8.30-12.00 und 13.00-17.00 Uhr oder nach Vereinbarung

Aktivitäten

- ***Skiverleih:*** Bürgerhaus, Kirchstr. 2, tägl. 9.00-11.00 und 16.30-17.30 Uhr
- ***Wintersport:*** Liftanlage und Rodelbahn
- ***Baden:*** Waldschwimmbad
- ***Beachvolleyball*** am Schwimmbad
- ***Kegelbahn***

Masserberg

Vorwahl:	036870
PLZ:	98666
Einwohner:	3000
Höhe:	740-830 m

Die Gemeinde Masserberg (heilklimatischer Kurort) mit den Ortsteilen Fehrenbach, Heubach und Schnett (anerkannte Erholungsorte) liegt fernab von Industrie und großen Verkehrsströmen ***direkt am Rennsteig*** im Übergangsbereich zwischen Thüringer Wald und Schiefergebirge. Da er in die „Kammroute" leichter zu integrieren ist als in die Route durch das Schiefergebirge, haben wir ihn diesem Kapitel zugeordnet. Sie erreichen ihn, indem Sie von Neustadt kommend bei der Abzweigung nach Altenfeld geradeaus weiterfahren und dann an der Kreuzung, an der es links nach Katzhütte und rechts nach Gießübel geht, geradeaus weiterfahren.

Wegen seiner klimatischen Vorzüge war Masserberg bereits zu Beginn des 20. Jahrhunderts ein beliebter Ferienort, und im ***Villenviertel*** sind heute noch die schönen Sommerhäuser der damaligen Zeit zu sehen. Die traditionellen Schieferhäuser lassen bereits das Schiefergebirge erkennen; daneben prägen ausgedehnte Grünanlagen und ein moderner Kurbereich das Ortsbild.

Bekannt ist die Gemeinde an der Werraquelle für ihre moderne Bade- und Saunawelt und ihren neu gestalteten Aussichtsturm. Über 100 km Wanderwege sowie ein dichtes Netz von Loipen und Skiliften bieten Gelegenheit zur Erholung in der Natur.

Praktische Reisetipps

Info

- ***Badehaus Masserberg,*** Kurhausstr. 8, Tel. 036870/53373, Fax 53375
- ***Masserberg-Information,*** Hauptstraße 37, 98666 Masserberg, Tel. 57015, www.masserberg.de

Unterkunft

- ***Hotel Rennsteig****,*** Am Badehaus 1, Tel. 8-0, Fax 8-388, www.m-netz.de; ruhige Lage 600 m vom Zentrum; Restaurant; moderne, klar gestaltete Zimmer mit hochwertiger Ausstattung; ÜF im EZ/DZ ab 62/45 € pro Person
- ***Hotel Auerhahn,*** Neustädter Str. 1, Tel. 560, Fax 5656, http://wander.de; zentrale Lage; Restaurant, Disco, Lift, Sauna; ÜF im DZ ab 30 € pro Person
- ***Gasthof Zum Breitenborn,*** Hauptstr. 32, Tel. 57211, Fax 57215; zentral; ÜF im DZ 25-31 €

Wohnmobile

- ***Womo-Stellplätze:*** Gebührenpflichtiger Parkplatz am Ortsausgang Masserberg Richtung Fehrenbach (max. 1 Nacht); Parkplatz Badehaus südlich des Badehauses (max. 1 Nacht)
- ***Ver-/Entsorgung:*** Katzhütte, Caravanstellplatz Hotel Massermühle

Aktivitäten

- ***Wandern:*** Die Umgebung ist ideal zum Wandern; die Masserberg-Information gibt ein Infoblatt heraus, das in knapper Form 13 Wanderungen beschreibt. Ein behindertengerechter Rundwanderweg ist ebenfalls vorhanden.
- ***Langlauf:*** Von der Masserberg-Information bekommt man sehr gute Faltblätter, Winter- und Wanderkarten. Loipen und Wanderwege werden täglich gespurt.
- ***Alpin:*** Drei Skilifte (zwei davon mit Schneekanonen), Skischule und Skiverleih
- ***Baden:*** *Badehaus Masserberg,* Kurhausstr. 8, Tel. 53380 (neu eröffnetes, futuristisch anmutendes Erholungsbad mit 7 Becken, Saunaebene, Solarium, Sole-Außenbecken, Ruhe-Ebenen und vielfältigen Wellness-Angeboten)

Nordostseite

Überblick

Während der Thüringer Wald nach Südwesten allmählich abfällt und durch viele Täler zerteilt ist, erhebt er sich im Nordosten steil aus dem Thüringer Becken, so dass eine recht klare ***Route*** entlang der B 88 vorgezeichnet ist, von der allerdings gelegentlich kleinere Abstecher erforderlich sind, um Orte in den Seitentälern zu besuchen.

Diese Route kann man ebenfalls in Eisenach beginnen, indem man zunächst auf der B 7 in Richtung Gotha fährt und dann in Wutha auf die B 88 abbiegt, oder man kann mit der oben beschriebenen Kammroute beginnen und dann ab Ruhla oder Brotterode nach Nordosten talwärts fahren, um auf die B 88 zu gelangen.

Emsetal

Vorwahl:	036259 (vielen alten Nummern wurde eine 30 vorangestellt)
PLZ:	99891
Einwohner:	vier Teilgemeinden mit je 500-1000 Einwohnern
Höhe:	300-400 m (Winterstein bis 916 m)
Ortsteile:	Fischbach, Schmerbach, Schwarzhausen, Winterstein

Die vier Orte der Gemeinde Emsetal liegen am Fuß des Großen Inselberges südlich der Strecke Eisenach – Waltershausen zwischen Thal und Waltershausen. Die Orte sind umrahmt von hohen Waldhängen im Tal der Emse und bieten Urlaubsmöglichkeiten für Wanderer, Angler, Pferdefreunde und Wintersportler.

Fischbach ist bekannt für seine Bergbühne, die von Mai bis September Volksmusik und volkstümliches Theater präsentiert. In ***Schmerbach*** haben Köhlerei und Thüringer Küche Tradition und werden jedes Jahr beim Köhlerfest erlebbar. ***Schwarzhausen*** ist besonders bei Anglern beliebt, und

Winterstein mit seinem historischen Kurpark, einer Burgruine und einem Waldbad bietet Möglichkeiten zum Wandern und für den Wintersport. Dies ist übrigens der Ort, an dem der (sprich) wörtliche „Hund begraben liegt" – und zwar der „treue Stutzel". Für seine Herrin, eine derer von Wangenheim, habe er – wie man munkelt – amouröse Botschaften an ihren Liebhaber in Gotha überbracht. Zum Dank setzte sie ihm ein Grabmal, das nebst Inschrift noch heute im Wintersteiner Park zu sehen ist. „Hier ward ein Hund begrawen, dass ihn nicht fressen die Rawen", heißt es dort.

Praktische Reisetipps

Info

- ***Verkehrsverein Winterstein e.V., Tourist-Information,*** 99891 Winterstein, An der Emse 3 1, Tel./Fax 51160
- ***Gemeinde Emsetal,*** Tabarzer Str. 3, 99891 Fischbach, Tel. 5660, Fax 56666

Wunderschöne Eiszeit

Aktivitäten

- ***Wandern:*** Winterstein liegt direkt am Rennsteig und ist Ausgangspunkt für zahlreiche Wanderungen. Jedes Jahr in der 20. Kalenderwoche findet hier ein IVV-Wandertag statt.

Feste

- ***Köhlerfest in Schmerbach*** (eine Woche lang im Juli)

Tabarz

Vorwahl:	036259 (vielen alten Nummern wurde eine 6 vorangestellt)
PLZ:	99891
Einwohner:	4450
Höhe:	420-916 m
Ortsteile:	Tabarz, Cabarz

Tabarz ist ein seit über 100 Jahren beliebter ***Erholungsort*** in einem Talkessel am Nordosthang des Thüringer Waldes und hat 1992 den ganzjährigen Kurbetrieb aufgenommen. Ringsum erstrecken sich ausgedehnte Fichten- und Mischwälder. Dank einer Umgehungsstraße (B 88) gibt es keinen Durchgangsverkehr, so dass der Ort relativ ruhig ist. In Nord-Süd-Richtung verlaufen ***zwei tief eingeschnittene Täler,*** der Lauchagrund mit alpinen

Klettermöglichkeiten und der Ungeheure Grund, die ebenfalls frei von Durchgangsverkehr sind.

Sehenswert ist vor allem die Umgebung, die zu Spaziergängen und ausgedehnten ***Wanderungen*** einlädt.

Tabarz ist die Endstation der ***Thüringer Waldbahn*** (siehe Gotha, Umgebung). Im Ort selber gibt es einige hübsche Fachwerkhäuser, und im ***liebevoll restaurierten Ortsteil Cabarz*** kann man einen Spaziergang zu der alten Linde am Brunnen machen (nahe Kurpark Winkelhof).

Im ***Steinpark*** kann man sich über die Geologie des Thüringer Waldes informieren. Weitere interessante Parks sind der ***Alvary-Park*** oberhalb von Tabarz mit wertvollem Baumbestand und der ***Kurpark Winkelhof*** mit Freilichtbühne und Lesehalle.

Praktische Reisetipps

Info

- ***Tourist-& Naturpark Information,*** Theodor-Neubauer-Park, Tel. 036259/61087, Fax 56018, www.tabarz.de (mit Zimmervermittlung; geöffnet Mo.-Fr. 9-18, Sa. 9-13 Uhr)

Hotels

- ***Hotel Frauenberger,*** Max-Alvary-Str. 9, Tel. 5220, Fax 522100; ehemaliges Gästehaus des DDR-Ministerrates; mit Restaurant, Clubräumen, Sauna, Pool, Solarium, Fitnessraum; ÜF im EZ/DZ 47/65/36-47 €
- ***Hotel Wiesenhaus******, Lauchagrund 64, Tel. 3010-0 (gut geführtes Hotel; ÜF im DZ 35 € p.P.)
- ***Hotel Schweizerhaus,*** Lauchagrundstr. 76, Tel./Fax 62262; ÜF im DZ 35 €
- ***Hotel Garni „Villa Bergblick",*** Übelbergweg 3, Tel. 5240, Fax 52412; sehr schöne Waldlage, ÜF im EZ/DZ ab 31/26,50 €

Privatzimmer

- ***Schlosserei Ulbricht,*** Lindenstr. 22, Tel. 62370; ÜF im EZ/DZ 13-15 €, diese Privatzimmer wurden von Lesern besonders empfohlen, Aushängeschild der Schlosserei ist ein bemalter und blumengeschmückter Trabbi.

Ausflugsgaststätten

- ***Zum Schweizerhaus*** (ca. 20 Min auf dem Weg zum Großen Inselberg)
- ***Tanzbuche*** (5 km außerhalb nahe dem Rennsteig)
- ***Marienglashöhle*** (2 km in Richtung Friedrichroda)
- ***Deysingslust*** (am Tabarzer Berg mit schönem Ausblick auf den Inselberg)

Besichtigen

- ***Schauwerkstatt Thüringer Schmuck,*** Zimmerbergstr. 4, im Kurpark Winkelhof neben der Kurbühne, Tel. 50640 (traditionelle Schmuckherstellung, Mo.-Sa. 10-16 Uhr)

Aktivitäten

- ***Nordic Walking:*** Treffpunkt Samstags 14 Uhr am Hotel „Wiesenhaus", Lauchagrundstraße, Info: Tel. 50852 oder (0177) 3868440 sowie sport-hellmann@tabarz.de
- ***Skischule:*** I Sport-Hellmann, Lauchagrundstr.13, Tel. 50852 oder 0177-3868440
- ***Skilift:*** Schlepplift am Großen Inselsberg bei ausreichenden Schneeverhältnissen in der Woche 10-16 Uhr und am Wochenende 9-16 Uhr geöffnet.
- ***Skiverleih:*** bei entsprechender Witterung täglich 10-12 Uhr und 16-17.30 Uhr
- ***Sportmöglichkeiten:*** *Familienbad TABBS,* Tel. 6730 (mit Hallenbad, Außenbecken, Großrutsche, Sauna, Solarium und Restaurants), *Tennisplätze, Reitgelände, Lift, Schanze* sowie *Alpinklettern* am Aschenberg und am Roten Turm
- ***Wandern:*** *Großer Inselberg* und zurück (16 km, Markierung: gelbes Viereck); *Marienglashöhle-Friedrichroda* (3 km, Markierung: roter Punkt, Rückfahrt mit der Waldbahn);

Dieser Einladung sind wir gefolgt – und waren sehr zufrieden.

Rundwanderung Tanzbuche-Schweizerhaus (12 km, Markierung: gelber Punkt). Eine Übersicht über die markierten Routen und Rundwege bietet das Infoblatt der Kurgesellschaft.

● ***Radwandern:*** Die Kurgesellschaft gibt auch eine mehrseitige Information „Radwandern um Tabarz" mit Routenskizzen und -beschreibungen heraus; die 3,3 bis 5,5 km langen Routen werden allerdings für passionierte Radler keine große Herausforderung darstellen.

Waltershausen

Vorwahl:	03622 (vielen alten Nummern wurde eine 90 vorangestellt)
PLZ:	99880
Einwohner:	12.000
Höhe:	325 m
Ortsteile:	Schnepfenthal, Langenhain, Wahlwinkel

Die ehemals zum Herzogtum Sachsen-Coburg-Gotha gehörende Stadt liegt in ***schöner Landschaft*** am Fuße des Burgberges (440 m) und ist auch mit der ***Thüringer Waldbahn*** (siehe Gotha, Umgebung) zu erreichen.

Dank ihrer günstigen Lage an der Waldsaumstraße und als Pforte zum Thüringer Wald entwickelte sich die Stadt früh zu einem ***bedeutenden Marktflecken*** mit vielseitigem Handwerk und Gewerbe. Hier kreuzte die aus dem Werratal über den Thüringer Wald nach Erfurt führende Salzstraße den alten Handelsweg nach Saalfeld, der bei Eisenach von der Via Regia abzweigte. Der Handel an diesem Kreuzungspunkt wurde von den auf ihre eigenen Märkte bedachten Thüringer Landgrafen lange Zeit stark eingeschränkt. Als ***Stadt*** wird Waltershausen 1209 erstmals urkundlich erwähnt.

Sehenswürdigkeiten der seit dem 19. Jh. für ihre Puppenherstellung bekannten Stadt sind das ***Schloss Tenneberg*** (1176 erstmals erwähnt, heute Vierflügelanlage aus dem 16. Jh.) und das im Schloss untergebrachte ***Heimatmuseum*** mit Ausstellungen zur Geschichte der Puppenherstellung, der Stadt und Sonderausstellungen.

Das 1441 errichtete ***historische Rathaus*** ist das älteste Fachwerk-Rathaus Thüringens und repräsentiert sehr eindrucksvoll die gotische Fachwerkkunst. Es birgt zwei Bohlenstuben, den Ratssaal und einen stattlichen Gewölbekeller, die aber nur nach Voranmeldung zu besichtigen sind. Am Markt steht die barocke ***Stadtkirche „Zur Gotteshilfe"*** (1719-23), ihrem Baustil nach ein Vorläufer der Dresdener Frauenkirche mit reicher Ausstattung und der größten Barockorgel Thüringens. Reizvoll ist auch ein Bummel durch die ***Altstadt*** mit ihrem Ensemble historischer Bauwerke, z.B. ***Töpfersturm*** (ein 1500 erbauter Wachturm), ***Klaustor*** (Stadttor von 1390), ***Kemenate*** (1576) und ***Herzogliches Zeughaus*** (1609).

Im ***Ortsteil Schnepfenthal*** hat der Pfarrer und Pädagoge *Christian Gotthilf Salzmann* um 1784 eine Erziehungsanstalt eingerichtet, um seine „Anweisungen zu einer zwar nicht vernünftigen, aber doch modischen Erziehung der Kinder" in die Tat umzusetzen. Grundpfeiler seiner Erziehung war Religiosität gepaart mit Humanismus.

Hier befindet sich auch eine ***Gedenkstätte für J. Ch. F. Guts-Muths,*** einen Wegbereiter des Turn-

sports (historischer Turnplatz mit rekonstruierten Turngeräten). Der bekannte Pädagoge (1759-1839) hat über 50 Jahre lang an der Salzmannschen philanthropischen Musteranstalt gewirkt und den Schulsport eingeführt.

Praktische Reisetipps

Info

- ***Stadtinformation,*** Markt 1, 99880 Waltershausen, Tel. 03622/630148, Fax 63027138, www.waltershausen.de

Hotels

- ***Hotel Landgraf,*** Gothaer Str. 1, Tel. 65000, Fax 65065; Ortsrandlage, Sauna, Biergarten; ÜF im EZ/DZ ab 44/31 €
- ***Hotel Waldhaus,*** Zeughausgasse 5, Tel. 69003, Fax 902249; ruhige Lage in Waldnähe, 10 Min. vom Zentrum; ÜF im EZ/DZ ab 41/31 €

Pensionen

- ***Zur Tanne,*** Schnepfenthal, Cumbacherstr. 1, Tel. 69005; ÜF im EZ/DZ 25/20 €
- ***Pension Bergfrieden,*** R.-Koch-Str. 1, Tel. 60924; ruhige Randlage in Waldnähe, ÜF 18 €
- ***Pension Kalkberghaus,*** Kalkbergstr. 46, Tel. 902285; ruhige Lage im Wald, ÜF 18 €

Unterhaltung

- ***Kulturfabrik Waltershausen,*** Ibenhainer Str. 56, Tel. 67655

Besichtigen

- ***Heimatmuseum*** im Schloss Tenneberg (geöffnet Mai-Okt. Di.-So. 9-16 Uhr; Nov.-April Mi.-So. 9-16 Uhr; Tel. 69170)
- ***Oma Heidruns Sammelsurium***, Ortsstr. 13, Tel. 68956

Aktivitäten

- ***Solarbeheiztes Erlebnisbad*** im Freizeitzentrum Gleisdreieck, zu dem nun auch eine überdachet Kunsteisbahn, eine Sauna, ein Fitnessclub, eine Bowlingbahn und eine Gaststätte gehören.
- ***Skigelände*** und ***Rodelbahn*** am Burgberg
- ***Wandern:*** Die Stadtbroschüre (erhältlich in der Stadtinformation) gibt knappe Beschreibungen von sieben kürzeren Wanderwegen (4-10 km).

Das historische Rathaus

Friedrichroda

Vorwahl:	03623 (vielen alten Nummern wurde eine 30 vorangestellt)
PLZ:	99894
Einwohner:	5730
Höhe:	430-710 m
Ortsteil:	Reinhardsbrunn

Der staatlich anerkannte Luftkurort liegt umgeben von Wäldern, Wiesen und romantischen Dörfern eingebettet in das Landschaftsschutzgebiet Thüringer Wald.

Der Ort wurde im 11. Jh. als Siedlung des Klosters Reinhardsbrunn gegründet und war der ursprüngliche Sitz der Thüringer Landgrafen. Wichtige Erwerbsquellen waren Garnbleicherei, Weberei und Zwirnhandel. Für den Fremdenverkehr wurde Friedrichroda bereits 1837 durch den weitgereisten Buchhändler *Friedrich Perthes* entdeckt, und bereits um die Jahrhundertwende erreichte dieses Gewerbe eine Blüte.

Hauptsehenswürdigkeit ist die nahe der Stadt in Richtung Tabarz gelegene ***Marienglashöhle*** (siehe Umgebung).

Das neogotische ***Schloss Reinhardsbrunn*** mit seiner prunkvollen neoromanischen Schlosskirche wurde 1828 an der Stelle des 1089 von *Ludwig dem Springer* gegründeten Benediktinerklosters als Lustschloss der Gothaer Herzöge ausgebaut und erhielt einen ausgedehnten Landschaftspark. Später wurde das Schloss als Hotel genutzt, und heute dort finden wöchentliche Schlossparkführungen statt.

Die 1511-38 errichtete ***St.-Blasius-Kirche*** mit spätgotischem Turm ist das älteste Bauwerk des Ortes, und die 1954 eingeweihte ***Marienkapelle*** im Schönstatt-Zentrum ist eine originalgetreue Nachbildung des so genannten „Urheiligtums" in Schönstatt bei Vallendar am Rhein. Kräutertanten (und natürlich auch -onkel) können sich außer-

dem den ***Kneipp-Kräutergarten*** im Friedenspark ansehen.

Der Kurpark wurde im 19. Jh. von englischen Landschaftsgestaltern angelegt und beherbergt viele seltene Baumarten. Seit 2001 kann man dort außerdem in einem von drei Trinkpavillons das Heilwasser ***„Ludowingerquelle Friedrichsroda"*** trinken.

Blick auf Friedrichroda

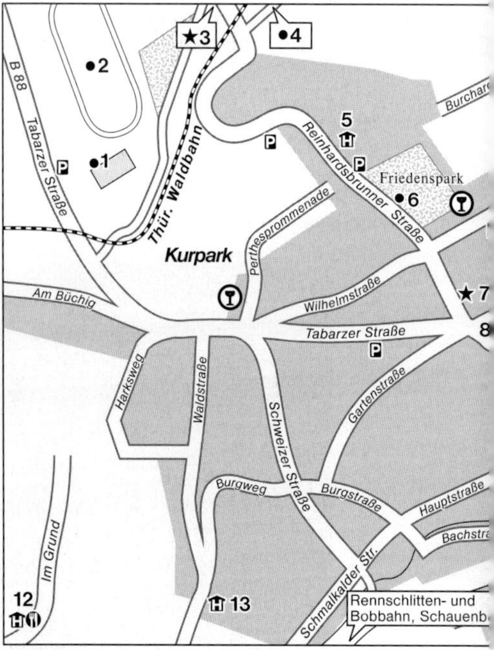

●	1	Freibad
●	2	Sportplatz
★	3	Schloss Reinhardsbrunn
●	4	Bahnhof Reinhardsbrunn
H	5	Ramada-Treff Hotel
●	6	Kneipp-Kräutergarten
★	7	Heimatstube
i	8	St.-Blasius-Kirche
H	9	Berghotel
●	10	Bahnhof Friedrichroda
H	11	Thüringer Hof
H	12	Hotel-Restaurant Im Grund
H	13	Pension Tannenrausch
i		Tourist-Information
P		Parkplatz
		Trinkpavillon

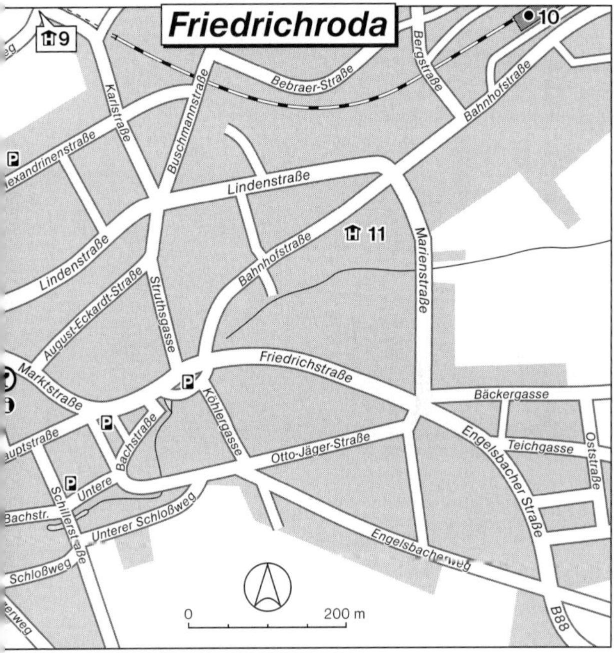

Aus Friedrichroda stammt *Christian F. L. Buschmann,* der ***Erfinder der Mundharmonika.***

Für Wintersportler gibt es 6 km Loipen und 30 km Skiwanderwege sowie eine ***Rennschlitten- und Bobbahn.***

Über den Wanderweg mit der Markierung „grüner Punkt" gelangt man vorbei am romantischen Schauenburg-Teich auf den Berggipfel mit weiter Aussicht. Die von dem fränkischen Grafen *Ludwig mit dem Barte* 1044 errichtete **Schauenburg** wurde von seinem Sohn *Ludwig dem Springer* aufgegeben, nachdem dieser die Wartburg bei Eisenach erbaut hatte. Später geriet sie in die Hände von Raubrittern und wurde 1265 zerstört. Heute sind nur geringe Reste erhalten, aber eine kleine Wanderung dort hinauf ist dennoch reizvoll.

Praktische Reisetipps

Info

- ***Tourist-Information,*** Marktstr. 13/15, 99894 Friedrichroda, Tel. 33200, Fax 332029 (Information und Zimmervermittlung), Internet: www.friedrichroda.de

Hotels

- ***Ramada-Treff Hotel*****, Burchhardtsweg 1, Tel. 3520, Fax 352500; gleich beim Kurpark, mit Hallenbad und Saunalandschaft; EZ/DZ 85-95/110-120 €
- ***Hotel-Restaurant Im Grund,*** Im Grund 3-5, Tel. 33430, Fax 200929; Lage am Waldrand , Restaurant mit Thüringer Spezialitäten, Fahrradverleih; EZ/DZ 44-48/64-68 €
- ***Hotel und Berggasthof Tanzbuche,*** Auf dem Höhenberg, Tel. 3699-00, Fax -43; herrliche Lage mitten im Wald am Rennsteig, kein Durchgangsverkehr; Restaurant, stilvolle Holzmöbel, Hallenbad, Mountainbike- und Skiverleih, Loipen ab Haus; EZ/DZ 39/62 €
- ***Berghotel Friedrichroda,*** Bergstraße, Tel. 3540, Fax 3544483; sehr großes und modernes Hotel mit Sauna, Schwimmbad, Solarium, Tanzbar; EZ/DZ 35-45/47 €

Einkaufsstraße in Friedrichroda

Pensionen

- ***Pension Landhaus Machold,*** Im Grund 8, Tel. 200899, Fax 304808; ruhige Lage am Waldrand; EZ/DZ 38/50-66
- ***Pension Tannenrausch,*** Waldstr. 24, Tel./Fax 304956; schöne und ruhige Lage im Wald, Zimmer mit Dusche und WC, EZ/DZ 36-39/40-42 €

Camping

- ***Camping Paulfeld,*** 99887 Catterfeld, Tel. 036253/25171, Fax 25165; idyllisch zwischen Wald und kleinem See gelegener Platz auf 480-500 m Höhe; moderne, behindertengerechte Sanitäranlagen, Strom, Wasser, Gasflaschentausch; Abenteuerspielplatz, Transfers zum Rennsteig; Bungalows; Gaststätte, Imbiss; Hunde an der Leine erlaubt; ganzjährig geöffnet

Gaststätten

- ***Waldschlösschen,*** Grund 4, Tel. 304355; Konditorwaren und Eisspezialitäten aus eigener Produktion, geöffnet Fr.-Mi. ab 9 Uhr
- ***Forstklause,*** Hauptstraße 40, Tel. 304385; Wild- und Fischgerichte, geöffnet Mo.-Sa. 11-23 Uhr, So. 10-22 Uhr
- ***Zur Quelle,*** Schweizer Str. 30; ausgezeichnete Fischgerichte, insbesondere frische Forellen aus den einstigen Klosterteichen von Reinhardsbrunn

Unterhaltung

- ***Panoramabar*** im Berghotel, Tel. 3540, Adresse siehe oben; Fr. und Sa. Livemusik
- ***Bergtheater Friedrichroda,*** Freilichtbühne (Programm im aktuellen Veranstaltungskalender)

Besichtigen

- ***Heimatstube,*** Reinhardsbrunner Str. 6, Tel. 200557; Ortsgeschichte; geöffnet Di. 10-12, Mi., Do. 10-12 und 15-17, Sa. 10-12 Uhr
- ***Keramische Werkstatt Angela Höhler,*** Schweizer Str. 28, Tel. 304213
- ***Glasschmuck W. Eccarius,*** Hauptstr. 1c, Engelsbach, Tel. 200288

Aktivitäten

- ***Angeln:*** Fischteiche (Forellen, Karpfen, Schleie, Welse, Barsche; max. 2 kg/Tag), Infos über die Kur- und Tourismus GmbH Friedrichsroda, Tel. 33200
- ***Schwimmen:*** Freibad Friedrichroda (Tel. 304579), Schwimmhalle im Berghotel (Tel. 3540)
- ***Wandern:*** Neun detailliert beschriebene Routen enthält das Faltblatt der Tourist-Information (s.o.); dort bekommt man auch eine gute Wanderkarte „Rund um den Inselberg". Für kürzere Spaziergänge empfehlenswert sind der *Naturlehrpfad Kühles Tal* (Flora, Fauna, Geologie; 4 km; Symbol: Igel) und der *Fischlehrpfad,* ab Parkplatz Gondelteich (1,3 km Rundkurs); wöchentlich geführte Wanderungen.

- ***Ski- und Schlittenverleih:*** unterhalb vom Berghotel Friedrichroda und im Sport & Fun, Kurgasse, Tel. 304415
- ***Schneetelefon:*** 036870/53399, Internet: www.schneetelefon.de
- ***Bootsverleih:*** Gondelteich Reinhardsbrunn, Tel. 306795
- ***Kutsch- und Schlittenfahrten:*** *Ortlepp*, Friedrichstr. 19/21, Tel. 200429, 0172/3687133
- ***Bob- und Rennschlittenbahn:*** Natureisbahn (1265 m) unterhalb Spießberghaus
- ***Rodelhänge:*** am Körnberg und Reinhardsberg
- ***Sauna:*** im Berghotel Friedrichsroda, Berggasthof Tanzbuche und Ramada-Treff Hotel
- ***Bowling:*** Bahnhofstr. 20, Tel. 201199

Umgebung

Marienglashöhle

Eine der größten und schönsten ***Kristallhöhlen*** Europas liegt zwischen Friedrichroda und Tabarz und ist über die B 88, auf Wanderwegen oder mit der Thüringer-Waldbahn zu erreichen (Haltestelle nahe dem Höhleneingang). Eine ***Führung*** dauert etwa 40 Minuten.

Bereits im Warteraum am Eingang kann man eine interessante ***Mineraliensammlung*** besichtigen. Der Stollen, durch den man in den Berg hineingeht, hat immer wieder kleine „geologische Fenster", durch die man einen Blick auf die verschiedenen Gesteinsschichten werfen kann und so einen Einblick in die Entstehungsgeschichte des Thüringer Waldes erhält.

In den ***ersten Hallen*** darf man sich durch die kahlen Wände und den etwas kitschigen „künstlichen Wasserfall" nicht enttäuschen lassen. Diese Halle ist durch den Gipsabbau entstanden und enthält noch kein Marienglas. Dafür lernt man hier einiges über den Gipsabbau und sieht das „Gezähe" (Grubenwerkzeug), mit dem die geplagten Bergleute arbeiten mussten. So zum Beispiel eine Grubenlampe, die mit Rübenöl betrieben wurde und gerade so viel Licht abgab wie eine Kerze.

Dann erst geht es in die eigentliche ***Marienglasgrotte*** – und hier kommt man in eine wirklich fas-

zinierende Märchenhöhle, in der die Wände von Kristallen glitzern, als befände man sich in einer Schatzhöhle voller Edelsteine aus Tausendundeinenacht.

Kaum zu glauben, dass all die Funkelpracht mit bis zu 60 cm langen Riesenkristallen aus nichts anderem als schnödem Gips bestehen soll. Aber es ist so. In einem natürlichen Hohlraum sind im Laufe der Jahrtausende aus jenem Stoff, den man sonst nur als weißes Pulver kennt, die herrlichsten Kristalle gewachsen. „Marienglas" werden diese durchscheinenden Prachtstücke deshalb genannt, weil man sie früher zum Schmücken von Marienbildern verwendete.

Eine weitere Sohle tiefer gelangt man zu dem von Scheinwerfern beleuchteten ***Höhlensee,*** der 68 m lang und 2 m tief ist und auf einem 70 m langen Steg überquert werden kann.

- Information: Die Höhle ist täglich von 9 bis 17 Uhr geöffnet (1.11.-31.3. nur bis 16 Uhr); Tel. 03623/304953; Eintritt Erw./Kinder 4/2 €.

Die Marienglashöhle

Georgenthal

Vorwahl:	036253)
PLZ:	99887
Einwohner:	3000
Höhe:	370-500 m

Der ***Erholungsort*** Georgenthal mit Ortsteil Nauendorf, der zusammen mit seinen Nachbargemeinden (Emleben, Herrenhof, Hohenkirchen und Petriroda) die Verwaltungsgemeinschaft ***Apfelstädtaue*** bildet, liegt in waldreicher Umgebung im Tal des Flüsschens Apfelstädt.

Im 12. Jh. wurde hier das Zisterzienserkloster St. Georg gegründet, das für seine Pferdezucht berühmt war. Besichtigen kann man heute noch die Fundamente und Säulenreste der ***Klosterkirche.***

Im ehemaligen Kornhaus mit einem spätgotischen Steinrosettenfenster ist heute das ***Heimatmuseum*** untergebracht, in welchem Informationen über die Geschichte des Klosters sowie eine Ausstellung von alten Geräten aus Handwerk, Land- und Hauswirtschaft zu sehen sind.

Der ***Hexenturm*** genannte Gefängnisturm erinnert an die Hexenprozesse, die im 17. Jh. in Georgenthal stattgefunden haben. Interessant ist auch der ***Teiler*** am südwestlichen Ortsausgang, der Ende des 17. Jh. zur Wasserversorgung der Residenzstadt Gotha durch den Leinakanal angelegt wurde und heute noch das Wasser des Flüsschens teilt: Der eine Arm fließt durch den Ort der Elbe zu, der andere führt am Ortsrand entlang zur Weser. In Richtung Tambach-Dietharz gelangt man zum ***Lohmühlenmuseum*** mit sehenswerten Ausstellungen zur Geschichte handwerklicher Tradition, und südwestlich des Ortes liegt der im Abschnitt über Tambach-Dietharz beschriebene ***Saurierpfad.***

Praktische Reisetipps

Info

- ***Fremdenverkehrsamt Apfelstädtaue,*** Tambacher Str. 2, 99887 Georgenthal, Tel. 036253/38108, Fax 38102

Hotels

- ***Hotel Rodebachmühle******, Tel. 34-0, Fax 34-511; komfortables und neu gestaltetes Hotel im behaglichen Landhausstil mit Restaurant und Bierlokal; Waldrandlage; ÜF im DZ ab 36 € pro Person
- ***Hotel Deutscher Hof,*** St. Georg-Str. 2, Tel. 4780, Fax 478-888; reizendes Jugendstilhotel in zentraler Lage; ÜF im EZ/DZ 45/32 € pro Person

Camping

- ***Campingplatz Am Waldschwimmbad,*** Am Steiger, Tel. 41314 oder 25207; B 88 am Waldrand beim Schwimmbad; für Wohnmobile geeignet, Bungalows; Gaststätte und modernes Sanitärgebäude, geöffnet April bis Ende Okt.

Gaststätten

- ***Zum Bierkrug,*** Am Flößgraben, Tel. 25798; geöffnet Di.-So. 11-23 Uhr
- ***Weinstube Johannishof,*** Tambacher Str. 1, Tel. 25227; rustikale Gasträume; geöffnet Di.-Sa. 18-23 Uhr
- ***Deutscher Hof,*** St. Georg-Str. 2, Tel. 46484; tgl. 11-23 Uhr
- **Klosterhof**, Tambacher Str. 2, Tel. 41646; Mo. Ruhetag
- ***Eiscafé Am Kurpark,*** Schlaufweg 1; Imbissangebot

Aktivitäten

- ***Schwimmen:*** beheiztes Freibad mit Erlebnisbereich
- ***Bootsverleih:*** am Hammerteich
- Verleih von ***Wintersportgeräten:*** Bauhof, Auestraße beim Feuerwehrgerätehaus, Tel. 44970 oder Touristinfo
- ***Skate-Anlage*** am Festplatz
- ***Angeln:*** bei Georgenthal in den Gewässern des Angelvereins; Angelkarte über Touristinfo
- ***Wandern*** auf einem ausgedehnten Netz beschilderter Wege

Ohrdruf

Vorwahl:	03624 (vielen alten Nummern wurde eine 40 vorangestellt)
PLZ:	99885
Einwohner:	6200
Höhe:	360 m
Ortsteile:	Ohrdruf, Luisenthal, Crawinkel, Gräfenhain, Wölfis

Ohrdruf war im Jahre 724/25 Wirkungsort des angelsächsischen Mönches und späteren Bischofs *Bonifatius*, dem „Apostel der Deutschen", der hier seinen Missionszug durch Thüringen begann und dabei die Zelle St. Michael ins Leben rief. 777 gründete sein Schüler *Lullus* die Petrikirche auf dem rechten Ohra-Ufer.

Auf den Grundmauern der Kirche ließ ein Enkel des sagenumwobenen *Grafen von Gleichen* ab 1550 das ***Schloss Ehrenstein*** erbauen. Dies zählt zu den schönsten Renaissanceschlössern Mitteldeutschlands und beherbergt heute u.a. Museum, das über die Geschichte der Stadt informiert (Schlossplatz 1, Tel. 402329, Di.-So. 9-12 und 13-16 Uhr). Außerdem befindet sich dort eine Ausstellung über *Johann Sebastian Bach*, der 1695-1700 bei seinem älteren Bruder *Johann Christoph* in Ohrdruf lebte und im Lyzeum zur Schule ging.

Touristische Hauptattraktion von Ohrdruf ist jedoch fraglos der ***Tobiashammer*** (s. Exkurs), ein unbedingt sehenswertes technisches Museum an der Straße nach Luisenthal und Oberhof, das nicht nur für Technik-Freaks faszinierend ist.

Praktische Reisetipps

Info

• ***Stadtverwaltung,*** Marktplatz 1, 99885 Ohrdruf, Tel. 03624/330210, Fax 313634, information@ohrdruf.de, www.ohrdruf.de

Hotels/ Pensionen

• ***Waldhotel Berghof****,*** Langenburgstr. 19, 99885 Luisenthal, Tel. 3770, Fax 377444, www.waldhotel-berghof.de; modernes und gut ausgestattetes Haus am Ortsrand mit Sauna, Dampfbad, Solarium, Fitnessbereich und vielen Sportangeboten; ÜF im EZ/DZ 65/46 € pro Person

• ***Pension Tobiashammer,*** Suhler Str., Tel. 402792; 3 DZ in rustikalem Stil mit Dusche und WC zu ca. 36 €

• ***Pension Schlossblick,*** Arnstädter Str. 10, Tel./Fax 314782; historischer Backsteinbau in schöner Lage nahe dem Schloss; Restaurant, Café, Sauna, Solarium, Fitnesscenter; ÜF im EZ/DZ 35/23 € pro Person

• ***Hotel Schusterbrunnen***, Goethestraße 5, 99885 Ohrdruf Tel. 317680, Fax 317681, www.hotel-schusterbrunnen.de

Gaststätten

• ***Köhlers Gasthaus,*** Haberlandstraße, Tel. 311497; 11-22 Uhr, Mo. Ruhetag

Das Schloss Ehrenstein – Hauptturm und Giebel des Südflügels

Der Tobiashammer – Faszination Technik

Der Tobiashammer ist nach *Tobias Albrecht* benannt, der das Hammerwerk bereits 1482 ***gegründet*** hat. Hergestellt wurden dort Kupferkessel mit Durchmessern bis zu 1,50 m, die aus einem Stück getrieben wurden. 1495 ging das Werk in den Besitz der *Fugger* über. Bis heute demonstriert es die von *Agricola* im 16. Jh. beschriebene Technologie der Metallverarbeitung.

Bis 1977 war das Hammerwerk in Betrieb und wurde dann zu einem ***hochinteressanten Technikmuseum*** umgestaltet, das neben dem Hammer- u.a. auch ein Walz- und ein Pochwerk sowie eine Großdampfmaschine und ein kleines Museum zur Geschichte des Tobiashammer umfasst. Alle Anlagen sind funktionstüchtig und werden bei den Führungen auch in Betrieb gesetzt. Inzwischen ist der Ausbau nahezu abgeschlossen, und der Besuch des Museums wird durch die überaus sachkundigen und interessanten Führungen zu einem wirklichen Erlebnis.

Das Hammerwerk: Die fünf bis zu 160 kp schweren Hämmer werden durch zwei Wasserräder angetrieben. Das Wasser stürzt auf das Rad (oberschlächtig) und bringt es zum Drehen. Ein auf die Welle des Wasserrades aufgekeilter Nockenring drückt mit einer der Nocken den Schwanzring (Stiel) des Hammers nach unten, bis die Nocke darüber hinausrutscht. Darauf fällt der Hammer durch sein eigenes Gewicht auf den Amboss. Die nächste Nocke greift und der gleiche Ablauf wiederholt sich. Die Schlagfrequenz kann durch den Wasserzufluss reguliert werden (sie ist aber in jedem Fall weit höher, als ich dies als Laie je für möglich gehalten hätte).

Um nur ein Beispiel für die mühsame Arbeit zu nennen, die erforderlich war, um das Hammerwerk wieder betriebsbereit zu machen: Die Wasserradwelle musste ausgewechselt werden. Sie ist 9,50 m lang, über 4 Tonnen schwer und besteht aus einem einzigen gewaltigen Eichenstamm. Da es kein Sägewerk für solche riesigen Stämme gibt, musste die Welle ebenso wie einige überdimensionale Balken der Fachwerkscheune (s.u.) in Handarbeit mit Axt und Motorsäge herausgehauen werden!

Das Duohammergespann wird heute noch alljährlich von Kunstschmieden während der jährlich im Oktober stattfindenden Schmiedesymposien benutzt. Die dabei entstandenen Werke sind auf dem Museumsgelände ausgestellt.

Das Walzwerk: Um Bleche bis auf 0,4 mm Stärke zu walzen, ist eine weit höhere Leistung erforderlich, als ein Wasserrad sie abgeben kann. Daher musste durch das Wasserrad (das übrigens selbst schon 6 Tonnen wiegt) zunächst ein fast 8 Tonnen schweres gusseisernes Schwungrad mit einem Durchmesser von rund 5,50 m angetrieben werden. Dieses Schwungrad nimmt im Leerlauf Leistung auf und gibt sie im Lastlauf durch Drehzahlabfall wieder ab. So kann nur mit Wasserkraft eine Leistung von über 1000 PS (800 kW) erzielt werden. Allerdings steht diese Leistung jeweils nur 3 Sekunden zur Verfügung. Doch diese Zeitspanne reichte gerade aus, um ein Blech durch die Walze laufen zu lassen, und während man das Blech zum nächsten Arbeitsgang über die Walze wieder zurücklaufen ließ, konnte das Schwungrad erneut beschleunigen. Eine faszinierende Technik!

Das Pochwerk: Es besteht aus drei beweglichen Holzstempeln, die durch – ebenfalls mit Wasserkraft bewegte – Exzenterflügel angehoben werden und dann durch ihr eigenes Gewicht wieder herunterfallen. Es diente dazu, Erze zu zerkleinern und macht einen Heidenlärm – erschrecken Sie nicht!

Die Großdampfmaschine: Im hinteren Bereich der Museumsanlage befindet sich seit 1988 in einer eigens zu diesem Zweck hierher versetzten Fachwerkscheune aus dem nordthüringischen Schlotheim ein Ungetüm, das schlicht als Großdampfmaschine bezeichnet wird (oder korrekter: Zwillings-Tandem-Reversier-Großdampfmaschine). Der über 300 Tonnen schwere Koloss (allein seine Ölwanne wiegt etwa so viel wie ein ganzer Lastwagen!) erbringt eine Leistung von satten 12.000 PS! Kein Druckfehler – alle Nullen stimmen! Gebaut wurde der Gigant, eine der größten Dampfmaschinen der Welt, 1920 als Antrieb für ein Blechwalzwerk. Bis 1985 war die Großdampfmaschine in der Maxhütte Unterwellenborn in Betrieb. Dann wurde sie zerlegt und hier wieder aufgebaut. Und sie funktioniert ebenfalls! Allerdings läuft sie bei den Vorführungen nicht unter Dampf, sondern wird durch einen Elektromotor bewegt.

Weitere Einrichtungen: Im Südflügel der Scheune sind Werkstätten für Glasschleifer, Porzellanmaler und Töpfer eingerichtet worden, in denen zukünftig ebenfalls Vorführungen stattfinden sollen, und im Nordflügel sollen weitere technische Denkmale der Metallverarbeitung ausgestellt werden. Ein kleines Museum zur Geschichte des Tobiashammers und seiner Rekonstruktion befindet sich in der ehemaligen Unternehmervilla. Parkanlagen mit ausgestellten Kunstschmiede-Arbeiten und die Hammerschänke, eine Gaststätte im rustikalen Stil, runden den Museumskomplex ab. Fazit: Ein wirklich starker Hammer, dieser Tobiashammer!!

- Information: Tobiashammer, Suhler Str. 34,
Tel. 402792, tägl. 9.30-16.30 Uhr, Eintritt 4,50 €.

Besichtigen

- *Museum,* Schlossplatz 1, Tel. 402329; mit einer Ausstellung über *Johann Sebastian Bach,* geöffnet: Di.-Do. 12-16 Uhr, Fr.+Sa. 9-12 und 13-16 Uhr, So. 10-16 Uhr, sonst nach Vereinbarung
- ***Stutzhauser Brauereimuseum,*** Tel. 036257/4216

Aktivitäten

- ***Angeln:*** an Teichen in Ohrdruf und Crawinkel
- ***Drachen- und Gleitschirmschule,*** Crawinkel, Tel. 0172/5911243
- ***Sauna:*** *Dschungel-Sauna,* Arnstädter Str. 10
- ***Reitsport:*** Pferdesportverein, Crawinkel, Südstr. 22, Tel. 314340
- ***Skilauf:*** Skiwiese Crawinkel
- ***Schwimmen:*** Schwimmbad in Wölfis
- ***Klettern:*** Kletterfels Falkenstein, Gräfenhain
- ***Inlineskating:*** Bahn Ohrdruf (wettkampfgeeignet)
- ***Tennis:*** Ohrdruf, Tel. 313398, Luisenthal, Tel. 3370
- ***Bowling:*** Ohrdruf, Tel. 3098816, Crawinkel, Tel. 312854

Feste

- ***Skifasching*** in Crawinkel
- ***Winteraustreiben*** in Ohrdruf (März)
- Konzerte im Rahmen der ***Thüringer Bachwochen*** (März)
- ***Stadtfest Ohrdruf*** (Mai)
- ***Rock gegen Gewalt*** in der Mühlburg Ohrdruf (Juli)
- ***Oktoberfest*** in Gräfenhain
- ***Schmiedesymposium*** im Tobiashammer (Oktober)
- ***Kirmes*** in Crawinkel, Luisenthal und Wölfis (Okt./Nov.)
- ***Weihnachtsmarkt*** Ohrdruf
- ***Konzerte*** im Rahmen des mdr-Musiksommers

Luisenthal

Vorwahl:	036257 (vielen alten Nummern wurde eine 40 vorangestellt)
PLZ:	99885
Einwohner:	1500
Höhe:	450-730 m

Der heutige Gesamtort Luisenthal entstand 1951 durch Zusammenlegen der Orte Schwarzwald und Stutzhaus (mit Ortsteil Luisenthal). ***Stutzhaus*** ist bereits im 16. Jh. als Köhlersiedlung entstanden. Der Name kommt vom „Stutz", dem amtlichen Messgefäß für Holzkohle, das in einem gesonderten Haus, dem „Stutzhaus" aufbewahrt wurde. Später erhielt der Ort eine Schmelzhütte, die 1753 von Herzog Friedrich III. von Sachsen Gotha gekauft und nach dessen Frau Luise benannt wurde (daher auch der Name „Luisenthal"). Bekannt ist Stutzhaus aber auch für sein Bier – und das Stutzhäuser Brauereimuseum informiert nicht nur über die Braukunst, sondern bietet mit seiner Heimatstube auch einen Einblick in das Leben der Waldbewohner. Der Ort ***Schwarzwald*** wird um 930 als

Die Käfernburg

„Waldsazi" (Waldsitz), am Fuß der Käfernburg gelegen, erwähnt. Die ***Käfernburg*** wurde im 8. Jh. als Schutzburg für die Handelsstraße gebaut. Das Geschlecht der Grafen von Käfernburg starb 1385 aus. Von der Burg nahe dem südlichen Ortsausgang östlich der Straße ist noch ein Turm erhalten.

Seit der Jahrhundertwende hat sich Luisenthal zu einem ***Erholungsort*** entwickelt, der auch im Winter gut besucht ist, da er nicht weit von den Wintersportgebieten um Oberhof entfernt liegt. Beliebtes Ausflugsziel ist die nahe gelegene ***Ohra-Talsperre*** in reizvoller Waldlandschaft (Parkplatz an der Straße nach Oberhof ausgeschildert). Um den Stausee kann man eine schöne Rundwanderung machen.

Schöne Ausflüge kann man auch ins Ohratal unternehmen, wo sich zwischen Stutzhaus und Schwarzwald noch heute über 20 Wasserräder drehen, die 10 Sägewerke und zwei Mahlmühlen antreiben.

Praktische Reisetipps

Info

- ***Fremdenverkehrsverein:*** Langenburgstr. 4a (nur Prospektversand)

Unterkunft und Gaststätten

- ***Waldhotel Berghof****,*** Langenburgstr. 18/19, Tel. 3770, Fax 377444, www.waldhotel-berghof.de; neues und modernes Komforthotel in ruhiger Ortsrandlage; Restaurant, Sauna, Fitnessraum, Verleih von Rodelschlitten und Mountainbikes; ÜF im EZ/DZ 65/45 € pro Person
- ***Hotel Zum Luchs,*** Fr.-Engels-Str. 59, Tel. 40100, Fax 40433; modern, komfortabel und schön gelegen, Restaurant, ÜF im EZ/DZ 42/32 € pro Person
- ***Gasthof-Pension Waldhaus,*** Suhler Str. 11, Tel. 40384; kleines Haus in schöner Lage; Thüringer Küche mit Hausschlachtung; Fahrradverleih; ÜF ca. 18-24 €; Gaststätte geöffnet täglich 11-21 Uhr

Besichtigen

- ***Brauereimuseum,*** Karl-Marx-Str. 8, Tel. 40216, Internet: www.stutzhauser-brauerei.de; geöffnet Di.-So. 13-17 Uhr; mit Gaststätte

Aktivitäten

- ***Angeln:*** an der Ohratalsperre (Angelkarten vom Angelverein)
- ***Schwimmen:*** Schwimmbad Ernst-Thälmann-Straße
- ***Mountainbike-Verleih:*** Hotel „Berghof"
- ***Reiten und Kutschfahrten:*** *Ortlepp*, Friedrichroda, Tel. 03623/200429
- ***Flugsport:*** *Luftsportzentrum Crawinkel*, Friedrichsfang, Tel. 03624; Flugbetrieb, Gleitschirm- und Drachenfliegen inkl. Ausbildung
- ***Wandern:*** Ein Infoblatt mit Kurzbeschreibungen von neun markierten Wanderrouten und einer Kartenskizze bekommt man vom FVV.

Ilmenau und der Goethe-Wanderweg

Vorwahl:	03677
PLZ:	98693
Einwohner:	33.000
Höhe:	500-575 m
Stadtteile:	Roda, Heyda, Manebach, Unterpörlitz, Oberpörlitz

„Anmutig Tal! Du immergrüner Hain! Mein Herz begrüßt euch auf das Beste! Entfaltet mir die schwerbehangnen Äste; nehmt freundlich mich in eure Schatten ein. Erquickt von euren Höh'n am Tag der Lieb und Lust mit frischer Luft und Balsam meine Brust!", so hat *Goethe* das kleine Städtchen am Fuß des Thüringer Waldes bedichtet. Und ich muss sagen, dass auch mir Ilmenau auf Anhieb sympathisch war.

Der Ferienort liegt – auf drei Seiten von bewaldeten Bergen umgeben – am oberen Lauf der Ilm, dort, wo diese aus dem Thüringer Wald hervortritt. Genau genommen befindet sich der Ort am Schnittpunkt mehrerer Täler an einer Art Wasserscheide, denn vom westlichen Vorort Roda aus fließt das Wasser bereits der Gera zu.

Geschichte

Der Ort entwickelte sich durch den Kupfer- und Silberbergbau sowie durch seine Lage an einer wichtigen Handelsroute durch den Thüringer Wald. An Stelle der um 1290 zerstörten Raubritterburg entstand im 14. Jh. eine Wasserburg, die längst wieder verschwunden ist. 1341 wird Ilmenau erstmals urkundlich als ***Stadt*** erwähnt. Zunächst im Besitz der Grafen von Käfernburg, dann 1343 an die Henneberger verkauft (die sie aber die meiste Zeit verpfändeten), gehörte die Stadt ab 1661 zum Herzogtum Sachsen-Weimar. Das ***mittelalterliche Ilmenau*** ist durch mehrere Brände zwischen 1353 und 1752 zu einem großen Teil vernichtet worden. Während der Blütezeit des ***Bergbaus*** im 16./17. Jh. haben 600-800 Knappen in den 19 Bergwerken gearbeitet. Doch 1715 musste ein Teil der Bergwerke wegen mangelnder Rentabilität geschlossen werden, und die übrigen soffen 1739 ab.

Goethe kam im Mai 1776 zum ersten Mal nach Ilmenau und war so angetan von dem Ort, dass er bis 1831 nicht weniger als 28mal hier weilte und sogar seinen letzten Geburtstag hier feierte. Als schwärmender Dichter und als naturwissenschaftlicher Forscher hat er die Berge und Wälder durchstreift, und als Weimarer Beamter hat er sich um die Wiederbelebung des Bergbaus und die Sanierung der durch den korrupten Rat heillos verworrenen städtischen Finanzen bemüht. Durch seine häufigen Besuche wurde *Goethe* auch für das heutige Ilmenau noch zum wichtigsten Werbeträger in Sachen Fremdenverkehr.

Wenige Jahre nach *Goethes* Tod begann 1838 mit der Gründung einer Kaltwasserheilanstalt die Entwicklung Ilmenaus zum ***Kurort,*** die um 1900 ihren Höhepunkt erreichte. Etwa zur gleichen Zeit entwickelte sich auch die Glas- und Porzellanindustrie.

Daneben ist Ilmenau Standort einer Technischen Hochschule, die 1992 in den Rang einer Universität erhoben wurde.

Sehenswertes

Markt

Am leicht ansteigenden Marktplatz steht das 1786 vollendete ***Rathaus*** mit Uhrturm. Der achteckige ***Marktbrunnen*** von 1752 erinnert mit der Henneberger Henne an die Zeit (1343-1661), in der die Stadt den Hennebergern gehörte und wird daher auch der „Hennebrunnen" genannt. Ebenfalls am Markt steht eine der Hauptsehenswürdigkeiten Ilmenaus: das barocke ***Amtshaus,*** das nach dem Brand von 1752 an der Stelle eines bereits 1616 errichteten Vorgängerbaus entstand. Zur Erinnerung an *Goethe,* der hier mehrfach gewohnt hat, ist in

dem Gebäude eine ***Goethegedenkstätte*** eingerichtet worden (geöffnet Mai-Okt. tägl. 9-12 und 13-16.30 Uhr, Nov.-April tägl. 10-12 und 13-16 Uhr, Tel. 202667). Das von *Goethe* bewohnte Eckzimmer befindet sich im ersten Stock. In weiteren Räumen werden *Goethes* vielfältiges Wirken in und für Ilmenau, der Bergbau sowie die Glas- und Porzellanherstellung dokumentiert. Hier beginnt auch der bekannte ***Goethe-Wanderweg*** (siehe Umgebung).

Durch die Marktstraße gelangt man zu der barocken ***Stadtkirche St. Jakob,*** die ebenfalls nach dem großen Stadtbrand von 1760 neu aufgebaut worden ist. Sehr schön ist ihr Innenraum mit dem reich geschnitzten Kanzelaltar.

Fußgängerzone

Einen schönen Bummel kann man entlang der Lindenstraße und der Fr.-Hofmann-Straße (Fußgängerzone) machen, an deren Ende ein hübsches ***Jugendstil-Wetterhäuschen*** steht – ein beliebtes Fotomotiv.

Das Amtshaus in Ilmenau

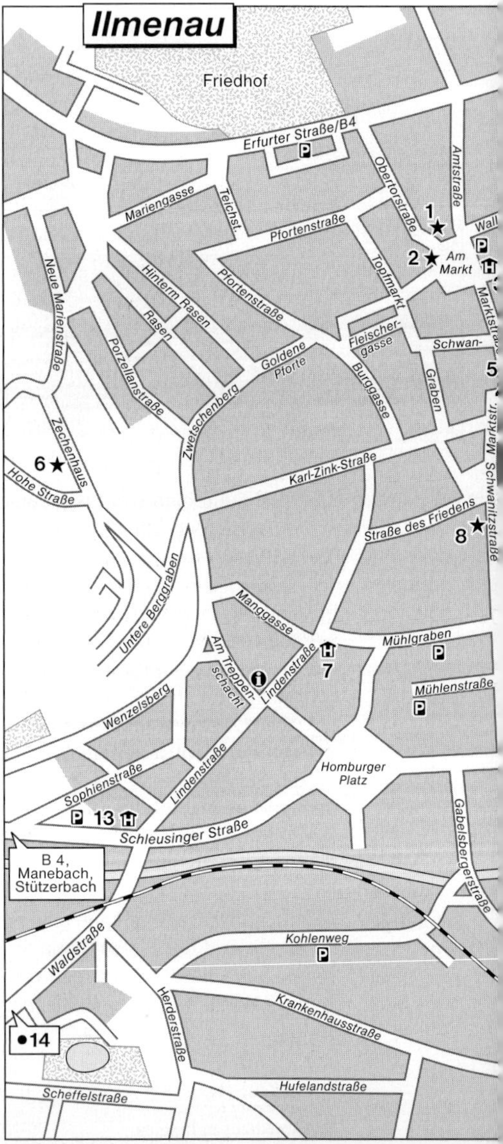
Ilmenau
Friedhof
Erfurter Straße/B4
Amtstraße
Obertorstraße
Mariengasse
Teichst.
Pfortenstraße
Wall
Am Markt
Topfmarkt
Marktstraße
Hinterm Rasen
Rasen
Neue Marienstraße
Porzellanstraße
Goldene Pforte
Fleischergasse
Schwan-
Burggasse
Graben
Zwetschenberg
Marktstr.
Zechenhaus
Hohe Straße
Karl-Zink-Straße
Schwanitzstraße
Straße des Friedens
Untere Berggraben
Manggasse
Mühlgraben
Am Treppenschacht
Lindenstraße
Mühlenstraße
Wenzelsberg
Homburger Platz
Sophienstraße
Lindenstraße
Schleusinger Straße
B 4, Manebach, Stützerbach
Gabelsbergerstraße
Waldstraße
Kohlenweg
Herderstraße
Krankenhausstraße
Hufelandstraße
Scheffelstraße
1
2
5
6
7
8
13
14

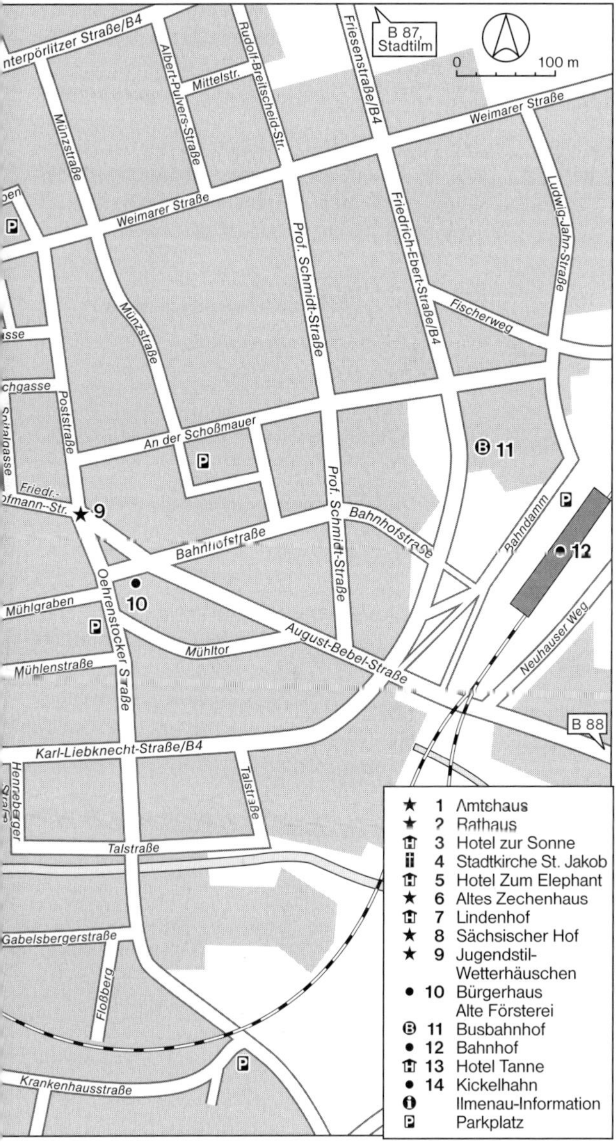
B 87, Stadtilm
0
100 m
Unterpörlitzer Straße/B4
Albert-Pulvers-Straße
Rudolf-Breitscheid-Str.
Mittelstr.
Friesenstraße/B4
Weimarer Straße
Münzstraße
Prof. Schmidt-Straße
Friedrich-Ebert-Straße/B4
Ludwig-Jahn-Straße
Fischerweg
Poststraße
An der Schoßmauer
Friedr.-Hofmann-Str.
Bahnhofstraße
Bahndamm
Oehrenstocker Straße
Mühlgraben
Mühltor
Mühlenstraße
August-Bebel-Straße
Neuhauser Weg
B 88
Karl-Liebknecht-Straße/B4
Talstraße
Gabelsbergerstraße
Floßberg
Krankenhausstraße
9
10
11
12
1 Amtshaus
2 Rathaus
3 Hotel zur Sonne
4 Stadtkirche St. Jakob
5 Hotel Zum Elephant
6 Altes Zechenhaus
7 Lindenhof
8 Sächsischer Hof
9 Jugendstil-Wetterhäuschen
10 Bürgerhaus Alte Försterei
11 Busbahnhof
12 Bahnhof
13 Hotel Tanne
14 Kickelhahn
Ilmenau-Information
Parkplatz

Zechenhaus

An den Bergbau im Mittelalter erinnert das ***Alte Zechenhaus*** an der Sturmheide, das um 1720/30 erbaut wurde und das älteste Haus der Stadt ist. Heute wird das alte Zechenhaus als Wohnhaus genutzt.

Sächsischer Hof

Eine weitere Erinnerungsstätte ist der Sächsische Hof (heute ein Geschäftshaus), in dem ***Goethe zusammen mit den Bergleuten*** die Wiedereröffnung der Schächte begossen hat.

Praktische Reisetipps

Info

- ***Ilmenau-Information,*** Lindenstraße 12, Tel. 03677/202358 und 19433, Fax 202502; Internet: www.ilmenau.de (geöffnet Mo.-Fr. 9-18 Uhr, Sa. 9-13 Uhr; mit Zimmervermittlung)

Parken

- ***Parkplatz am Mühlgraben*** (von der B 4, Karl-Liebknecht-Straße an der ersten Ampelkreuzung nach Norden abbiegen; über die Schwanitzstraße; Parkhaus)
- Der ***Parkplatz gegenüber vom Hauptbahnhof*** liegt ebenfalls zentrumsnah.
- Sollte man auf beiden keinen Platz mehr bekommen – der Andrang ist oft sehr groß – so findet man weitere große Parkplätze oberhalb des ***Rathauses*** (Erfurter Straße, gegenüber vom Friedhof) und an der ***Festhalle***
- Außerdem Parkhäuser am ***Hotel „Tanne"*** und bei der ***Goethe-Passage*** am Markt.

Wohnmobile

- ***Womo-Stellplatz:*** Parkplatz an der Festhalle mit Ver-/Entsorgung

Hotels

- ***Romantik Berg- und Jagdhotel Gabelbach,*** Waldstraße 23a, Tel. 8600, Fax 860222; 3 km vom Zentrum, in ruhiger Lage im Wald und am Weg zum Kickelhahn; Pool, Sauna, Solarium, Restaurant, Café, Bar; ÜF im DZ ab 95 €
- ***Hotel Lindenhof,*** Lindenstr. 5-11, Tel. 68000, Fax 680088; in der Fußgängerzone; Restaurant, Café, Kellerbar, Tanz; Lift, Sauna, Solarium; ÜF im ÜF im EZ/DZ ab 62/38 €
- ***Hotel Moosbach,*** Schmücker Str. 112, 98693 Manebach, Tel. 849880, Fax 894272; 5 km westlich, B 4; idyllische Lage im Wald, Restaurant, Sauna, Solarium, Fitnesscenter; ÜF im EZ/DZ ab 51/33 €
- ***Hotel Am Wald,*** 98716 Elgersburg, Schmücker Str. 20, Tel. 7980-0, Fax -106; ca. 5 km westlich, B 88; ruhige Waldlage; Restaurant, Kaminzimmer, Sauna, Kegelbahn; ÜF im EZ/DZ ab 40/28 €; zus. drei Ferienhäuser

●***Feriendorf „Bad Hundertpfund",*** 98701 Großbreitenbach, www.badhundertpfund.de, Tel. 036781/380-36, Fax -60 ; idyllisch im Wald gelegenes Feriendorf mit Pool, Liegewiese und Grillplatz, große Wanderherberge für Selbstversorger, Übernachtung für zwei Personen ab 26 €.

Pensionen

●***Pension Schmidt,*** Zwetschenberg 3, Tel./ Fax 893245; zentral in der Altstadt; ÜF im EZ/DZ ab 18/20 €

Wanderquartier

●***Gasthaus Rodelklause,*** Am Floßberg, Tel. 884057; in Waldnähe am südl. Stadtrand; Sommer- und Winterrodelbahn am Haus; im Winter Baudenabende mit Livemusik; ÜF 12 €

JH

●***Jugendherberge Ilmenau,*** Am Stollen 48, Tel. 884681, Fax 884682; modern eingerichtete JH in zentraler Lage im Wohngebiet; ÜF ab 15 €

Camping

●***Campingpark Meyersgrund,*** 98693 Manebach (6 km westlich, B 4),Tel. 036784/50636, Fax 50245 (inmitten von Fichtenwald auf einer Höhe von 570 m gelegen; Strom, Wasser, Duschen, WC; Speisegaststätte, Verkaufsstelle in der Saison, Kinderspielplatz; Antennenanschluss, Gasflaschentausch; Hunde an der Leine; ganzjährig geöffnet)

●***Intercamping,*** 98701 Großbreitenbach, Tel./Fax 036781/ 42398 (15 km südöstlich, via B 88, in Gehren rechts ab), Tel. 036781/398 (in 667 m Höhe mit aufgelockertem Baumbestand; Stromanschluss, Gasflaschentausch; Duschen/WC, behindertengerecht, Sauna, Schwimmbad, Skilift, Skiverleih, Spielplatz, Ponyreiten; Bungalows für je 2-5 Pers. mit Warmwasser/WC; Hunde an der Leine; ganzjährig geöffnet)

Gaststätten

●***Altmarktschenke,*** Kirchplatz 3, Tel. 877606 (tägl.)
●***Ratskeller,*** Am Markt 6, Tel. 202001 (gutbürgerliche Küche; tägl. geöffnet)
●***Rodelklause,*** Am Floßberg, Tel. 884057 (Spezialität: Spanferkel und Wildgerichte; Do. Ruhetag)
●***Singapur,*** Karl-Liebknecht-Str. 22, Tel. 670326 (Chinarestaurant)
●***Teichcafé,*** Am Großen Teich 1, Tel. 840210 (Fischrestaurant und Café; Ruhetage: Okt.-Apr. Mi., Do.)
●***Café Schindler,*** Weimarer Str. 2, Tel. 63115

Unterhaltung

●***Domino-Freizeitclub,*** H.-Hertz-Str., Tel. 77536
●***Amtshaus,*** Am Markt 1, Tel. 202667 (gelegentlich Kammerkonzerte)
●***Bürgerhaus Alte Försterei,*** A.-Bebel-Str. 2 (Kulturveranstaltungen und wechselnde Ausstellungen)

Umgebung

Goethe-Wanderweg

In Ilmenau tritt an die Stelle von „R“ wie Rennsteig das „g“ wie Goethe-Wanderweg. Dieser 18 km lange Weg, der am ***Amtshaus*** in Ilmenau beginnt, ist für Goethe-Liebhaber und Wanderfreunde gleichermaßen interessant. Er führt zu landschaftlich besonders reizvollen Stellen und macht mit historischen Gebäuden und Erinnerungsstätten bekannt, die in *Goethes* Leben eine wichtige Rolle gespielt haben. Teilabschnitte des Weges kann man von Ilmenau, von Manebach oder von Stützerbach aus begehen, wo Tafeln aufgestellt sind, die eine Übersicht über den Wegverlauf geben. An markanten Punkten findet man außerdem Erläuterungstafeln. Als ***Markierungszeichen*** dient das von *Goethe* häufig als Abkürzung seines Namens gewählte „g“.

Vorbei an den alten Gebäuden der Porzellanfabrik und dem Zechenhaus (zu *Goethes* Zeit Sitz der Bergverwaltung) gelangt man in etwa 10 Minuten zum ***Mittleren Berggraben,*** der das Wasser vom Meyersgrund zu den Schächten leitete. Diese Sta-

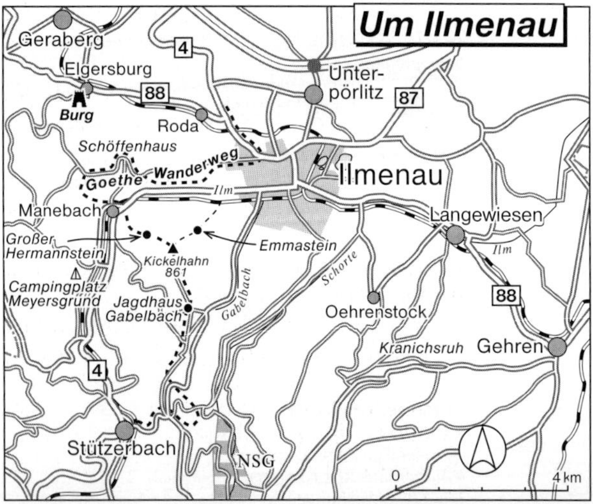

tionen erinnern an *Goethes* Bemühungen, den Bergbau wieder in Gang zu bringen und die ökonomische Rückständigkeit Ilmenaus zu überwinden.

Auf dem ***Schwalbenstein,*** einem steil aufragenden Felsen mit schöner Aussicht, hat *Goethe* im März 1779 an nur einem Tag den vierten Akt der Prosafassung der „Iphigenie" geschrieben. Vorbei an der Berggaststätte Schöffenhaus und der Marienquelle gelangt man zu dem von Fichten umgebenen ***Emmasteinfelsen,*** der *Goethe* durch seine geologische Gestaltung und Pflanzenwelt beeindruckt hat. Steil abwärts geht es zum ***Kantorhaus*** in Manebach, in dem *Goethe* mehrfach zu Gast gewesen ist. Im Garten dahinter hat er den Manebacher Grund gezeichnet.

Den gegenüberliegenden Hang aufwärts führt der Pfad zum ***Großen Hermannstein*** (von Manebach 40 Min.) und der an seinem Fuß gelegenen Höhle, in der *Goethe* nach seinen arbeitsreichen Tagen oft Ruhe suchte, um zu zeichnen und zu schreiben. Dieser „erwählte Fels" war die Kultstätte seiner Liebe zu *Charlotte von Stein,* ein Ort, an dem er gerne „wohnen und bleiben" wollte. Am 6. August 1776 führte er seine Geliebte zu der Höhle hinauf, und sie schrieb mit dem Finger ein Zeichen in den Sand des Höhlenbodens. Zwei Tage später stieg er allein wieder hinauf, um eine dauerhaftere und „sehr mystische" Inschrift in den Porphyr zu meißeln.

Weiter aufwärts geht es zum Gipfel des ***Kickelhahn*** (861 m), einem Höhepunkt nicht nur der Wanderung, sondern auch in *Goethes* dichterischem Schaffen. Am 6. September 1780 war er zu der Waldhüterhütte am Gipfel des Kickelhahn hinaufgestiegen und saß in deren oberem Raum, während über den Bergen die Sonne unterging und aus den Wäldern im Tal der Nebel heraufdampfte. Die Welt war „so rein und ruhig (...) als eine große schöne Seele, wenn sie sich am wohlsten befindet", und ehe er sich auf dem Stroh zur Ruhe legte, schrieb er an die Bretterwand die Verse des „Wanderers Nachtlied“, aus deren Sprachmelodie und Rhythmus die Stimmung der abendlichen Landschaft klingt, der Atem der Wälder und die sanft gewellten Berge. Vom 1854/55 erbauten Aussichtsturm auf dem Gipfel können Sie an einem ruhigen Sommerabend diese Stimmung selbst erleben. Die Hütte ist abgebrannt, wurde aber 1874 in ursprünglicher Form wieder errichtet.

Vom Kickelhahn abwärts *(Goethe* hat ihn übrigens hessisch-thüringisch „Gickelhahn“ genannt) erreicht man nach 15 Minuten das ***Jagdhaus Gabelbach*** (1783 erbaut), ein schlichtes spätbarockes Jagdhaus des *Herzogs Karl August*, das heute als Goethe-Gedenkstätte und Museum dient (geöffnet 15.03.-25.10. Mi-So 9-17 Uhr, sonst Mi.-So. 10-16 Uhr; Tel. 202626). Zu sehen sind das Goethezimmer sowie Sammlungen zu des Dichters naturwissenschaftlichen Studien im Thüringer Wald und über die Jagd zu *Goethes* Zeit.

Über die Hirtenwiese, durch das Schortetal und am Knöpfelstaler Teich vorbei – Orte, die *Goethe* als einsamer Wanderer oder als Jagdgefährte des Herzogs häufig aufgesucht hat, führt uns die Wanderung zum ***Finsteren Loch,*** einer engen Schlucht mit rauschendem Wasser, die der Schauplatz des Waldlagers in **Goethes** Gedicht „Ilmenau“ ist. Wieder aufwärts steigt man – vorüber an der Gaststätte Auerhahn – zum ***Stützerbacher Schlossberg,*** auf dem das 1739 erbaute, zehn Jahre später aber wegen Baufälligkeit schon wieder abgerissene Jagdschloss Dianenburg von *Ernst August* stand.

Das ***Glasersche Haus*** in Stützerbach war der Ort einiger mutwilliger Streiche und groben Schabernacks, den die Weimarer Hofgesellschaft und auch der junge Sturm-und-Drang-Dichter mit dem töricht geltungssüchtigen Kaufmann *Glaser* getrieben haben. Hartnäckige Gerüchte behaupten auch, dass es in Stützerbach „illegitime natürliche Nachkommen“ *Goethes* und *Karl Augusts* gegeben habe.

Den Abschluss der Wanderung bildet ein Besuch im ***Stützerbacher Goethehaus*** (Sebastian-Kneipp-Straße 18, geöffnet vom 15.03. bis 25.10. Mi.-So. 9-17 Uhr, sonst Mi.-So. 10-16 Uhr; Tel. 036784/50277) mit dem originalen Wohn- und Arbeitszimmer und der schönen Küche. Dokumentiert werden in dem ehemaligen Glasmacherhaus das Wirken *Goethes* in Stützerbach, die Geschichte des Dorfes und der Glasbläserei.

Von Stützerbach zurück nach Ilmenau gibt es Busverbindungen.

Weitere Wanderrouten

Schortetal – Knöpfelstaler Teich – Auerhahn – Hirtenwiese – Rodelbahn (14 km, ca. 3,5-4 Stunden): Vom Fuß des Floßberges führt ein Pfad hinunter ins Schortetal, das zu den schönsten Tälern in der Umgebung Ilmenaus gehört. Immer das Tal aufwärts wandert man bis zum Knöpfelstaler Teich, der reizvoll inmitten der Berge liegt. Von dort erreicht man in etwa 20 Minuten teilweise steil bergauf die Waldgaststätte Auerhahn. Weiter geht es über die Hohe Tanne zur Hirtenwiese und zur Gabelbachstraße und die Rodelbahn hinunter zurück nach Ilmenau.

Wildtal – Hochzeitswiese – Öhrenstock (12 km; 3,5 Stunden): Von der Öhrenstöcker Straße gelangt man über eine Abzweigung kurz hinter der Bahnüberführung ins Schortetal, dem man bis zur Einmündung des romantischen Wildtales folgt. Dieses Tal aufwärts (Mineraliensammler können hier schöne Flussspatstücke finden) gelangt man zu der auf der Höhe gelegenen Hochzeitswiese mit schönem Ausblick über das Schortetal, auf den Kickelhahn und über Ilmenau. Weiter geht es mit schönem Fernblick über Öhrenstock und den Tragberg zum Bahnhof Grenzhammer.

Schwalbenstein – Schöffenhaus – Roda (9 km, ca. 2,5-3 Stunden): Diese Wanderung ist durch schöne Ausblicke besonders reizvoll. Von der Schleusinger Straße, gegenüber der Festhalle, führt der Weg aufwärts zum Schwalbenstein (siehe Goethe-Wanderweg) und weiter zur Gaststätte Schöffenhaus. Dann wandert man abwärts nach Roda, wo der Weg kurz vor dem Ort nochmals im spitzen Winkel abbiegt und aus dem Tal herauf durch die Pfaffenhöhle nach Ilmenau zurückführt.

Schwalbenstein – Schöffenhaus – Mönchshof – Elgersburg (insgesamt 12 km; 3,5 Stunden): Vom Schöffenhaus ist eine längere Variante möglich. Sie führt über die Marienwiese zum Gasthaus Mönchshof. Von dort geht es zunächst auf der Straße, dann auf einem schönen Wanderweg zur Hohen Warte (Gaststätte mit Aussichtsturm) und hinunter nach Elgersburg mit Bahnverbindungen nach Ilmenau. Wer den Weg zu Fuß fortsetzen will, der kann durch das Moortal nach Roda wandern (6 km).

Wildtal – Öhrenstock – Kranichsruh – Langewiesen (9 km, 3 Stunden): Nach einer kurzen Strecke durch das Schorte- und das Wildtal (siehe Wanderung 2) steigt man direkt nach Öhrenstock hinauf, einem abgeschiedenen Bergdorf, das sich viel von seinem ursprünglichen Charakter bewahrt hat. Auf bequemen Wegen erreicht man dann die idyllisch in einem Wiesental gelegene Waldgaststätte Kranichsruh. Über gute Waldwege geht es schließlich hinunter nach Langewiesen, von wo man mit dem Zug zurück nach Ilmenau fahren kann.

Elgersburg (5 km westlich, B 88) – Dieser kleine Erholungsort mit etwa 1500 Einwohnern hat eine ***Burg,*** die im 11. Jh. zum Schutz der Passstraßen errichtet wurde. Erhalten sind der Bergfried aus dem 15. Jh. und der Gefängnisturm aus dem 16. Jh. Die Anlage wurde im 19. Jh. für den Kurbetrieb ausgebaut.

In Elgersburg liegt das unter Ilmenau aufgeführte Hotel Am Wald.

Stadtilm (10 km nordöstlich, B 87) – Stadtilm war durch seine Lage am Schnittpunkt der Handelsstraße Erfurt – Saalfeld mit der „Kahlertstraße“ über den Thüringer Wald nach Coburg schon im 12. Jh. ein bedeutender Ort, was der große ***Marktplatz*** noch heute erkennen lässt. Im 13. Jh. wurde der Handelsort zur „geteilten Stadt": aufgeteilt zwischen den Herren von Käfernburg und denen von Schwarzburg. Im Käfernburger Teil lag die 1335 geweihte Liebfrauenkirche, im Schwarzburger Teil wurde ein Zisterzienserkloster erbaut, das im 16. Jh. wieder aufgelöst wurde. 1780 vernichtete ein Stadtbrand den größten Teil der alten Bürgerhäuser.

Bekannt wurde das kleine Städtchen auch als Beinahe-Geburtsort der ***Atombombe:*** Gegen Ende des Zweiten Weltkrieges wurde hier parallel zu den Versuchen im württembergischen Haigerloch an der Entwicklung einer Atombombe gearbeitet.

Sehenswert sind vor allem die prachtvolle ***Liebfrauenkirche*** mit verschiedenen Baustilen und schönen Plastiken sowie das ***Renaissance-Rathaus,*** das aus dem Kloster und dem Schloss der Schwarzburger hervorgegangen ist. Wer die Reste des ehemaligen Klosters sehen will, der begibt sich am besten in den historischen Ratskeller mit seinen hohen Gewölberäumen, das einstige Refektorium. Außerdem sind Teile der Altstadt und der Stadtmauer mit Wehrtürmen erhalten.

Südwestseite

Überblick

Die Südwestseite des Thüringer Waldes zum Werratal hin ist nicht so klar abgegrenzt wie die Nordostseite, sondern ***fällt sanfter ab*** und geht, durch zahlreiche Täler zergliedert, allmählich in die Werra-Ebene über. Die ***Route*** ist daher weniger klar vorgezeichnet, wurde aber so angelegt, dass sie alle wichtigen Orte zwischen Kammregion und Werratal umfasst. Das ***Landschaftsbild*** ist hier nicht durch einen Bergrücken mit weitgehend geschlossenen Wäldern geprägt, sondern durch einzelne Berggebiete und Wälder, die immer wieder von Wiesentälern und größeren landwirtschaftlichen Flächen unterbrochen werden.

Bad Liebenstein – mit unterirdischem Kurkonzert

Vorwahl:	036961 (vielen alten Rufnummern wurde eine 7 vorangestellt)
PLZ:	36448
Einwohner:	4300
Höhe:	450 m
Ortsteile:	Bairoda, Meimers, Altenstein

Der Kurort Bad Liebenstein liegt unmittelbar am südwestlichen Hang des Thüringer Waldes.

Die örtlichen Mineralquellen in den tief eingeschnittenen Tälern am Südwesthang des Thüringer Waldes führten schon früh zur Entwicklung als Kurort. Bereits zu Beginn des 17. Jh. wurde die Bad Liebensteiner Quelle erschlossen, und ab 1800 wurde der Ort unter dem Herzog von Sachsen-Meiningen zum ***Modebad der Aristokratie*** ausgebaut. In dieser Zeit entstand die klassizistisch geprägte Bäderarchitektur mit Fürstenhaus, Kirche, Brunnentempel und Park. Seither hat sich Bad Liebenstein zum ***größten Kurort im Osten Deutschlands*** entwickelt.

Entlang der Herzog-Georg-Straße (Durchgangsstraße) kann man Beispiele der klassizistisch geprägten ***Bäderarchitektur,*** das Theater und andere Kuranlagen sehen. Auffällig ist an der Gabelung dieser Straße auch der hübsche ***Fachwerkbau des Postamtes,*** das 1895 im hennebergischen Stil errichtet wurde. Ein kleiner Spaziergang führt durch den Kurpark hinauf zur ***Ruine Liebenstein*** mit den erhaltenen Resten eines mächtigen gotischen Palas (14. Jh.) und einem schönen Ausblick über das Werratal.

Das private ***Schaubergwerk Am Aschenberg*** zeigt Handwerkszeug, Geräte und Maschinen aus der langen Tradition des Bergbaus sowie Dokumentationen, Bergbautechnik und eine funktionstüchtige, 280 m lange Grubenbahn, auf der man mitfahren kann. Erweitert wird die Ausstellung durch eine Sammlung einheimischer Mineralien mit Verkauf. Bergmannsklause und Biergarten sorgen für das leibliche Wohl (Information: Familie Schönau, Inselbergstr. 26, Tel. 30252; geöffnet Di.-Fr. 13.30-22 Uhr, Sa., So. 10-22 Uhr).

Das Postamt

Praktische Reisetipps

Info

- ***Gästeinformation,*** Herzog-Georg-Str. 64, Tel. 56112, Fax 56124; geöffnet Mo.-Fr. 9-17 Uhr; Sa./So. in der Wandelhalle 9.30-17.30 Uhr

Parken

- Der am günstigsten gelegene Parkplatz befindet sich an der ***Ruhlaer Straße*** nahe der Stadthalle. Weitere Möglichkeiten am Tennisplatz am Kurmittelhaus und an den Kurkliniken.

Hotels

- ***Hotel Herzog Georg***,*** Herzog-Georg-Str. 36, Tel. 550, Fax 55222; modernes und behindertengerechtes Haus in zentraler Lage mit Restaurant, Tiefgarage und Ladenpassage; EZ/DZ ab 54/43 €
- ***Hotel Fröbelhof***,*** H.-Mann-Str. 34, Tel. 510, Fax 51277; historisches, aber modern ausgestattetes Gebäude; ÜF im EZ/DZ 46,50/41,50 €
- ***Hotel Klosterbräu,*** Inselbergstr. 6, Tel. 7520, Fax 75211; zentrale Lage, helle Zimmer mit viel Holz, ÜF im EZ/DZ ab 21/24 €

Pensionen

- ***Pension Olga,*** Esplanade 3, Tel. 72542; ruhige Lage im Kurviertel, mit Café, ÜF im EZ/DZ (z.T. mit Etagendusche) ab 33/26 €
- ***Pension Felsenkeller,*** Herzog-Georg-Str. 43, Tel. 72990; zentral gelegen, ÜF im DZ ohne/mit Du/WC ab 11/16 €
- ***Reiterhof,*** Barchfelder Str. 45, Tel. 72083, Fax 32860; ÜF im EZ/DZ 32/24,50 €

Gaststätten

- ***Schloss Altenstein,*** am Eingang zum Schlosspark, Tel. 72120; mit Biergarten und Caféterrasse, rustikale Ausstattung; Thüringer Spezialitäten; geöffnet tägl. 11-17 Uhr, Di. Ruhetag
- ***Waldgaststätte Hubertushof,*** Am Haderkopf 1, Tel. 72965; Essen vom heißen Stein, Forellen; geöffnet Mo.-Fr. 12-22, Sa., So. 10-22 Uhr; Mi. geschl.
- ***Zum guten Tropfen,*** Herzog-Georg-Str. 42, Tel. 72257, Mo. geschl.
- ***Erlebnisrestaurant Aquarius, Café Bistretto Elisabeth*** und ***Wein- und Bierbar Maximilian*** im Hotel Herzog Georg (s.o.) – alle modern mit eher nüchterner Atmosphäre

Aktivitäten

- ***Reiten, Kutschfahrten:*** *Reiterhof,* Barchfelder Str. 45, Tel. 72083
- ***Wandern:*** *Naturlehrpfad Rund um Bad Liebenstein* (ca. 15 km, Markierung „L“ bzw. Symbol „Turmfalke“) mit 21 Stationen; außerdem gibt die Stadtverwaltung zwei sehr informative Loseblattsammlungen über Spaziergänge und Wandermöglichkeiten heraus.

Umgebung

Schweina

Etwa 2 km nördlich von Bad Liebenstein, am Ortsrand von Schweina, liegt das im englischen Renaissancestil errichtete ***Schloss Altenstein,*** die ehemalige Sommerresidenz der Meininger Herzöge mit einem schönen Landschaftspark (Führungen 1½ Std., 2 €; Info: Tel. 036961/33401.

Beim Bau einer Straße dorthin wurde 1799 die ***Altensteiner Höhle*** (geöffnet Fr.-Mi. 10-17 Uhr, Okt.-Apr. 10-16 Uhr, Do. Ruhetag) entdeckt, in der Sie Ihr Kurkonzert unterirdisch erleben können. Seit 1979 werden im „Dom" der Höhle sonntags Höhlenkonzerte angeboten. Das Programm erfährt man bei der unten genannten Adresse. Denken Sie jedoch daran, sich für diesen ungewöhnlichen Konzertbesuch zweckentsprechend zu kleiden – die Temperatur in der Höhle liegt das ganze Jahr unter 10°C!

- Information: Altensteiner Höhle, Postfach 3, 36448 Schweina, Tel. 036961/71216

Ebenfalls in Schweina ist im Kindergarten eine ***Fröbel-Gedenkstätte*** untergebracht. Der Pädagoge *Friedrich Fröbel,* dessen Lebensspuren man auch in Rudolstadt und Oberweißbach begegnet,

Altensteiner Höhle

Schon lange ging die ***Sage vom Hohlen Stein,*** der in seinem Inneren von einer ungeheuren und unergründlichen Wassermasse gefüllt sei. Und wer sein Ohr an eine der vielen Felsöffnungen hielt, der vernahm alsbald das dumpfe Rollen und Brausen des unterirdischen Wassers. Einst, so hieß es, wird der Hohle Stein nebst allen Felsen ringsumher mit Donnergetöse zusammenbrechen und in dem unterirdischen See versinken. Dann werden dessen trübe Wasser sich brausend über das Umland ergießen und es in einen großen See verwandeln.

Kein Wunder, dass die Dorfbewohner das Schlimmste befürchteten, als der Hohle Stein sich ***1799 tatsächlich mit Donnergetöse öffnete.*** Aber keine trüben Fluten ergossen sich über den Ort, und so konnte *Johannes Walsch* über die „Entdeckung der großen Höhle" berichten:

„Unstreitig war die Entdeckung der großen Höhle unter dem Hohlen Stein im Junius dieses Jahres das Merkwürdigste für diese Gegend. Die beiden Bergleute Valtin Göckin und Johannes Schulz sprengten Felsen zur Anlage der Chaussee, und es zeigte sich am Ende des 'Hohlen Steins' eine Öffnung 1/2 Schuh breit und 5 Schuh lang, aus welcher Wetter oder Luft gingen. (...) Unten zeigte sich wieder eine Öffnung von der Größe eines kleinen Kellers, in welche man den 16jährigen Bergburschen Christof Florst hinunterschob. (...) Die in der Höhle gefundenen Knochen sollen nach der seltsamen Hypothese des Professors Blumenbach Reste des Höhlenbären, einer ausgegangenen Tiergattung, sein."

Die Höhle entstand durch Auslösung bereits vorhandener Klüfte und Hohlräume im Riffgestein. Die Riffe hatten sich vor etwa 240 Millionen Jahren entlang der Uferlinie des Zechsteinmeeres gebildet.

Bereits 1802 wurde die Höhle im Zusammenhang mit der Entwicklung des Modebades von Bad Liebenstein ausgebaut und für lIluminationen, Konzerte, Theateraufführungen und Feste der Meininger Herzöge genutzt. Auch heute hat man in der Altensteiner Höhle wieder die Möglichkeit des ***unterirdischen Musikgenusses*** – mit sicherlich ungewöhnlicher Akustik.

Im begehbaren Teil der Höhle kommt man zunächst in die ***Bärenhalle,*** in der die Knochen der Höhlenbären gefunden worden sind. „Diese Thiere müßten so groß gewesen seyn als ein Auerochs", konstatierte *Professor Blumenbach* nach den Funden. Dahinter folgt zunächst der ***Musikplatz*** und dann der ***Dom.*** Der Besucherweg endet an einem ***natürlichen See*** von 250 m Länge, hinter dem sich die Höhle noch weiter fortsetzt. Selbst in den letzten Jahren sind von Höhlenforschern noch neue Gänge und Hallen entdeckt worden.

hat hier 1849 das erste deutsche Seminar für Kindergärtnerinnen eingerichtet. Sein Grab befindet sich auf dem Bergfriedhof von Schweina.

Trusetal – Thüringens Niagarafälle

Vorwahl:	036840 (vielen alten Rufnummern wurde eine 8 vorangestellt)
PLZ:	98596
Einwohner:	4500
Höhe:	ca. 350-700 m
Stadtteile:	Herges, Trusen, Elmenthal, Laudenbach, Wahles

Der Erholungsort Trusetal liegt, umgeben von schönen Buchen- und Nadelwäldern, am Südwesthang des Thüringer Waldes im ***Tal der Truse*** (von „Drusanda", germ. „dru" = eilen, also schnell fließender Bach).

Trusetal ist eine sehr ***junge Gemeinde*** – sie ist am 1. Juli 1950 entstanden aus dem Zusammenschluss von fünf vorher unabhängigen Dörfern, die seit dem 12. Jh. entlang der alten Straßenverbindung aus dem Werratal über den Thüringer Wald entstanden sind. Für alle hat der ab dem 14. Jh. aufblühende ***Eisenerz-Bergbau*** eine wichtige Rolle gespielt, der erst im 19. Jh. durch die ***Fluss- und Schwerspatgewinnung*** abgelöst wurde. In den Ortsteilen Herges und Trusen sind einige schöne Fachwerkhäuser im fränkischen Stil erhalten.

Sehenswertes

Trusetaler Wasserfall

Hauptanziehungspunkt des kleinen Ortes ist der 58 m hohe wildromantische Trusetaler Wasserfall. Um ***dorthin zu gelangen,*** fährt man von der Ortsmitte in Richtung Brotterode das Trusetal aufwärts, bis man am Ortsende links den Wasserfall erblickt. Einen neu angelegten, großen Parkplatz findet man ein kurzes Stück weiter auf der linken Seite. An der Porphyrschlucht vorbei gelangt man zum Wasserfall, neben dem eine steile Treppe an den Felsen hinaufführt; Eintritt 1 €.

Falls Sie allerdings in der ***kalten Jahreszeit*** unterwegs sein sollten, kann es Ihnen passieren, dass Sie den Wasserfall vergebens suchen, bis Sie merken, dass Sie direkt daneben stehen, ohne auch nur einen Tropfen fallen zu sehen. Des Rätsels Lösung: Wegen möglicher Eisschäden ist der Wasserfall im Winter abgestellt!

Denn der Trusetaler Wasserfall ist kein Naturschauspiel, sondern wurde ***von Menschenhand geschaffen.*** Der Trusetaler Berginspektor *Danz*

und der Brotteroder Arzt *Dr. Fuchs* hatten in einer Publikation bereits 1848 auf das „gesundheitsfördernde günstige Klima der Region in Wirkung auf den fremdlichen Verkehr“ hingewiesen. Um diesen „fremdlichen Verkehr“ anzukurbeln, ließ Baurat *Specht* 1865 einen Kunstgraben ausheben, um den Thüringer Niagarafall zu schaffen. Unterhalb von Brotterode wurde das Wasser der Truse an einer Stauanlage abgezweigt und durch den von Porphyrgängen durchzogenen Granit bis zu der Stelle geleitet, an der es jetzt über die Felsen herunterstürzt – falls der Wasserfall „eingeschaltet“ ist. Vom Parkplatz beim Wasserfall kann man einen Spaziergang durch die nahegelegene ***Porphyrschlucht*** unternehmen.

Besucherbergwerk Hühn

Am Ortsrand von Trusetal in Richtung Seligenthal/Schmalkalden findet man das Besucherbergwerk Hühn (geöffnet Ostern-Okt. tägl. 10-16 Uhr; Führungen stündlich; Eintritt 4/2 €). Vermummt in gelbe Schutzmäntel und Grubenhelme kann man in das Gewirr der Gänge hinuntersteigen. Neben ***technischen Geräten*** und Gleisen sind die Kristalle von Schwer- und Flussspat zu sehen, die hier noch bis 1990 abgebaut wurden. Auf den letzten 100 m fährt man mit dem ***„Huhn-InterCity“***. Und wer will, kann sich sogar gegen eine kleine Gebühr vor dem Bergwerk im ***Goldwaschen*** üben – mit Goldpfanne und unter fachkundiger Anleitung. Früher wurde hier tatsächlich Gold gefunden – heute ist es nur „Übungs-Gold“. Eine ***Schauwerkstatt*** bietet Gelegenheit, sein Souvenir selbst herzustellen.

Der Trusetaler Wasserfall

Zwergenpark

Wer etwas dafür übrig hat oder mit Kindern unterwegs ist, kann auch den 1996 eröffneten Zwergenpark besuchen. Auf der 5000 m² großen Gartenfläche sind ca. 1500 ***Gartenzwerge*** aller Art zu sehen, und mit dem Zwergen-Express gelangt man in einem kleinen Tunnel zu den unterirdischen Exemplaren dieser Spezies. Kletterfelsen und „Zwergenaufstand" bieten Spaß für die Kinder.

Praktische Reisetipps

Info

- ***Tourist-Info Trusetal,*** Liebensteiner Straße 4 (am Busbahnhof), 98596 Trusetal, Tel. 036840/81578, Fax 8248

Pensionen

- ***Pension Talblick,*** OT Elmenthal, Bergweg 6, Tel. 81684, Fax 81195; Waldrandlage; ÜF 15,30-25,50 €

Aktivitäten

- ***Wandern:*** Geologischer Lehrpfad und 100 km markierte Wege rings um den Ort
- ***Wintersport:*** 16 km Loipen, 34 km Skiwanderwege, Schlepplift im OT Laudenbach am Judenkopf (712 m üNN), Skifasching, Snow-Tubing und Ski-Jöring (Trendsportarten aus USA und Skandinavien)

Umgebung

Ruine Wallenburg

Die Ruine Wallenburg befindet sich auf dem 514 m hohen ***Hainberg*** östlich des Ortes (von der Straße nach Seligenthal führt links weg ein Fußpfad über einen Kilometer zu der Ruine hinauf). Die 1249 erstmals genannte ***romanische Burg,*** in der 1516 *Götz von Berlichingen* geweilt haben soll, ist im Bauernkrieg und im Dreißigjährigen Krieg zerstört worden. Im 16. Jh. wurde sie als ***Steinbruch*** ausgeplündert, um das Schloss Wilhelmsburg in Schmalkalden zu bauen. Der Bergfried, Wallgräben und Reste der Umfassungsmauer und des Brunnens sind noch erhalten. Vom Turm (Mo. und Di. geschlossen) hat man einen weiten Ausblick über das Werratal und bis zu den Hügelketten der Thüringer Rhön.

Schmalkalden – Kleinod des Fachwerkbaus

Vorwahl:	03683
PLZ:	98574
Einwohner:	18.500
Höhe:	ca. 300 m
Stadtteile:	Weidebrunn, Asbach, Näherstille, Möckers, Volkers, Grumbach, Mittelstille, Mittelschmalkalden, Breitenbach, Reichenbach, Aue, Haindorf

Schmalkalden liegt am Südwesthang des Thüringer Waldes, ca. 9 km vom Rennsteig entfernt. Der ***alte Stadtkern,*** dessen Bausubstanz überwiegend aus der Zeit des 16. bis 18. Jh. stammt und noch von den Resten der einstigen Befestigung eingeschlossen wird, gehört mit seiner Vielfalt historischer Bauwerke zu den bedeutendsten Architektur-Ensembles in Thüringen.

Blick über das Fachwerk-Ensemble „Insel" zum Schloss Wilhelmsburg

Geschichte

Schon in ältester Zeit zog sich eine ***wichtige Handelsstraße*** das Schmalkade-Tal aufwärts über den Thüringer Wald, und so entstanden hier die ***ältesten Siedlungen*** im Thüringer Wald. Bereits 874 wurde der Ort erstmals als *Villa Smalacalta* erwähnt. Er befand sich unmittelbar an der nördlichen Grenze des fränkischen Gebietes zum thüringischen Westergau, eine Grenze, die sich heute noch im Dialekt abzeichnet.

Ab 1360 war die ***Stadt im Doppelbesitz*** der Henneberger Grafen und der Hessen, was z.B. während der Reformation zu einigen Konflikten führte, und ab 1583 dann in hessischem Alleinbesitz. Schon früh war Schmalkalden ein ***Zentrum der Reformation.*** Im Bauernkrieg schloss sich die Bürgerschaft 1525 zunächst den Bauern an und öffnete ihnen die Tore der Stadt, doch wenig später stellte sich der Stadtrat wieder gegen die Bauern und ließ vier Aufständische hinrichten. Zur gleichen Zeit ließ jedoch der hessische Mitregent und Luther-Anhänger, Landgraf Philipp, an der Stadtkirche einen evangelischen Prediger einsetzen, während der hennebergische Graf an der katholischen Lehre festhielt.

Bekannt wurde der Name der Stadt durch den ***Schmalkaldischen Bund,*** der hier 1530 zwischen dem hessischen Landgrafen *Philipp dem Großmütigen*, dem sächsischen Kurfürsten *Johann dem Beständigen* und anderen protestantischen Ständen als Schutzbund zur Verteidigung des evangelischen Glaubens und gegen *Kaiser Karl V.* abgeschlossen wurde. Im Schmalkaldischen Krieg 1546/47 unterlag der Bund. *Johann Friedrich* geriet in Gefangenschaft und *Landgraf Philipp* ergab sich.

Bereits ab der Mitte des 14. Jh. wurde die ***Eisenverarbeitung*** zum wichtigsten Wirtschaftszweig der Stadt, und schon 1397 wurden Schmalkalder Eisenwaren auf der Frankfurter Messe verkauft. Auch heute noch ist die Eisen- und Stahlverarbeitung, vertreten durch den Werkzeug- und Maschinenbau sowie eine Fachhochschule, prägend für das Wirtschaftsleben der Stadt.

Sehenswertes

Lassen Sie sich einen Spaziergang durch die herrliche ***mittelalterliche Altstadt*** mit ihren gepflegten Fachwerkbauten nicht entgehen. Den Rundgang kann man am ***Altmarkt*** beginnen. Über diesem sympathischen und meist belebten Platz erhebt sich die 1437-1509 erbaute ***Stadtkirche St. Georg***

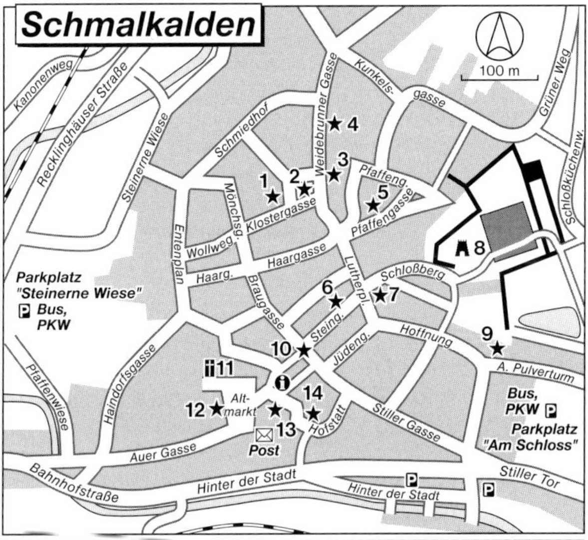

★ 1	Hessenhof	★ 10	Salzbrücke
★ 2	Neumarkt	11	Stadtkirche St. Georg
★ 3	Liebaugsches Haus	★ 12	Rathaus
★ 4	Große Kemenate	★ 13	Kunsthaus am Markt
★ 5	Heiliggrabesbehausung	★ 14	Todenwarthsche Kemenate
★ 6	Rosenapotheke		
★ 7	Lutherhaus		
8	Schloss Wilhelmsburg	i	Schmalkalden-Information
★ 9	Pulverturm	P	Parkplatz

(Kirchhof 3, Tel. 402471), die zu den schönsten spätgotischen Hallenkirchen Thüringens gerechnet wird. Der untere Teil des Südturms stammt noch aus romanischer Zeit. Auffällig ist der Dachreiter auf dem Chordach mit der Stadtuhr von 1467. Die Türmerwohnung kann nach Anmeldung besichtigt werden.

An der Westseite des Marktes steht das älteste der ihn umgebenden Gebäude, das ***Rathaus,*** in dem schon 1419 der Stadtrat erstmals zusammentrat. Der ganz aus Sandstein errichtete gotische Bau hat auffällige Staffelgiebel und gehört zu den sogenannten „Steinernen Kemenaten", denen wir in der Stadt noch mehrfach begegnen werden.

Der Stadtkirche St. Georg schräg gegenüber erhebt sich die ***Todenwarthsche Kemenate,*** auch Merkelsches Haus genannt, die Anfang des 16.Jh erbaut wurde. Ihr gegenüber auf der anderen Seite der Straße blickt man auf die ***Tourist-Information.***

Steingasse

Die Mohrengasse führt uns über die ***Salzbrücke,*** an der ebenfalls einige schöne Fachwerkhäuser stehen, in die Steingasse, die ihren Namen der Tatsache verdankt, dass sie die erste gepflasterte Straße der Stadt war. Hier fällt die ***Rosenapotheke*** aus dem 15. Jh. mit ihren steilen Treppengiebeln auf. 1540 diente sie *Philipp Melanchthon* als Quartier. Bevor sie 1664 Apotheke wurde, war sie Sitz der reitenden Post.

Lutherplatz

Die Steingasse mündet auf den Lutherplatz, den ehemaligen Töpfenmarkt, der von den für Schmalkalden typischen Fachwerkbauten umgeben ist. An der Ecke zum Schlossberg steht das um 1520 errichtete ***Lutherhaus,*** in dem der Reformator während der bedeutendsten Tagung des Schmalkaldischen Bundes 1537 gewohnt hat. Das Hinterhaus stammt aus der Zeit Anfang des 15. Jh. und ist eines der ältesten Fachwerkhäuser Thüringens.

Schloss

Zwischen dem Lutherhaus und dem Gasthaus Hessischer Hof führt der enge Schlossberg hinauf zum ***Schloss Wilhelmsburg.*** Vom Exerzierplatz vor dem Schloss genießt man einen herrlichen Blick über die Dächer der Altstadt. Die Vierflügelanlage ist auf den Fundamenten der älteren Burg Walltaff 1585-90 unter *Wilhelm IV. von Hessen* als Nebenresidenz erbaut worden und zählt zu den bedeutendsten Baudenkmälern der deutschen Spätrenaissance. Viele der prachtvollen Schlossräume und -säle zeigen originale Wandmalereien

und Stuckaturen. In der drei Stockwerke umfassenden ***Schlosskirche*** befindet sich die älteste noch spielbare Holzorgel Deutschlands aus dem 16. Jh. Im Sommer finden hier regelmäßig Orgelkonzerte statt.

Das im Schloss untergebrachte ***Museum*** (geöffnet Di.-So. 9-17 Uhr, Nov.-Jan. 10-16 Uhr; Tel. 403186, Führungen nach Vereinbarung, Dauer ca. 90 Min., Eintritt 3,50 €) zeigt unter dem Titel „Aufbruch in die neue Zeit" eine interessante Ausstellung über das 15./16. Jh. und den Übergang vom Mittelalter in die Neuzeit, der durch Begriffe wie Renaissance, Humanismus und Reformation geprägt ist. Die kleine Stadt hat in dieser Epoche eine prägende Rolle gespielt durch den Schmalkaldischen Bund und *Luthers* Schmalkaldische Artikel (1537), die 1580 als Bekenntnisschrift der evangelischen Kirche anerkannt wurden.

Die Salzbrücke

Das Rathaus von 1904

Verlässt man den Schlosshof durch das östliche Tor, so gelangt man in die ***Zwingeranlage*** mit dem Kristallturm, dem Gefängnisturm, dem alten Backhaus und dem Brauhaus. Gegenüber, an der Südseite, führt eine Treppe an der ehemaligen Wasserkunst vorbei bis hinab zum Schlossteich.

Neumarkt

Nun empfiehlt es sich, den Schlossberg wieder hinunter zu gehen, so wie man gekommen ist, am Lutherplatz nach rechts in die Weidebrunner Gasse einzubiegen und zum Neumarkt zu gehen. Dort erhebt sich auf einem massiven Erdgeschoss der Fachwerkbau des ***Hessenhofes,*** der bereits 1203 als landgräfliche Vogtei errichtet und Mitte des 16. Jh. umgebaut wurde. In der Trinkstube im Keller befinden sich Wandmalereien, die Szenen aus der damals populären Iweinsage von *Hartmann von der Aue* darstellen. Die Szenenfolge soll dazu gedient haben, den zum größten Teil leseunkundigen Angehörigen des Landgrafenhofes die Sage bildhaft vor Augen zu führen. Diese Secco-Malerei entstand um 1235 und ist damit das zweitälteste Zeugnis profaner Wandmalerei im deutschsprachigen Raum. Leider ist aus denkmalpflegerischen Gründen eine Besichtigung nicht möglich (eine originalgetreue 1:1-Kopie ist im Schloss zu sehen). Hier im Hessenhof soll sich übrigens auch der Thüringer Landgraf *Ludwig IV*, von seiner Gemahlin, der späteren Heiligen *Elisabeth,* verabschiedet haben, ehe er zu seinem Kreuzzug aufbrach, von dem er nicht zurückkehrte.

Weidebrunner Gasse

Im weiteren Verlauf der Weidebrunner Gasse folgen eine Reihe baugeschichtlich wertvoller Häuser, unter denen das ***Liebaugsche Haus*** besonders zu nennen ist. Dieses Bürgerhaus eines reichen Händlers aus dem 16. Jh. ist äußerlich eines der am ursprünglichsten erhaltenen Fachwerkhäuser der Art, wie sie für Schmalkalden charakteristisch waren. Im Innenhof findet man eine liebevoll restaurierte fränkische Laube.

Einige Schritte weiter folgt das stattlichste Bürgerhaus, die ***Große Kemenate*** mit Treppengiebeln, die um 1400 entstanden ist und später umgebaut wurde. Nahe diesem dominierenden Bau finden wir das ***Weidebrunner Tor*** und die Reste der doppelten ***Stadtmauer*** mit einem Stück des Wehrgangs.

Pfaffenviertel

Geht man von der Großen Kemenate in einem Bogen zunächst in Richtung Schloss und dann wieder in Gegenrichtung durch die Pfaffengasse (das ehemalige „Pfaffenviertel"), so kommt man an der ***Heiliggrabesbehausung*** vorbei, einem hohen Kemenatenbau mit Stufengiebel, der wie die Große Kemenate im 13. Jh. errichtet wurde. Dieses malerische Bauwerk hat einen romantischen Wohnturm aus dem 16. Jh. Der Keller und Teile des Erdgeschosses sind romanisch, die Obergeschosse stammen aus dem 15. Jh. und das Henneberger Wappen von 1515.

Durch die Haargasse und die Braugasse gelangt man zurück zum Altmarkt oder durch die Hoffnung und am alten ***Pulverturm*** vorbei wieder zum Parkplatz „Am Schloss".

Tipp: Ein schön gestaltetes Faltblatt, das diese und weitere Gebäude beschreibt und einen Stadtplan enthält, erhält man in der Tourist-Information.

Praktische Reisetipps

Info

- ***Tourist-Information,*** Mohrengasse 1a, 98574 Schmalkalden, Tel. 403182, Fax 604014, www.schmalkalden.de; Mo.-Fr. 9-18, Sa./So. 10-15 Uhr; Nov.-März Mo.-Fr. 9-17 und Sa. 10-13 Uhr

Hotels, weitere Unterkünfte

- ***Waldhotel Ehrental,*** Tel. 6890, Fax 689199; ÜF im EZ/DZ 48/35 €
- ***Hotel Jägerklause,*** Pfaffenbach 45, Tel. 600143, Fax 604513; ruhige Lage am Waldrand, 15 Min. vom Zentrum; ÜF im EZ/DZ 44/35 €
- ***Teichhotel,*** Teichstr. 21, Tel./Fax 402661; zentrale, ruhige Lage, ÜF im EZ/DZ42/35 €

Eingang des Schlosses

Die Heiliggrabesbehausung

• ***Stadthotel Patrizier,*** Weidebrunner Gasse 9, Tel. 604514, Fax 604518; herrlicher alter Fachwerkbau im historischen Stadtkern mit ausgezeichnetem Restaurant; ÜF im EZ/DZ ab 41/36 €

Weitere Zimmer in Hotels, Pensionen und bei Privat vermittelt die Tourist-Information (s.o.)

Wohnmobile

• ***Wohnmobilstellplatz:*** am Hotel Henneberger Haus in der Notstraße (Info-Tel. 03683/403182) und Parkplatz am Schwimmbad.

Camping

• ***Campingplatz Nüßles,*** 98597 Heßles, Tel. 403956; ca. 10 km entfernt, in einem stillen Seitental ohne Durchgangsverkehr; zunächst in Richtung Niederschmalkalden auf die B19, dort nach rechts und in Fambach wieder rechts das Fambachtal aufwärts

Gaststätten

• ***Ratskeller,*** Altmarkt 2, Tel. 402742; niveauvolles Restaurant im historischen Rathaus am Marktplatz mit Caféterrasse; geöffnet tägl. 11-24 Uhr

• ***Teichhotel,*** Teichstr. 21, Tel. 402661; gutbürgerliche Küche, umfangreiche Speisekarte, geöffnet ab 11 Uhr

- ***Hessischer Hof,*** Lutherplatz 6, Tel. 403902; historischer Fachwerkbau am Weg zum Schloss, Thüringer Küche, im Winter Mo. Ruhetag
- ***Wirtshaus im Ehrental,*** Im Ehrental, Tel. 600175; historisches Wirtshaus mitten im Wald, Ortsausgang Richtung Bad Liebenstein, mit Sommergarten und Spielplatz; Di. Ruhetag, im Winter Di. und Mo. Ruhetag
- ***Back und Snack Caféstube,*** Auf der Salzbrücke, Tel. 405349
- ***Café Liebaug,*** Weidenbrunner Gasse, Tel. 600194
- ***Stadtcafé,*** Steingasse, Tel. 607411

Aktivitäten

- ***Schwimmen:*** Schwimmbad Suhler Straße
- ***Wandern:*** Eine farbige Wanderkarte mit guten Beschreibungen von 20 markierten Routen und Informationen über Natursehenswürdigkeiten bekommt man in der Tourist-Info. Eine Besonderheit ist der 17 km lange *Martin-Luther-Weg* nach Tambach-Dietharz (Markierung L), zu dem es ein eigenes Faltblatt gibt; aber auch das Wildgehege im Ehrental lohnt einen Besuch.
- ***Radwandern:*** Ganz neu ist der Mommelstein-Radwanderweg auf der ehemaligen Bahntrasse Schmalkalden-Brotterode (23 km) mit Verbindung zu den Fernwanderwegen „Rennsteig" und „Werratal".
- ***Stadtführungen:*** April bis Okt. Mo., Mi. und Sa. 11 Uhr ab Tourist-Information; Gruppen nach Anmeldung

Feste

- ***Museumsnacht*** Schloss Wilhelmsburg (Juni)
- ***Internationale Konzertreihe mit der Renaissance-Orgel*** (Juni-Sept.)
- ***Hüttenfest*** am Technischen Denkmal (Juni)
- ***Breitenbacher Backhausfest*** (Juni)
- ***Grubenfest*** am Besuchergwerk Finstertal (Juli)
- ***Historisches Stadtfest*** „Hirschessen" (August)
- ***Historischer Herrscheklasmarkt*** (Dez.)
- ***Turmblasen,*** Stadtkirche St. Georg (Mai-Okt. am 1. und 3. Samstag im Monat um 11 Uhr)

Umgebung

Weidebrunn

Weidebrunn ist ein Ortsteil nördlich des Zentrums an der Straße Richtung Gotha. Die dortige ***Neue Hütte (Happelshütte)*** ist ein sehenswertes technisches Denkmal. Sie wurde 1836 als eine der modernsten Hochofenanlagen ihrer Zeit in Betrieb genommen und hat bis 1924 gearbeitet. Heute ist der klassizistische Fachwerkbau die letzte erhaltene Hüttenanlage, in der mit Holzkohle Erz geschmolzen wurde, und Beweis dafür, dass auch Industriebauten nicht hässlich sein müssen.

Seit dem Abschluss der Rekonstruktionsarbeiten ist die Neue Hütte als ***Technisches Museum*** für Besucher zugänglich und zeigt u.a. eine umfangreiche Sammlung zur Entwicklung der heimischen Kleineisenproduktion vom 14. Jh. bis zur Gegenwart, die anschaulich den Werdegang vom rohen Eisenstück bis zum fertigen Endprodukt und die damaligen Werkzeuge darstellt (Tel. 403018; geöffnet April-Okt. Mi.-So. 10-17 Uhr; Eintritt 2 € Führungen können für Gruppen ab 6 Personen bei Anmeldung arrangiert werden (Dauer ca. 40 Min.). Man erfährt dabei einiges über die Technologie der Eisenverhüttung, so zum Beispiel, dass für die Gewinnung einer Tonne Roheisen ebensoviel Holzkohle verheizt werden musste. Neben dem großen Hochofen von 1835 ist ein freistehender kleinerer Hochofen von 1870 zu sehen. Weitere Ausstellungen: funktionstüchtige Holzbohrer-Schmiede und Nagelschmiede mit Vorführungen. Nähere Informationen: Neue Hütte, 98574 Schmalkalden-Weidenbrunn, Tel. 403018.

Asbach Verlässt man die Stadt in Richtung Suhl und biegt am Ortsende links nach Asbach ab, so findet man fast am Ortsende linker Hand das ***Besucherbergwerk Finstertal*** (Tel. 488037; geöffnet April-Okt. Mi.-So. 10-17 Uhr; Führungen zur vollen Stunde und auf Anmeldung, Dauer 40 Minuten, auch für Rollstuhlfahrer), aus dem die „Neue Hütte" mit Erz versorgt wurde. Zu besichtigen sind: 350 m erschlossenes Grubengelände, Gezähekammer, geologische Aufbrüche und Originalgeleucht der Bergleute sowie bunt fluoreszierende Mineralien.

Tipp: Wer sich für Technikgeschichte und die Eisengewinnung und -verarbeitung interessiert, dem bietet Schmalkalden die einzigartige Gelegenheit, den vollständigen Ablauf von der Gewinnung des Erzes, über die Verhüttung und Verarbeitung bis zum fertigen Endprodukt an zwei nur wenige Kilometer auseinander gelegenen Orten zu verfolgen, indem er zunächst das Besucherbergwerk Finstertal und dann das Technische Museum Neue Hütte besucht (ach zu Fuß auf dem Museums-Rundwanderweg möglich).

Weiterfahrt

Von Schmalkalden kann man weiter ***ins Werratal*** fahren und seine Reise dort fortsetzen. Da unsere Route jedoch der Südwestflanke des Thüringer Waldes folgen soll, führt sie zunachst nordwärts nach Floh-Seligenthal und dann nach Südosten über Steinbach-Hallenberg (s. Kapitel Kammregion – Von Eisenach bis Oberhof) nach Zella-Mehlis und Suhl.

Südwestseite

Der Hochofen von 1835

Floh-Seligenthal

Vorwahl:	03683
PLZ:	98593
Einwohner:	5500
Höhe:	350-830 m
Ortsteile:	Schnellbach, Floh, Seligenthal, Hohleborn, Struth-Helmershof

Die erst 1994/96 aus den genannten Ortsteilen entstandene Gemeinde liegt in einer ***reizvollen Wald- und Wiesenlandschaft*** am Südwesthang des Thüringer Waldes, ca. 6 km vom Rennsteig entfernt. Zahlreiche markierte Wanderwege führen zu schönen Aussichtspunkten, zum malerischen ***Bergsee Ebertswiese*** und zum ***Spitterfall.***

Praktische Reisetipps

Info

- ***Touristinformation,*** 98593 Floh-Seligenthal, Bahnhofstr. 4, Tel 03683/408848, Fax 408850; geöffnet Mo.+Fr. 9-12, Di. 9-12 und 13-16.30, Mi. 13-16.30, Do. 9-12 und 13-17.30 Uhr; Internet: www.floh-seligenthal.de

Hotels

- ***Hotel-Gasthof Thüringer Hof***,*** Struth-Helmershof, Kronsteinstr. 3, Tel.7919-0, Fax -99; hübscher Fachwerkbau mit komfortabler Ausstattung, ÜF ab 33 €
- ***Hotel Zum Rennsteig,*** Struth-Helmershof, Tel. 783124; Ortsrand am Schwimmbad, ÜF ab 33 €
- ***Berghotel Ebertswiese,*** Ebertswiese (6 km von Floh), Tel. 606451; ÜF ab 21 €

Camping/ Wohnmobile

- ***Bergseebaude am Rennsteig,*** An der Ebertswiese, Tel. 65480
- ***Wohnmobil-Stellplatz:*** an der Bergseebaude

Besichtigen

- ***Heimatmuseum Schnellbach,*** Trachtenstube

Aktivitäten

- ***Schwimmen:*** Freibad Struth-Helmershof, Tel. 781102
- ***Ski- und Fahrradverleih:*** Freizeitshop, Schulstr. 27, Tel. 605179
- ***Wandern:*** von der Touristinformation erhält man ein Blatt mit Kurzbeschreibungen von 14 markierten Wanderwegen

- ***Radwandern***: Mommelstein-Radwanderweg auf der ehemaligen Bahntrasse Schmalkalden-Brotterode (23 km) mit Verbindung zu den Fernwanderwegen „Rennsteig" und „Werratal".

Zella-Mehlis

Vorwahl:	03682
PLZ:	98544
Einwohner:	ca. 12.800
Höhe:	450-700 m
Stadtteile:	Zella, Mehlis

Der staatlich anerkannte Erholungsort liegt in einem Talkessel am Südhang des Thüringer Waldes. Dank ihrer Lage in einem weiten Talkessel zwischen Wiesen und Bächen, von herrlichen Waldbergen und hohen Gipfeln umschlossen, ist die Stadt ***eine der malerischsten Städte im Thüringer Wald***. Zudem besitzt sie eine Vielfalt an Freizeitangeboten sowie einige Museen, Kirchen und schöne Fachwerkhäuser.

Geschichte

Zella wurde 1111/12 als Mönchszelle des Klosters Reinhardtsbrunn gegründet; ab dem 16. Jh. entwickelten sich Gewerbe und Industrie. Daneben entstand die ***Wald- und Bergbausiedlung*** Mehlis (später Eisenhammer). Um beide Orte gab es viele Köhler, die die Erzhütten und Waffenschmiede mit Holzkohle belieferten. Wie im benachbarten Suhl ging auch hier aus der Eisenverarbeitung eine beachtliche ***Schusswaffenproduktion*** hervor. Nach Zwistigkeiten mit der Suhler Konkurrenz gründeten die Zellaer und Mehliser Anfang des 17. Jh. eine eigene Innung. Die Orte Zella und Mehlis wurden 1919 vereinigt.

Sehenswertes

Bauwerke

Sehenswert sind die ***Kirche Zella St. Blasii,*** eine barocke Saalkirche im Regentschaftsstil, die aus

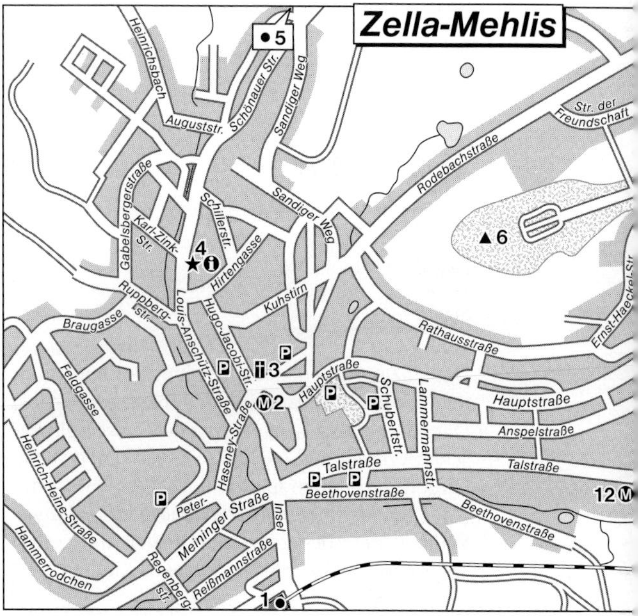

•	1	Westbahnhof	★	8	Gesenkschmiede Lubenbach
Ⓜ	2	Heimatmuseum	✉	9	Postamt
✝	3	Magdalenenkirche	✝	10	Kirche Zella St. Blasii
★i	4	Bürgerhaus	•	11	Ganzjähriger Weihnachtsmarkt
•	5	Freibad, Sprungschanze und Rodelwiese	Ⓜ	12	Thüringer Meeresaquarium
▲	6	Lerchenberg			
J	7	Jugendherberge			

den Resten der mittelalterlichen Kirche Zella entstanden ist, und die ***Magdalenenkirche*** in Mehlis von 1734, die wie die Blasiikirche Reste des spätmittelalterlichen Turms ihres Vorgängerbaus beibehalten hat. Ein wahres Kleinod der hennebergisch-fränkischen Fachwerkkunst ist das prachtvolle ***Bürgerhaus*** an der Louis-Anschütz-Str. 28, in dem die Tourist-Information und die städtische Galerie untergebracht sind.

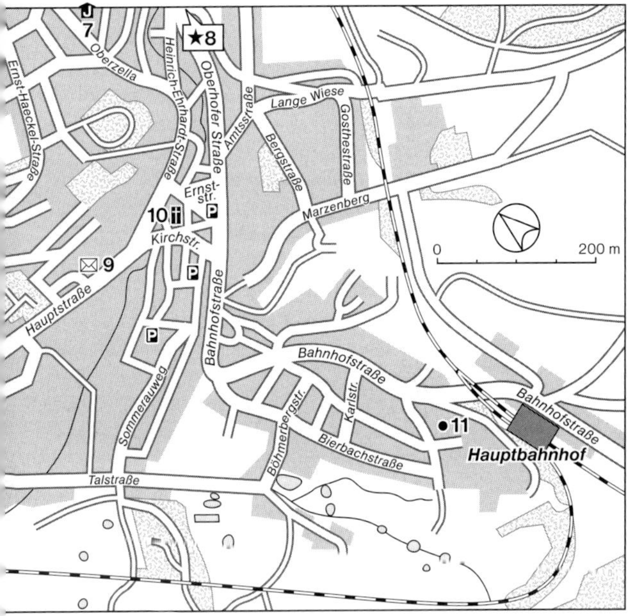

Heimat-museum Im technikorientierten Stadtmuseum, das seit September 2002 im historischen Gebäude der Thüringischen Beschussanstalt an der Hauptstraße ansässig ist (Di.-Fr. 10-17 Uhr) sind ***Ausstellungen*** zur Stadtgeschichte, Sportgeschichte, Geschichte der Waffen- und Kleineisenfertigung, des Büromaschinen- und Fahrzeugbaus und der Stadt zu sehen.

Thüringer Erlebnis-park Meeres-aquarium Eine besondere Attraktion der Stadt ist der Erlebnispark Meeresaquarium mit der ***Zauberwelt der subtropischen Meere*** in der Beethovenstr. 16; ganze Anlage behindertengerecht; geöffnet tägl. 10-18 Uhr, Tel. 41078. Dort können Sie für einige Stunden abtauchen und eine farbige Vielfalt von Korallen, Seeanemonen, Haien, Muränen, Riesenseespinnen, Piranhas und Kaimanen bewundern. Haifischfütterung ist sonntags um 15 Uhr!

Gesenk-schmiede Lubenbach

Das ***Technische Denkmal Gesenkschmiede Lubenbach*** (Lubenbachstr. 4, Führungen und Schauschmieden nach Voranmeldung; Tel. 03682/43345) befindet sich im oberen Lubenbachtal am Ortsausgang Oberhof von Zella-Mehlis in Richtung Oberhof. Es umfasst sechs funktionstüchtig erhaltene ***Brettfallhämmer*** aus der Zeit ab 1867 (die ältesten Deutschlands), auf denen früher Rohteile für die heimische Gewehrindustrie gefertigt wurden, und eine Werkstatt für denkmalpflegerische Metallarbeiten. Auf Wunsch werden die ***Schmiedeverfahren*** vorgeführt, und wer auf seine Finger aufpassen kann, darf selbst glühenden Stahl formen. Für Interessenten werden sogar Kurzlehrgänge im Freiformschmieden angeboten. Zusätzlich lädt im Außenbereich eine Kneippanlage zum Verweilen ein.

Praktische Reisetipps

Info

- ***Tourist-Information,*** 98544 Zella-Mehlis, Louis-Anschütz-Straße 28, Tel. 03682/482840, Fax 487143, Internet: www.zella-mehlis.de (Zimmervermittlung, Stadtführungen, Eintrittskarten, Wanderungen; geöffnet Mo.-Fr. 9-12 und 13-18, Sa. 9-12 Uhr)
- ***Schneetelefon:*** 036870/53399 und 036842/26921

Hotels

- ***Hotel Waldmühle***,*** Lubenbachstr. 2, Tel. 89890, Fax 898111; ruhige Ortsrandlage am Wald; ÜF im EZ/DZ ab ab 41 €
- ***Hotel Stadt Suhl***,*** Bahnhofstr. 7, Tel. 40221, Fax 41931, zentrale Lage in Zella; ÜF im EZ/DZ ab ab 30 €

Gast-stätten

- ***Stadt Suhl,*** Bahnhofstr. 7, Tel. 40221 (geöffnet tägl. 10.30-14 und 18-24 Uhr)
- ***Toschis Station,*** Motel, An der Quelle 5, Tel. 88880 (Restaurant, Bowlingbahn)
- ***El Greco,*** Suhler Str. 2, Tel. 41003 (griechische Küche, geöffnet tägl.)
- ***Dreiherrenstein,*** Talstr. 3, Tel. 40684
- ***Café Otto,*** Oberzella 1, Tel. 482662
- ***Café Schreier,*** Hauptstr. 68, Tel. 482671
- ***Café Bergblick,*** Am Sportplatz 2, Tel. 483868

Disko

- ***Diskothek Rele,*** Tel. 42705

Aktivitäten

- ***Schwimmen:*** beheiztes Erlebnisbad „Einsiedel", Schönauer Straße, Tel. 43359
- ***Tennis:*** Beethovenstraße 16, Tel. 483456
- ***Schießen:*** *Thüringen-Schießstand,* Suhler Straße 20, Tel. 43577
- ***Fahrradverleih:*** *Rad-Schneider,* M.-Poser-Str. 20, Tel. 483453
- ***Ski- und Rodelverleih:*** *Ski-Alm,* Langwiese 12, Tel. 465656
- ***Langlauf:*** 40 km gespurte Skiwanderwege; Loipenpläne sind in der Tourist-Information erhältlich
- ***Wandern:*** Rings um den Ort gibt es 120 km Wanderwege, einen Naturlehrpfad und einen Trimm-Dich-Pfad. Eine hervorragende Broschüre mit Tourenbeschreibungen und vielen Zusatz-Informationen erhält man in der Tourist-Information
- ***Klettern:*** Heinrichsbacher Stein (Tourist-Information, Tel. 482840)
- ***Kutsch- und Schlittenfahrten:*** vermittelt die Tourist-Information
- ***Stadtführungen und geführte Wanderungen*** vermittelt die Tourist-Information

Markt

- ***Ganzjähriger Thüringer Weihnachtsmarkt,*** Bahnhofstr. 54, Tel. 46110, Mo.-Sa. 10-17 Uhr, So. 13-17 Uhr (Weihnachtsartikel rund ums Jahr; Thüringer Handwerkskunst, Vorführungen)
- ***Schauglashütte,*** Bahnhofstr. 14, Tel. 487979 (Vorführungen und Verkauf)

Suhl – die Stadt der Büchsenmacher

Vorwahl:	03681
PLZ:	98527-98529
Einwohner:	44.000
Höhe:	400-660 m
Stadtteile:	Goldlauter-Heidersbach, Vesser, Neundorf, Albrechts, Heinrichs, Mäbendorf, Dietzhausen, Wichtshausen

Die weltweit bekannte Jagd- und Sportwaffen-Stadt Suhl liegt am ***Südwestrand des Thüringer Waldes*** und ist von steilen, bewaldeten Bergen umgeben. Suhl ist über die A71 (später A73) direkt zu erreichen. Die B 247 führt von Gotha über Oberhof und Zella-Mehlis nach Suhl (ca. 45 km). Oder man fährt von Arnstadt aus auf der Landstraße durch das reizvolle Jonastal mit kleinen, in idyllischer Landschaft gelegenen Orten in Richtung Süden, gelangt nahe der Lütsche-Talsperre auf die B 247, überquert bei Oberhof den Rennsteig und fährt über Zella-Mehlis weiter nach Suhl. Auch mit der Bahn kann man von Erfurt über Arnstadt und Oberhof nach Suhl gelangen oder von Würzburg über Schweinfurt.

Geschichte

Das Wahrzeichen der Stadt, der Waffenschmied, steht im engen Zusammenhang mit der historischen Entwicklung der Stadt. Von Anfang an war der ***Erzbergbau*** von entscheidender Bedeutung für Suhl. Am sogenannten Döllberg und Domberg entstanden bereits zu Beginn des 14. Jh. die ersten Eisenerzgruben. Wasserkraft und Holzkohle für die Verhüttung des Erzes und die Bearbeitung des Eisens lieferten die Bäche und die Köhlereien des Thüringer Waldes. Rasch wurden die Schmiedeerzeugnisse weit über den Wald hinaus bekannt und brachten dem Ort beträchtliche Handelseinnahmen, so dass Suhl 1527 städtisches Recht verliehen wurde.

Noch in der ersten Hälfte des 16. Jh. kamen Augsburger und Nürnberger Büchsenschmiede in die Stadt, die das eisenverarbeitende Gewerbe nachhaltig beeinflussten. Mitte

des 16. Jh. waren die ***Waffen aus Suhl*** bereits so bekannt, dass der Ort den Beinamen „Waffenschmiede Europas" erhielt, und gegen Ende des Jahrhunderts (1595) wurden bereits 27.000 Gewehre pro Jahr hergestellt. Im Dreißigjährigen Krieg erlebte die Suhler Waffenproduktion eine Hochkonjunktur, da alle Parteien gleichermaßen beliefert wurden. 1634 wurde die Stadt durch kaiserliche Truppen verwüstet, erholte sich aber rasch wieder.

Als sich die Erzquellen der Umgebung erschöpften, kam es aufgrund der verkehrsmäßig ungünstigen Lage im Thüringer Wald zu einer ***Stagnation.***

Nach dem Bau der Bahnlinie Erfurt – Oberhof – Suhl und neuen Investitionen in die Waffenproduktion erlebte die Stadt wieder einen ***wirtschaftlichen Aufschwung.*** Im 19. Jh wurden mehrere Rüstungsbetriebe gegründet, und der Erste Weltkrieg steigerte die Gewehrproduktion auf 500.000 Stück jährlich!

Die Tradition der Herstellung von Jagd- und Sportwaffen wurde fortgesetzt und noch heute sind jedem Jäger und Sportschützen Waffen aus Suhl ein Begriff.

Suhl aus der Vogelperspektive

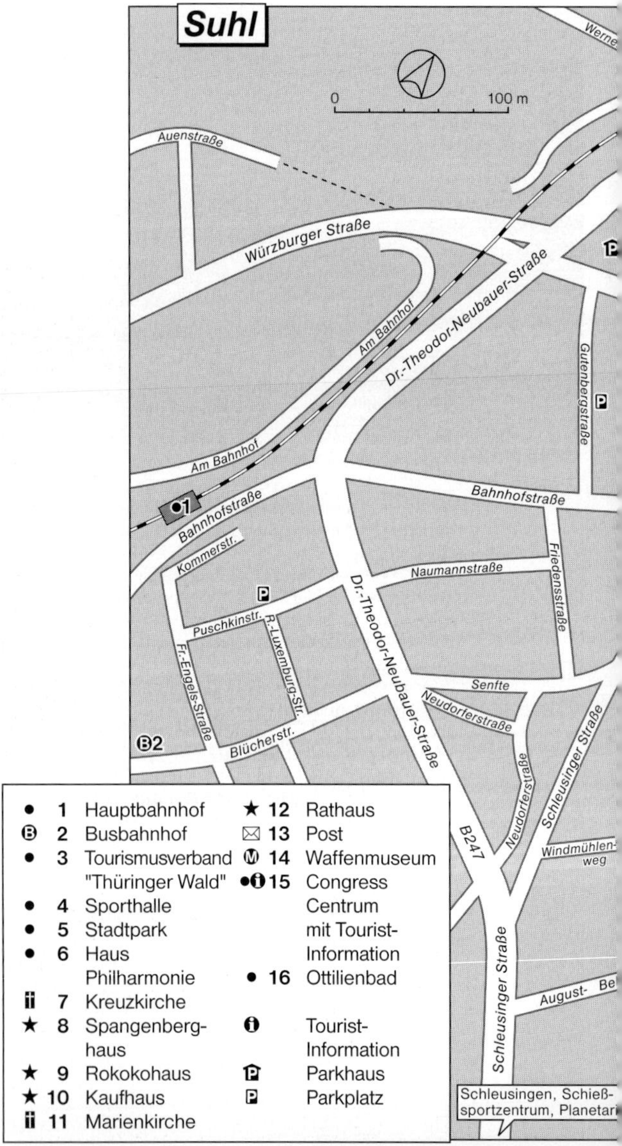
Suhl
0
100 m
Auenstraße
Würzburger Straße
Am Bahnhof
Dr.-Theodor-Neubauer-Straße
Gutenbergstraße
Bahnhofstraße
Kommerstr.
Naumannstraße
Friedensstraße
Puschkinstr.
R.-Luxemburg-Str.
Fr.-Engels-Straße
Senfte
Neudorferstraße
Schleusinger Straße
Blücherstr.
B2
B247
Windmühlenweg
August- Be
Schleusingen, Schieß-
sportzentrum, Planetari
1 Hauptbahnhof
2 Busbahnhof
3 Tourismusverband "Thüringer Wald"
4 Sporthalle
5 Stadtpark
6 Haus Philharmonie
7 Kreuzkirche
8 Spangenberghaus
9 Rokokohaus
10 Kaufhaus
11 Marienkirche
12 Rathaus
13 Post
14 Waffenmuseum
15 Congress Centrum mit Tourist-Information
16 Ottilienbad
Tourist-Information
Parkhaus
Parkplatz

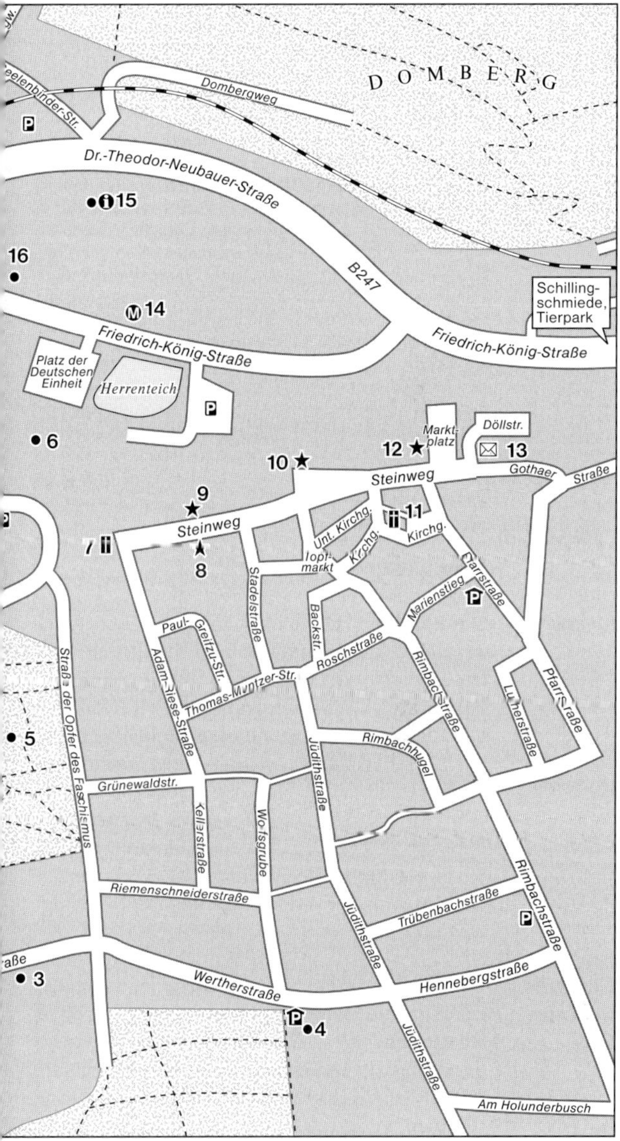

Südwestseite

Inzwischen hat jedoch auch der ***Fremdenverkehr*** eine zunehmende Bedeutung für die Stadt gewonnen.

Bis 1583 gehörte Suhl zur Grafschaft Henneberg (daher die Henne im Stadtwappen) und stand dann bis 1815 unter sächsischer und bis 1918 unter preußischer ***Herrschaft.*** Mit der Verwaltungsreform vom 23. Juli 1953 wurde Suhl zur kleinsten Bezirksstadt der DDR und dadurch zum Verwaltungszentrum der Region.

Zahlreiche Neubaugebiete im Plattenbaustil erinnern heute an den damaligen Zustrom von Menschen, die in Suhl Arbeit und Wohnraum fanden. Zwischen Domberg und Waffenmuseum zeugen Hochhäuser von sozialistischer Architektur. In unmittelbarer Nähe sind mit dem Congress Centrum und einem Einkaufscenter die Baustile der 90er Jahre vertreten. Auf der gegenüberliegenden Seite repräsentiert das als Kulturhaus errichtete Haus „Philharmonie" die stalinistische ***Architektur.*** Es steht ebenso unter Denkmalschutz wie der schöne Fachwerkbau, in dem das Waffenmuseum untergebracht ist. So kann man hier auf engstem Raum einen Spaziergang durch die verschiedenen gesellschaftshistorischen Epochen unternehmen und dabei die baulichen Launen der jeweiligen Herren kennen lernen.

Sehenswertes

Steinweg

Der Steinweg mit einigen gut erhaltenen Fachwerkbauten aus dem 18. und 19. Jh. ist zum Fußgängerbereich umgestaltet worden. Kulturhistorisch wertvolle Bauten sind hier z.B. das ***Rokokohaus*** bei Nr. 26 (1755) und das ***Spangenberghaus*** (Nr. 31) mit reicher Innenausstattung. Ebenfalls sehenswert sind die barocke ***Kreuzkirche*** von 1731/39 am Steinweg, und die ***Marienkirche*** oberhalb des Marktes, die nach einem Brand im 18. Jh. wieder aufgebaut worden ist. Beide können nach Absprache mit dem Kirchenamt besichtigt werden.

Congress Centrum Suhl

Nicht weit vom Steinweg entfernt befindet sich das CCS, das zu den modernsten Kongresszentren Deutschlands zählt. Es verbindet eine hervorragende technische und räumliche Ausstattung mit anspruchsvoller Gastronomie (nähere Angaben s.u. „Theater, Konzerte").

Marktplatz Das Wahrzeichen der Stadt, den ***Suhler Waffenschmied,*** findet man auf dem recht reizvollen Marktplatz, der das Zentrum des alten Suhl war. Nach einem Brand von 1753 sind die Gebäude am Markt in spätbarockem Stil neu errichtet, seither aber – bis auf das Gerichtsgebäude – umgestaltet worden. An der Ecke zum Steinweg steht das 1812 erbaute und erst in unserem Jahrhundert (1913) barock umgestaltete ***Rathaus.*** An seiner Fassade erinnert der Spruch „Im grünen Wald die

Steinweg mit Kreuzkirche

rote Stadt, die ein zerschossen Rathaus hatt" an die Kämpfe des Kapp-Putsches 1920.

Waffen-museum

Im ehemaligen Malzhaus an der Fr.-König-Str. 19, einem sehr schönen Fachwerkbau von 1663 im hennebergisch-fränkischen Stil, ist das Waffenmuseum untergebracht. Als einziges Spezialmuseum dieser Art in Europa zeigt es die ***Geschichte der Suhler Waffenproduktion*** und der Handfeuerwaffen über fünf Jahrhunderte. Ergänzt werden die Ausstellungen durch zwei ***Schauwerkstätten,*** die die Arbeit in einer Büchsenmacherwerkstatt und einer Laufschmiede zeigen.

Im historischen Fachwerkbau neben dem Malzhaus, einem alten Wohnhaus, das erst in den letzten Jahren rekonstruiert worden ist, befindet sich eine zweite Abteilung des Waffenmuseums (Öffnungszeiten wie Waffenmuseum). Dort erhält man einen Einblick in die Lebens- und Arbeitsweise einer ***Suhler Gewehrschäfterfamilie*** um 1900. Zu sehen sind eine kleine Werkstatt, die Küche, die Schlafkammer und die „gute Stube". In der oberen Etage wurde eine Ausstellung zu Ehren des Volksmusikers *Herbert Roth* eingerichtet.

Schilling-schmiede

Schon im 14. Jahrhundert – also noch vor der Blütezeit der Büchsenmacherei – entwickelte sich in Suhl durch Eisenerzfunde in der Umgebung das Schmiedehandwerk. Die Schillingschmiede stellte allerdings keine österreichischen Münzen her, sondern ist nach der Familie *Schilling* benannt, die hier seit 13 Generationen das Schmiedehandwerk ausübt. Eine Ausstellung informiert über die Geschichte der Gesenkschmiede, und auf Wunsch werden für größere Gruppen Vorführungen mit dem Fallhammer angeboten. Zu erreichen ist die Schmiede in Richtung Goldlauter, Schwarzwasserweg, indem man nach dem VW-Autohaus Eckardt links abbiegt.

Tierpark

Der Tierpark (täglich ab 9 Uhr geöffnet) liegt in einem Tal, der so genannten **Suhler Schweiz,** in der Nähe des Neubaugebietes Am Himmelreich und ist mit den Buslinien A1, A2 und A4 zu erreichen. Er zeigt überwiegend europäische Tierarten, die einst auch im Thüringer Wald heimisch waren und es zum Teil bis heute sind.

Plane-tarium

Eine ***„Reise ins Universum"*** oder durch die Welt der Tierkreiszeichen und Planeten bietet das Planetarium Suhl mit Sternwarte. Öffentliche Vorführungen mittwochs sowie jeden zweiten und letzten Sonnabend im Monat (Dauer 45-60 Minuten); für angemeldete Gruppen Mo.-Fr. 9, 11 und 14 Uhr. In der angeschlossenen ***Sternwarte*** kann man Sonne, Mond, Planeten und ferne Galaxien beobachten, und die kleine ***Astronomisch-astronautische Ausstellung*** zeigt Wissenswertes über die Geschichte der Astronomie und Raumfahrt.

Büchsenmacherwerkstatt

Schieß-sport-zentrum

Für Freunde des Schützensportes interessant ist das ***Schießsportzentrum Suhl*** auf dem Friedberg (am Stadtrand, B 247, Richtung Schleusingen). Es zählt zu den weltbesten Trainings- und Wettkampfstätten. Vereine, Gruppen und Einzelpersonen können sich hier in verschiedensten Disziplinen üben. Sportschützen schätzen die hochklassige Wettkampfatmosphäre, Freischützen finden erfolgreiche Schießlehrer, und Sporttouristen sowie Waffenliebhaber schwärmen von der idyllischen waldnahen Lage. Auch für Jäger hat die Anlage viel zu bieten, vom Übungsschießen auf jagdliche Ziele über Schieß- und Kurzwaffenausbildung bis zu Lehrgängen für Hegeringe und Jungjäger. Als Betreuer stehen erfahrene Trainer und Waffentechniker zur Verfügung, und auf dem Gelände befindet sich auch eine Waffen- und Munitionshandlung. Kurse für Anfänger und erfahrene Schützen werden ebenfalls angeboten. Übernachten kann man in Sport-Unterkünften. Informationen und Anmeldung zur Reservierung von Schießzeiten: Schießsportzentrum Suhl, Tel. 03681/8840, Fax 884200.

Suhl-Heinrichs

Der ***Heinrichser Straßenmarkt*** befindet sich südwestlich des Zentrums. Er vereint zahlreiche schöne Fachwerkbauten. Eines der Prunkstücke ist das **Rathaus,** ein Fachwerkbau aus dem 17. Jahrhundert mit reichen, fein gearbeiteten Ornamenten, wie geschweiften Andreaskreuzen, Mann-Figuren, Rauten und Rosetten, die zusammen mit den Schwellen und Ständern ein faszinierendes Muster ergeben.

Weniger bekannt als die traditionelle Jagdwaffenproduktion ist der Fahrzeugbau, der in der neueren Geschichte der Stadt eine bedeutende Rolle gespielt hat. In der ersten Hälfte des 20. Jahrhunderts kamen wesentliche Impulse für den Automobil- und Motorradbau aus Suhl. Seit 1995 ist im Klubhaus des traditionsreichen Simson-Werkes von Suhl-Heinrichs im ***Fahrzeugmuseum*** eine umfangreiche Ausstellung des Simson-Zweiradbaus von 1936 bis 1989 zu sehen sowie einige Neuentwicklungen, z.B. der Simson-Elektro-Roller SR-E und das Elektromobil „Hotzenblitz“.

Praktische Reisetipps

Info

- ***Tourist Information Suhl*** im Congress Zentrum, Friedrich-König-Str. 7, 98527 Suhl, Tel. 788405 o. 720052, E-Mail: touristinformation@suhl-ccs.de, Internet: http://suhl-tourismus.de (Öffnungszeiten: Mo.-Fr. 10-18 Uhr, Sa. 10-16 Uhr, So. 10-14 Uhr); Zimmervermittlung, Stadtführungen, geführte Wanderungen
- ***Fremdenverkehrsbüro Suhl/Goldlauter-Heidersbach,*** Zellaer Str. 54, 98529 Suhl/ Goldlauter-Heidersbach, Tel. 461522, Fax 805218
- ***Fremdenverkehrsbüro Suhl/Vesser,*** Schmiedefelder Str. 11, 98711 Suhl/ Vesser, Tel./Fax 036782/61300

Hotels

- ***Ringhotel Ringberg Suhl****,*** Ringberg 10, Tel. 389-0, Fax -890, www.ringberghotel.de; 7 km vom Zentrum in 750 m Höhe; herrlicher Rundblick; Schwimmbad, Sauna, Solarium, Fitness-Bereich, Fahrradverleih; ÜF im EZ/DZ bis 111/62 €
- ***Mercur Congresshotel Suhl****,*** Friedrich-König-Str. 1, Tel. 7110, Fax 71033, www.mercure.com
E-Mail: H2830@accor-hotels.com; modernes Luxushotel im Zentrum, ÜF im DZ 54 € p.P.
- ***Hotel Thüringen****,*** Platz der deutschen Einheit 2, Tel. 7676, Fax 724379, groeger@hotel-thueringen-suhl.de, www.hotel-thueringen-suhl.de; zentrale Lage mit mehreren Restaurants, Entréebar, Café, Terrasse; Sauna, Solarium; ÜF im EZ/DZ 75/42,50 €

Pensionen

- ***Pension Haselweg***, Suhl-Neundorf, Haselweg 8, Tel. 720654; mit uriger Gaststätte, 1 km vom Zentrum, ruhige Lage, ÜF im EZ/DZ ab 37/27 €
- ***Pension Am Markt,*** Pfarrstraße 20, Tel. 3975-0, Fax 397539; im Zentrum; Sauna im Haus; ÜF im EZ/DZ ab 30/27 €
- ***Pension Am Rathaus,*** Meininger Str. 136, Tel. 39460, Fax 394639; Suhl-Heinrichs; 3 km vom Zentrum; ÜF im EZ/DZ ab 28/23,50 €
- ***Öko-Pension Melle,*** M.-Reger-Str. 3, Suhl-Lautenberg, Tel. 304328, Fax 31259, eckhardmelle@web.de, www.oeko-pension-melle.de; 1,8 km vom Zentrum; ÜF im EZ/DZ ab 26/21 €

JH

● ***Jugendherberge Zella-Mehlis,*** Oberzella, Tel. 03682/482643 (7 km), siehe Zella-Mehlis

● ***Jugendherberge Schmiedefeld,*** Tel. 464 (12 km), siehe Schmiedefeld

● ***Jugend- und Wanderhotel FRITZ,*** Neundorfer Str. 28, Tel. 791089, Fax 791099; zentrale Lage in Suhl/Neundorf; ÜF im 4-Bett-Zimmer ab 20,40 €, Gemeinschaftsunterkunft 18,87 €

Camping

● ***Campingplatz Erlau,*** Am Waldbad, Tel. 036841/48228 (11 km südlich, B 247; für Caravans geeignet, ganzjährig geöffnet; ruhige, waldreiche Lage, Bungalowvermietung; 550 Pers., Kat. II)

● ***Campingplatz Breitenbach,*** Am Ortseingang, Tel. 036841/41153 (15 km südöstlich; via B 247, hinter Erlau links; für Caravans geeignet; sehr gut für Wintercamping; ganzjährig geöffnet; inmitten eines Naherholungsgebietes, Freibad, Bungalowvermietung; 1040 Pers., Kat. I)

● ***Campingpark Meyersgrund,*** Manebach, Tel. 036784/50636 (südlich von Ilmenau nahe der B4; ruhige Lage, von Wald gesäumte Wiesenfläche; für Caravans geeignet, Ver- und Entsorgung außer Chemietoiletten; ganzjährig geöffnet)

Gaststätten

● ***Gaststättenkomplex im CCS,*** Friedr.-König-Str. 7 mit acht Gastronomiebetrieben unter einem Dach: *Kaluga,* Tel. 788409 (Thüringer Küche, Mi., Fr., Sa. Tanz 21-04 Uhr); *Türmchen-Tanzbar,* Tel. 788420 (Di.-So. ab 21 Uhr); *Zum Aspen,* Tel. 788211; *Die Büchs,* Tel. 707457, *Borsalino Pizzeria,* Tel. 308918, *Bowlingbar,* Tel. 307468, Café Riviera, Tel. 788414

● ***Hotel Thüringen,*** Platz der deutschen Einheit 2, Tel. 7676 (empfehlenswert ist das beliebte Restaurant „Suhl"; obere Preiskategorie, internationale Küche, Thüringer Spezialitäten und Wildgerichte; geöffnet tägl. 7-10.30 und 12-23 Uhr)

● ***Zur Alten Post,*** Suhl-Heinrichs, Meininger Str. 69, Tel. 306362 (Thüringer Küche, Biergarten; geöffnet Mo.-Fr. 8-23, So. 11-23 Uhr)

● ***Suhler Weiberwirtschaft,*** Bahnhofstr. 1, Tel. 721518 (Thüringer Küche; geöffnet 11-24 Uhr)

● ***Haseltal,*** Schleusinger Str. 48, Tel. 723271 (Bulgarische Spezialitäten und Thüringer Küche; geöffnet Di.-Sa. 11.30-14.30 und 17-24 Uhr, So. 11.30-22 Uhr)

● ***Tivoli,*** Rimbachstr. 24, Tel. 706915 (Thüringer Küche, Nudelgerichte, Biergarten; 11-23 Uhr; Mo. Ruhetag)

● ***Gastmahl des Meeres,*** Steinweg 15, Tel. 723820 (Fischspezialitäten; geöffnet Mo.-Fr. 10.30-22 Uhr, Sa., So. 10.30-15 Uhr)

● ***Gasthaus Zur frischen Quelle,*** Altendambach, Hauptstr. 24, Tel. Suhl 304511 (empfehlenswerte Ausflugsgaststätte etwa 8 km südlich, via B 247, am Bhf. Hirschbach rechts; Thüringer Spezialitäten und internationale Küche, als Spezialität Wildschwein am Spieß; geöffnet Mo.-Sa. 10-22 Uhr; mit Disco und Mietbungalows)

Cafés

- ***Stadtcafé,*** Steinweg 29, Tel. 306603 (geöffnet Mo.-Fr. 8-18, Sa. 12-18, So. 14-18 Uhr)
- ***Café Grüner Kranz,*** Mühltorstr. 16, Tel. 720220 (geöffnet tägl. 13-19 Uhr)
- ***Café am Markt,*** Marktplatz 7, Tel. 303362

Szene-, Musikkneipen

- ***Feuchte Ecke,*** Drusselstr. 8, Tel. 721189 (Irisches Pub mit Flair; Lifekonzerte, Jazz, Blues, Swing; Einlass ab 18 Uhr; geöffnet Mo.-Sa. 16-24 Uhr)
- ***Gambrinus,*** Neuendorfer Str. 5, Tel. 309744 (Bierkneipe; Lifekonzerte: Jazz, Blues, Folk)
- ***Sohle,*** Steinweg 11, Tel. 723510 (Kneipe mit Biergarten; geöffnet tägl. 11 -1 Uhr)
- ***Spinne Fax*** und ***Reblaus,*** Gothaer Str. 10, Tel. 721022 (Lifekonzerte)

Unterhaltung

- ***Moonlight,*** Fr.-König-Str. 11, Tel. 726480
- ***Peppermint,*** Große Beerbergstr. 14, Tel. 42655 (Bowling, Tanz)
- ***Club Smile,*** Königswasser 4a, Tel. 424884

Ski- und Wanderhütten

- ***Wanderquartier Suhler Hütte,*** Tel. 036845/50418, Herr *Kruhme* (voll bewirtschaftet, Mo. Ruhetag)
- ***Adlersbergbaude,*** Tel. 036782/61508, Herr *Schmidt* (voll bewirtschaftet, Mo. Ruhetag)
- ***Bergbaude Lange Bahn,*** Tel. 705118, Herr *Heym* (am Wochenende bewirtschaftet, im Wandergebiet Kleiner Thüringer Wald, am Ausgangspunkt des Archäologischen Wanderweges; mit Kinderspielplatz)
- ***Döllberg-Hütte,*** mit Skilift, Tel. 72693, Herr *Dost* (am Wochenende bewirtschaftet, oberhalb der Suhler Schweiz, mit herrlichem Ausblick und Skihang)
- ***Hütte am Steinhorst,*** Tel. 700117, Herr *Seibt* (So. geöffnet)
- ***Am Rimbachbrunnen,*** Tel. 701107, Herr *Dietze* (am Wochenende bewirtschaftet, an der Straße Suhl – Ilmenau nahe Ringhotel Ringberg Suhl; schöner Blick auf das Beerbergmassiv)
- ***Skibaude Goldlauter-Heidersbach,*** mit Skisportstadion und Schanze, Tel. 421025, Herr *Griebel* (am Wochenende bewirtschaftet, am Rosenkopfweg, dem Hauptweg zur Suhler-Hütte und Schmücke)

Theater, Konzerte

- ***Congress Centrum Suhl,*** Fr.-König-Str. 7, Tel. 788228 (Kasse), mit Erlebnisbad, attraktiver Gastronomie und Hotel etc. (verschiedenartigste Veranstaltungen wie Konzerte, Show, Theater, Kabarett, Artistik etc, auch für Messen und Ausstellungen genutzt)

• ***Haus Philharmonie,*** Bahnhofstr. 8, Tel. 743012 (Studiotheater, Kleinkunst, Kabarett, Konzerte, Tanzabende)
• ***Europäisches Kulturzentrum,*** Bahnhofsr. 10, Tel. 743047 (Theater, Performance, Konzerte, Lesungen)

Galerien

• ***Galerie im Rathaus,*** Marktplatz 1, Tel. 740
• ***Galerie im Atrium des CCS,*** Tel. 788301 (zeitgenössische Kunst)
• ***Golerie,*** Meininger Str. 133, Tel. 300408 (Arbeiten von *Karl-Heinz Gollhardt*, überwiegend Kleinplastiken)
• ***Atelierhaus,*** Meininger Str. 222, Tel. 300406, Frau *Kästner* (Keramik, Textilkunst, Modegestaltung; offenes Atelier mit Verkauf)

Kino

• ***Kino im Cineplex,*** Fr.-König-Str. Tel. 806666

Museen

• ***Waffenmuseum,*** Tel. 720698; geöffnet Di.-So. 9-17 Uhr, Feiertage 10-17 Uhr; Eintritt 2,55/1,53 €
• ***Fahrzeugmuseum,*** Meininger Str. 222, Tel. 705004, (geöffnet Di.-So. 9-17 Uhr)
• ***Schul- und Volkssternwarte,*** Postfach 505, 98504 Suhl, Tel. 723556
• ***Schillingschmiede,*** technisches Denkmal; Information: *Gerhard Schilling*, Schneid 11, Tel. 722487

Aktivitäten

• ***Baden:*** *Ottilienbad im CSS*, Tel. 788308; *Waldbad Suhl-Goldlauter*, Tel. 461620; *Freibad Dietzenhausen*, Tel. 036846/61295
• ***Flugsport:*** Der Segel- und Motorsport-Flugplatz im Ortsteil Goldlauter-Heidersbach zieht durch seine schöne und ungewöhnliche Lage Segelflieger, Drachen- und Sportflugfreunde an. Am Fuß des höchsten Berges des Thüringer Waldes gelegen, kann er besonders günstige meteorologische Bedingungen bieten. Information: Bocksbergstr. 27, 98528 Suhl-Goldlauter, Tel. 03681/41505.

Wintersport

• ***Skilifte:*** Suhl-Döllberg, Tel. 0381/742551; Suhl-Goldlauter, Tel. 03681/461522; Suhl-Vesser, Tel. 036782/61300; Schmiedefeld, Tel. 036782/61324
• ***Skiwanderwege und Loipen:*** 120 km rund um Suhl
• ***Loipengarten:*** in Vesser

Feste

• ***Ottilienfest*** (Mai)
• ***Heinrichser Maifest***
• ***Tierparkfest*** und ***Pfingsthütten*** (Pfingsten)
• ***Großes Kinderfest*** (um den 1. Juni)
• ***Sommersonnwendfeier*** und ***Dombergfest*** (Juni)
• ***Flugplatzfest*** (Juli)
• ***Adlersbergsfest*** (August)

- ***Großes Suhler Schützenfest*** (Sept. in ungeraden Jahren)
- ***Weihnachtsmarkt*** (Adventszeit)

Umgebung

Wandervorschläge

Suhl ist ein günstiger Ausgangspunkt für vielfältige Spaziergänge und Wanderungen durch den Thüringer Wald; etwa zum Beerberg, auf dem Rennsteig oder verschiedenen thematischen Routen.

- ***1. Vorschlag, Rennsteigwanderung*** (rund 20 km, Anstieg mäßig): mit Bus bis zum Rondell bei bei Oberhof – Besuch des Rennsteiggartens (sehenswerter botanischer Garten für Gebirgsflora) – über den Rennsteig zur Plänckners Aussicht am Großen Beerberg (985 m) – Schmücke (Gaststätte) oder zur Suhler Hütte (Wanderhütte nahe der meteorologischen Station) – zurück bis zur meteorologischen Station – Rosenkopfstr. abwärts bis Goldlauter-Heidersbach (Gaststätten und Bus)
- ***2. Vorschlag, Biosphärenreservat Vessertal*** (20-25 km, Anstieg mäßig bis steiler): mit PKW bis Vesser, Richtung Schmiedefeld – Wanderung durch das Biosphärenreservat Vessertal bis nach Breitenbach (Gaststätten) – ab Ortseingang (von Vesser aus) zum Stutenhaus aufwärts über Stelzenwiesengrund oder Fahrstraße – Stutenhaus (Gaststätte) – Adlersberg (850 m, Gaststätte und Aussichtsturm) – zurück nach Vesser
- ***3. Vorschlag*** (ca. 10-15 km): ab Harzgasse (Stadtgebiet Fr.-König-Str.) – Krinitzenstube (Gaststätte) – Domberg (Aussichtsturm) – Albrechts (über den Bock), Gaststätten, Bus – Suhl-Heinrichs (Heinrichser Rathaus, fränkisch-hennebergischer Baustil)
- ***4. Vorschlag*** (rund 20 km, Anstieg mäßig bis steiler): PKW oder Bus bis Goldlauter (Brücke) – Pochwerksgrund – aufwärts zum Rennsteig – Richtung Schmücke (Gaststätte) oder zur Suhler Hütte (Baude) – zurück Richtung Mordfleck über Gold-

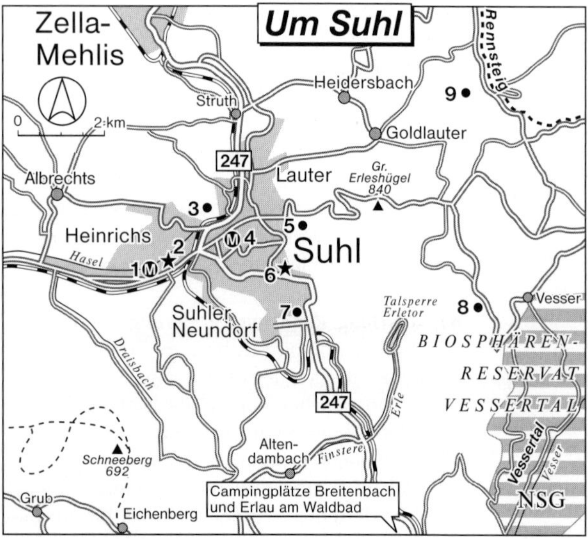

- Ⓜ 1 Fahrzeugmuseum
- ★ 2 Rathaus
- • 3 Bergbaude Domberg
- Ⓜ 4 Waffenmuseum
- • 5 Tierpark
- ★ 6 Schul- und Volkssternwarte
- • 7 Schießsportzentrum
- • 8 Adlersbergbaude
- • 9 Suhler Hütte

lauterer Berg (Aussichtspunkt) - Mordfleck - abwärts nach Goldlauter (Gaststätten, Bus)

•***5. Vorschlag, Herbert-Roth-Wanderweg*** (20,5 km): Panoramaweg rund um Suhl, auch abschnittsweise günstig zu erwandern, mit zahlreichen schönen Ausblicken und Gaststätten, z. B. Aufstieg zum Ottilienstein (kleine Kapelle, schöne Aussicht auf die Suhler Altstadt) - weiter Aufstieg um Domberg (Naturlehrpfad, Aussichtsturm) - Krinitzenstube (Gaststätte) - Abstieg zum Henneberger Haus (griechisches Restaurant, Bushaltestelle)

•6. *Vorschlag, Archäologischer Wanderweg im Kleinen Thüringer Wald* (8,6 km): vom Bahnhof OT Dietzhausen zum Rennsteig – Dolmar-Weg – Hohlwegsystem – Köhlerplatz – Gräberfeld 1 und 2 – Wallanlage und Kapelle – Gräberfeld 3 und 4 – Aussichtspunkt – Wüstung „Leipzigs Rasen" – Ruine „Lange Bahn" (Wanderbaude am Wochenende geöffnet) – Rückwanderung von der Ruine zum Bahnhof Suhl-Heinrichs

Schleusingen

Vorwahl:	036841
PLZ:	98553
Einwohner:	6000
Höhe:	372-450 m
Stadtteile:	Heckengereuth, Ratscher, Geisenhöhn, Gethles, Fischbach, Rappelsdorf, Gottfriedsberg

Das am Südrand des Thüringer Waldes gelegene Städtchen Schleusingen (1232 erstmals erwähnt, aber wesentlich älter) war 1274-1583 Residenz der Hauptlinie der Henneberger und kam dann in den Besitz der sächsischen Fürsten. 1355 wurde es preußisch, 1944 thüringisch.

Hauptsehenswürdigkeit ist das ***Schloss Bertholdsburg,*** das 1226-32 erbaut wurde und die Residenz der Henneberger war. Die Vierflügelanlage ist in ihrer heutigen Form zwischen dem Ende des 15. Jh. und Anfang des 16. Jh. entstanden und weist Stilmerkmale der Spätgotik und der Renaissance auf.

Im oberen Stockwerk des Schlosses ist das ***Naturhistorische Museum*** untergebracht (geöffnet Di.-Fr. 9-17 Uhr, Sa., So.: 10-18 Uhr; letzter Einlass eine Stunde vor Schließung; Tel. 036841/5310), das sich mit Geologie, Paläontologie, Flora und Fauna Südthüringens befasst und zu den interessantesten Museen seiner Art in Thüringen gehört. Eine regionalhistorische Abteilung informiert über die Geschichte des Ortes, der Papierherstellung, des Buchdrucks und die hennebergische Münzprägung in Schleusingen.

Wer noch einen kleinen Stadtbummel machen möchte, der kann sich am Markt das 1550 als Wittumspalais errichtete ***Renaissance-Rathaus*** mit seinem hübschen Säulenportal und Wandmalereien zur Stadtgeschichte, den ***Marktbrunnen*** mit einem Standbild der *Gräfin Elisabeth* (1710) sowie ein recht geschlossenes Ensemble von historischen Häusern aus dem 17.-19. Jh. ansehen. Die ***Alte Münze,*** einen Fachwerkbau im Henneberger Stil von 1555, findet man nicht weit vom Markt an der Jutta-Straße 13. Ein weiterer prachtvoller Fachwerkbau ist die 1681 erbaute Teutsche Schule/Henneberger Haus an der Suhler Straße mit einer reichen Vielfalt hennebergisch-fränkischer Elemente.

Praktische Reisetipps

Info

- ***Fremdenverkehrsbüro,*** Markt 6, 98553 Schleusingen, Tel. 036841/31561,-62, Fax 31563, Internet: www.schleusingen.de, E-Mail: fvv@schleusingen.de (Zimmervermittlung; geöffnet Okt.-April Mo.-Fr. 10-17 Uhr)

Hotels

- ***Hotel Haus am See,*** Am Langen Teich 3, Tel. 3370; ganz neues Haus in traumhafter Lage am Seeufer inmitten eines alten Baumbestandes; Bootsverleih; ÜF im EZ/DZ ab 37/25 €
- ***Hotel Waldhaus,*** Tel. 5350, Fax 53515; ÜF im EZ/DZ ab 36/21 €
- ***Hotel Zum Goldenen Löwen,*** Markt 22, Tel. 42353, Fax 41320; zentral, nur wenige Meter vom Schloss; ÜF im EZ/DZ 31,50/24,50 €

Pensionen

- ***Pension Am Waldrand,*** Suhler Str. 81, Tel. 47563, Fax 41881; ruhig am Waldrand gelegen; 1,2 km vom Zentrum entfernt; Ski- und Mountainbike-Verleih; ÜF im EZ/DZ 34/26 €

Camping

- ***Campingplatz Bergsee Ratscher,*** Am Bergsee, Tel./Fax 40015, Fax auch 32225; direkt am Bergsee Ratscher, nahe B 4, Stromanschluss, Badestrand, FKK, Ruderboote, Surfen, Angeln; Bungalows; geöffnet Mai bis Sept.)

Wohnmobile

- ***Ver-/Entsorgung:*** Kläranlage der Stadt

Gaststätten

- ***Goldener Löwe,*** Am Markt 22, Tel. 42353
(3 Restaurants mit regionaler und internationaler Küche)
- ***Zur Sonne,*** Königstraße 1, Tel. 47420
- ***Ratsstube,*** Markt 7, Tel. 42430

Discos

- ***Eulenspiegel Tanzlokal,*** Königstr. 1, Tel. 3625068
- ***Zur lustigen Höhle,*** Schützenstraße

Aktivitäten

- ***Angeln:*** Bergsee Ratscher, Information *Jens Görlach,* Tel. 47700
- ***Ballonfahrten:*** *H. Gaudlitz,* Tel. 41552
- ***Bootsverleih:*** Hotel Haus am See, Tel. 3370
- ***Fahrradverleih:*** *Fahrrad Krummer,* Bahnhofstr. 2, Tel. 40390
- ***Rad-&Sportmarkt Schmidt***, Suhler Str. 32, Tel. 44144
- ***Schwimmen:*** Bergsee Ratscher (s. Camping), Freibad am Häfnerberg
- ***Jagen:*** Tel. 42463
- ***Reiten und Kutschfahrten:*** *Reiterhof Reinhadt,* Häfnersberg 77, Tel. 42338
- ***Sauna:*** *Calypso,* Suhler Str. 29, Tel. 42727
- ***Surfen:*** Bergsee Ratscher mit Surfschule (s. Camping)
- ***Tennis:*** TC Sensia Schleusingen, Tel. 40247

Feste

- ***Burg- und Stadtfest*** (Juni/Juli)
- ***Country-Festival*** am Bergsee Ratscher (Ende Juli)
- ***Rockwoche am Bergsee*** (Mitte Aug.)

Umgebung

Bergsee Ratscher

Das Erholungsgebiet Bergsee Ratscher (siehe Camping) ist zu erreichen über die B 4, Richtung Woldau, oder Buslinie Masserberg; durchgehend geöffnet von Mai bis Sept.

Hinternah

In dem kleinen Dörfchen Hinternah, etwa 4 km nordöstlich von Schleusingen an der B 4 nach Ilmenau, ist eine sehr reizvolle ***Wassermühle*** zu finden, die noch heute in Betrieb ist. Solange der

- 🛈 1 Infozentrum NSG Vessertal
- ⚠ 2 Campingplatz Breitenbach
- ⚠ 3 Campingplatz Erlau am Waldbad
- ★ 4 Schloss Bertholdsburg
- ★ 5 Wassermühle
- Ⓣ 6 Naturtheater
- • 7 Talsperre Schönbrunn

Andrang nicht zu groß wird, ist der Müller gerne zu einer kleinen Führung bereit.

•Information: FVA, 98553 Hinternah, Hauptstr. 22, Tel. 036841/40926, Fax 47838

Schleusegrund

Die Gemeinden Schönbrunn, Gießübel, Biberau, Langenbach und Steinbach wurden 1994 zu der Einheitsgemeinde Schleusegrund zusammengefasst. Sie liegt im Naturschutzgebiet Mittlerer Thüringer Wald nahe der ***Talsperre Schönbrunn*** und bietet vielfältige Möglichkeiten zum Wandern und für Radtouren rings um den Stausee.

In einem Seitental zwischen Steinbach und Langenbach (ca. 11 km nordöstlich von Schleusingen) befindet sich das ***größte Naturtheater Thüringens*** mit Platz für 3000 Personen. Es bietet nicht nur Volksmusik, sondern auch Musicals, klassische Konzerte und Country Music. Selbst *Joan Baez* ist dort schon aufgetreten (Kartenservice: Tel. 036874/38563, 73713 und 31561).

Praktische Reisetipps

Info

- ***Fremdenverkehrsamt Schönbrunn,*** Eisfelder Str. 11, 98667 Schönbrunn, Tel. 79713, Fax 7979

Hotels

- ***Sport-Hotel,*** Schönbrunn, Gabeler Str. 33, Tel./Fax 71661; modern ausgestattetes Sporthotel mit Tennishalle, Sauna, Fitnesscenter, Kegelbahn, Restaurant, Ski- und Fahrradverleih, Kutschfahrten; ÜF im EZ/DZ 38/24 € pro Person
- ***Ferienhotel Zur Hütte,*** Eisfelder Str. 2, Schönbrunn, Tel. 70137, Fax 70139; ÜF im EZ/DZ 32/27 € pro Person

Apartments

- ***Ferienanlage Wandersruh,*** Langenbach, Oberer Weg 1, Tel. 2279-0, Fax 2279-9 (Apartments und Bungalows in herrlicher Lage zwischen Wald und Wiesen; mit Gaststätte, Biergarten, Freibad und Wintergarten, wunderschön!)

Thüringer Schiefergebirge

Überblick

Fährt man von Neustadt am Rennsteig durch den Wald hinunter nach Großbreitenbach, so gelangt man – sehr wahrscheinlich, ohne es zu bemerken – aus dem Thüringer Wald in das Thüringer Schiefergebirge. Wie eingangs erklärt, bilden beide Teile einen ***einheitlichen Gebirgszug,*** der nicht von einem durchlaufenden Taleinschnitt zertrennt wird, sondern sich nur hinsichtlich seiner Oberflächengesteine unterscheidet.

Eine scharfe Abgrenzung ist nicht zu erkennen, aber auf der Weiterfahrt wird man feststellen, dass sich das ***Landschaftsbild*** allmählich wandelt. Im Gegensatz zum eigentlichen Thüringer Wald, der einen schmalen und zumindest nach Nordwesten klar abgegrenzten Bergzug bildet, ist das Schiefergebirge breiter, und zwischen seinen Tälern erstrecken sich ausgedehntere Hochflächen. Diese Hochflächen sind oft gerodet und werden landwirtschaftlich genutzt, so dass der Wald an dieser Stelle weniger geschlossen ist.

Die Straßenbauer hatten es hier einfacher – dafür fällt es aber dem Besucher schwerer, im Gewirr der Straßen und Sträßchen eine klare ***Route*** zu finden. Wir haben uns daher bemüht, einen Routenvorschlag für eine Rundfahrt zu erarbeiten, die zu den wichtigsten Sehenswürdigkeiten des Schiefergebirges führt und an die Routen des Thüringer Waldes anschließt, so dass man sie mit diesen zu einer großen Rundstrecke verbinden kann. Diese Route erschließt das Westliche Schiefergebirge bis etwa zur Linie Saalfeld – Sonneberg. Darüber hinaus werden Abstecher in den östlichen Teil des Schiefergebirges und zu den Stauseen der Oberen Saale beschrieben.

Während der eigentliche Thüringer Wald und das Schiefergebirge zwei geologisch verschiedene Berggebiete sind, die im Sprachgebrauch oft zum Thüringer Wald zusammengefasst werden, sind das ***Schiefergebirge*** und seine Fortsetzung, der **Frankenwald,** trotz zwei verschiedener Namen eigentlich ein und dasselbe Bergland. Es gibt weder eine Grenzlinie noch eine Veränderung der Geologie oder Landschaft. Die sprachliche Unterteilung in Thüringer Mittelgebirge und Frankenwald hat keine Entsprechung in der Natur, sondern folgt vielmehr der politischen Grenze zwischen Thüringen und Franken.

Großbreitenbach

Vorwahl:	036781
PLZ:	98701
Einwohner:	3100
Höhe:	570-699m
Ortsteile:	Altenfeld, Böhlen, Friedersdorf, Gillersdorf

Der staatlich anerkannte Erholungsort liegt am nordwestlichen Rand des Thüringer Schiefergebirges in reizvoller Landschaft nahe Rennsteig und Schwarzatal und ist Ausgangspunkt für eine Reihe sehr schöner Wanderungen.

Seit dem Mittelalter wurde das Dorf Breitenbach – aufgrund seiner **geographischen Lage** unterhalb des Gebirgspasses *Hohe Tanne* und an einer über den Thüringer Wald führenden Handelsstraße – der „Schlüssel zum Thüringer Wald" genannt.

Lebensgrundlage des 1399 erstmals genannten Ortes war der **Bergbau** auf Kupfer, Silber und Schwefelkies. Als dieser im 17. Jh. eingestellt werden musste, trat an dessen Stelle das im Ort begründete, einst bedeutende **Olitätengewerbe** des Thüringer Waldes (Heilmittelherstellung und -handel), welches bis zum Anfang des 20. Jh. in dieser „Kräutergarten-Region" betrieben wurde.

Etwa ab dem 17. Jh. prägten neben dem Fuhrmannswesen auch Mahl- und Schneidemühlen, Muldenhauerei, ein hochentwickelter ***Musikinstrumentenbau*** (Cembalos, Clavicorde, Klaviere, Geigen), Zinngießerei und – wer hätte das hier vermutet – sogar Holzblasrohrherstellung (!) die Gewerbestruktur des Ortes.

Im 18. Jh. gewann dann die ***Porzellanherstellung*** an Bedeutung, der im ersten Drittel des 19. Jh. die Porzellanmalerei als eigenständiger Erwerbszweig folgte und bald sogar Weltruf erlangte. Ab etwa 1900 verlagerte sich der Schwerpunkt von der Porzellan- zur ***Glasindustrie.***

Neben diesen Erwerbsmöglichkeiten prägen zahlreiche ***Fremdenverkehrseinrichtungen*** das Profil des Ortes. So gibt es einen für Sommer- und Wintercamping geeigneten, gut ausgestatteten Internationalen Campingplatz inmitten eines Naherholungsgebietes, Ferienhotels, Ferienheime sowie Privatvermieter.

Sehenswert sind der Glockenturm, der im hohen Mittelalter erbauten und 1753 nach einer Betstunde eingestürzten ***St.-Johannis-Kirche*** (Wahrzeichen der Stadt und ältestes Bauwerk der Gegend), die barocke ***St.-Trinitatis-Kirche*** von 1679/90 mit ihren spätgotischen Altarschreinen – die größte Fachwerkkirche Thüringens – und ein um 1650 erbautes thüringisches ***Fachwerkhaus*** in der Turmstraße.

Einen Besuch wert ist außerdem das ***Thüringer Wald-Kreativ-Museum*** in der Myliusstr. 6 mit Ausstellungen zur Stadtgeschichte, zu traditionellen Gewerben, zur Entwicklung der Forsttechnik und zum Brauchtum des Thüringer Waldes. Derzeit wird es schrittweise ausgebaut und umfasst bereits das „Erste Deutsche Kloßpressenmuseum", das Interessantes rund um das „Nationalgericht" der Thüringer vorstellt. Außerdem lädt ein neu gestalteter Haus- und Kräutergarten zum Verweilen ein.

Beim Stadtrundgang fällt das geschlossene, unverbaute ***Altstadtensemble*** mit den typischen, schieferverkleideten Fachwerkhäusern des Thüringer Waldes besonders ins Auge. ***Gedenktafeln*** erinnern an *Johann Matthias Mylius* (1634-1678), den Begründer des Olitäten- (Heilmittel-)gewerbes und an *Edmund Theodor Ratzenberger* (1840-1879), Pianist, Dirigent, Komponist und Liszt-Schüler.

Bei Spaziergängen wird man hie und da noch auf Überreste der alten Bergbauanlagen aus dem 16.-

18. Jh. stoßen – so besonders am Flächennaturdenkmal ***Wallbrücke*** am Ortsausgang in Richtung Böhlen. Ebenfalls in der Nähe des Ortsausgangs nach Böhlen wurden 1988 durch einen Freiberger Geologen die ***ältesten Spuren von Leben*** – 600 Mio. Jahre alte Mikrofossilien aus dem Präkambrium – gefunden. Dabei handelt es sich um Plankton, möglicherweise auch um Dauersporen von Algen.

Praktische Reisetipps

Info

● ***Touristische Informationsstelle,*** 98701 Großbreitenbach, Myliusstr. 6, Tel. 036781/41750, Fax 24669, E-mail: stadt-grossbreitenbach@onlinehome.de, www.grossbreitenbach.de (geöffnet Mo. 13-18 Uhr, Di.-Fr. 10-12 und 13-18 Uhr, Sa./So. 13-17 Uhr)

Unterkunft

● ***Waldhotel-Restaurant Hohe Tanne***,*** Tel. 44990, Fax 44999; Ortsrandlage, 3 km vom Zentrum, ÜF im EZ/DZ ab 41/34 €

● ***Pension Stuhl,*** Nähe Schwimmbad und Campingplatz, Tel. 9416, am Waldrand gelegen, Ferienhäuser ab 40 € pro Tag, zzgl. MWSt., Aufbettung, Bettwäsche

● ***Waldpension Amselheim*** bei Katzhütte, Tel. 37678, Fax 37362, ÜF im DZ 20 €, Hochzeitssuite 52 €

● ***Pension und Landgasthof Schmidt's Getränkehof,*** OT Friedersdorf, Ortsstr. 19, Tel./Fax 93365; ruhige Lage in Waldnähe, ÜF im EZ/DZ 25,50/17,85 €

● ***Feriendorf Bad Hundertpfund,*** ca. 2 km vom Ort, Tel. 38036, Fax 38060; mitten im Grünen, 1 Herberge für Wandergruppen geeignet ab 10 € pro Person/Nacht sowie Ferienhäuser für 4-7 Personen ab 25 €/Tag zzgl. Endreinigung

● Zahlreiche ***Privatunterkünfte*** ab 7 € pro Nacht vermittelt die Infostelle unter Tel. 41750, Fax 24669

Camping

● ***Internationaler Campingplatz,*** Am Schwimmbad, Tel./Fax 036781/42398 (am Ortseingang aus Richtung Ilmenau; ruhige Lage, Schwimmbad, Gaststätten, FH ab 29 € zzgl. Endreinigung, Stromanschluss an allen Stellplätzen, Gasflaschentausch, behindertengerechter Sanitärkomplex, Duschen, WC, Sauna; ganzjährig geöffnet)

Gaststätten

● ***Bistro Zum Floh,*** Hauptstr. 86, Tel. 23771 (Imbiss und Getränke, Billardstube)

● ***Bahnhofsgaststätte,*** Bahnhofstr. 16, Tel. 9429 (gutbürgerliche Küche)

● ***Restaurant Kreta,*** Marienstraße, Tel. 24598 (am nördlichen Ortsrand, griech. Küche)

- ***Waldbaude,*** Am Schwimmbad im Naherholungsgebiet, Tel. 40680, (Thür. Spezialitäten u. gutbürgerl. Küche)
- ***Fuchsbau,*** Am Schwimmbad im Naherholungsgebiet, Tel. 9416 (gutbürgerl. Küche)
- ***Hotel-Restaurant „Hohe Tanne",*** Tel. 44990 (gehobene regionale Küche)
- ***Bistro „Antalya",*** Hauptstr. 54, Tel. 24233 (türkisch)

Museen

- ***Thüringer Wald-Kreativ-Museum*** mit 1. Deutschem Kloßpressenmuseum, Myliusstr. 6 (Führungen möglich; geöffnet Di.-Fr. 10-15 Uhr, Sa., So. 13-17.30 Uhr; regelmäßige Sonderausstellungen, themat. Dauerausstellungen, Kräutergarten, Porzellan-Malkurs)

Aktivitäten

- ***Wandern:*** Auf dem *Altstadt-Rundwanderweg* wird Gästen in Begleitung eines Buckelapothekers Einblick in regionales Brauchtum und die gewerbliche Entwicklung des Ortes vermittelt. Auf dem *Wurzelkurt-Naturlehrpfad*, bei geführten Kräuterwanderungen und -seminaren erhalten die Gäste Einblick in den Reichtum der Naturapotheke. Ein besonderes Erlebnis sind Wanderungen auf den *Olitätenwegen* entlang historischer Pfade der Buckelapotheker und unter Leitung fachkundiger Begleiter.
- ***Baden:*** größtes Freiflächenbad im Ilm-Kreis mit 50-m-Bahn und 5-m-Sprungtrum; Tel. 41700
- ***Schießen:*** Schießanlage am Lettchen, Tel. 29185 (Gästeschießen nach Anmeldung)
- ***Biathlonzentrum,*** Am Vitzberg, Tel. 40294 (Schnuppertraining nach Anmeldung)

Feste

- ***Museumsnacht*** (Mai)
- ***Modellboot-Show*** (Mai/Juni)
- ***Kinder- und Familienfest*** (Mai/Juni)
- ***Altstadtfest*** (Juni)
- ***Wander- und Kräuterwoche*** (August)
- ***Kram- und Kräutermarkt*** (Thüringer Olitätenmarkt mit Wahl der Olitätenkönigin; Mitte August)

Katzhütte

Vorwahl:	036781
PLZ:	98746
Einwohner:	2160
Höhe:	430-450 m
Ortsteile:	Oelze

Fährt man von Großbreitenbach durch das dicht bewaldete Tal nach Südosten, so kommt man nach wenigen Kilometern bei Oelze ins ***obere Schwarzatal.*** Katzhütte, das sich auf etwa 430-450 m Höhe als ausgeprägte Straßensiedlung etwa 6 km entlang der Schwarza erstreckt, liegt am Fuß des 867 m hohen ***Wurzelberges*** und ist ein beliebter, von waldreichen Hängen umgebener ***Erholungsort.*** Es zieht sich in die Seitentäler der Bäche Katze und Oelze hinauf. Katzhütte ist die Endstation der ***Schwarzatalbahn.*** Mit ihr kann man u.a. nach Obstfelderschmiede gelangen, wo sich die Talstation der steilsten Standseilbahn der Welt befindet. Der Bahnhof liegt unmittelbar talabwärts von Katzhütte. Durch die Fichten- und Mischwälder der Umgebung führt ein **Naturlehrpfad**, von dem aus man selten gewordene Pflanzen entdecken kann, und Angler können ihr Glück in der Schwarza versuchen.

Praktische Reisetipps

Info

- ***FVV Oberes Schwarzatal,*** 98746 Katzhütte, Neuhauser Str. 15, Tel. 036781/37388, Fax 37389

Hotels

- ***Hotel Massermühle,*** Ortsteil Oelze, Masserbergstr. 25, Tel. 036870/51962, Fax 51964, www.massermuehle.de; schön im Wald gelegen; Sauna, Solarium, Fitnessraum, rollstuhlgerecht; Stellplätze für Wohnmobile; ÜF im EZ/DZ 37/31 € pro Person

Pensionen

- ***Gasthaus-Pension Rohrhammer,*** Ortsteil Oelze, Schwarzburger Str. 19, Tel. 37592; zentral, ÜF im DZ m. Du/WC ab 20 € pro Person, im EZ m. Waschbecken/WC 16 €
- ***Waldpension Amselheim,*** Tel. 37678, Fax 37362; im Wald gelegen, Zimmer mit Dusche und WC, ÜF ab 20 €
- ***Gasthaus Korn,*** Neuhäuserstr. 62, Tel. 37540; Dusche/WC, ÜF 13 €, www.thueringer-gasthof.de
- ***Gasthaus Schützenhof,*** Neuhäuserstr. 118, Tel./Fax 37706; ruhige Lage am Ortsrand; ÜF ab 15,50 € pro Person

JH, Wohnmobile

- ***Jugendherberge Katzhütte,*** Bahnhofstr. 82, Tel. 37785, www.djh-thueringen.de, ÜF 12 €
- ***Womo-Stellplatz:*** gebührenpflichtiger Stellplatz (ab 15 €/Nacht) auf betoniertem Parkplatz des Hotels Massermühle (s.o.); Stromanschluss, Sauna, Solarium; Ver-/Entsorgung von Fäkaltanks und Kassetten

Gaststätten

- ***Gaststätten-Café Duo Henklein,*** Bahnhofstr. 81a, Tel. 37829 (Speisegaststätte, Eiscafé, Biergarten mit „singenden Wirtsleuten“)
- ***Zum Forellenhof,*** Im Tal der weißen Schwarza (Wald- und Ausflugsgaststätte; Spezialität „Horstis frische Gebirgsforellen“; nur Sa., So. geöffnet; wochentags auf Vorbestellung)

Neuhaus am Rennweg

Vorwahl:	03679
PLZ:	98724
Einwohner:	6300
Höhe:	835 m
Ortsteile:	Neuhaus, Igelshieb, Schmalbuche

Von Katzhütte führt eine Straße durch das reizvolle Waldtal der Katze hinauf nach Neuhaus am Rennweg, dem ***größten Erholungsort im Thüringer Schiefergebirge.*** Durch seine Lage an der B 281 und öffentliche Verkehrsverbindungen nach Saalfeld, Sonneberg, Suhl und weiter nach Coburg und Erfurt ist der Ort gut zu erreichen. Inmitten des Naturparks Thüringer Wald, am Beginn des Thüringer Schiefergebirges und direkt auf dem Kamm gelegen – der Rennsteig führt mitten durch den Ort – ist der staatlich anerkannte Erholungsort ein beliebtes Ziel für Wanderer, Wintersportler und Naturfreunde.

Entstanden ist die Stadt aus einem 1673 erbauten ***Jagdhaus*** (Neues Haus) der Grafen von Schwarzburg-Rudolstadt, die hierher kamen, um „sich Frühjahrs mit der Auerhahnbalz und zur Herbstzeit mit der Hirschbrunst zu divertieren“.

Bereits 1607 hatten zwei Glasmacher aus Lauscha im heutigen Ortsteil Schmalenbuche eine ***Glashütte*** gegründet. Wie viele andere Orte im Thüringer Schiefergebirge, so war auch Neuhaus im Laufe seiner Geschichte mehrmals zwischen verschiedenen Herrschaften aufgeteilt. 1922 ist der Ortsteil Igelshieb mit Neuhaus zusammengeschlossen worden; seit 1933 hat Neuhaus das Stadtrecht.

Seit 1989 hat Neuhaus ein ***Heimatmuseum*** („Geißlerhaus“). Es ist im Geburtshaus des Glastechnikers *Dr. Heinrich Geißler* untergebracht, der sich als Wegbereiter der Leuchtstoff- und Röntgenröhren einen Namen gemacht hat, und informiert über diesen berühmten Sohn der Stadt sowie über die Entwicklung der Glaskunst. Ein Schmuckstück ist die 1892 geweihte ***größte Holzkirche Thüringens,*** die – wie das Museumsgebäude und viele Wohnhäuser – außen bis zum Boden mit Schiefer verkleidet ist. Die schöne Holzkonstruktion wird erst im Inneren sichtbar. In den letzten Jahren wurde sie aufwändig saniert.

Seit 2002 ist Neuhaus am Rennweg wieder mit der Süd-Thüringen Bahn aus Richtung Sonneberg zu erreichen.

Praktische Reisetipps

Info

- ***Städtisches Fremdenverkehrsamt mit Touristen-Information,*** 98724 Neuhaus am Rennweg, Marktstr. 3, Tel. 03679/722061 und 19433, Fax 700228, E-Mail: touristinformation@neuhaus-am-rennweg.de, Internet: www.neuhaus-am-rennweg.de, Fax 700228 (geöffnet Mo.-Fr. 9-12 und 13-18 Uhr, Sa 10-12 Uhr)

Hotels

- ***Rennsteighotel Herrnberger Hof******, Eisfelder Str. 44, Tel. 7920-0, Fax 7920-99, Rennsteighotel@t-online.de, www.rennsteighotel.de; am Waldrand und direkt am Rennsteig gelegen, ÜF im DZ 37,50-56,50 €
- ***Hotel An der alten Porzelline,*** Eisfelder Str. 16, Tel. 724041, Fax 724044; AltePorzelline@aol.com, www.members.aol.com/AltePorzelline; Schiefergebäude in ruhiger, zentraler Lage; interessantes „museumsreifes“ Erlebnisrestaurant „Schmelztiegel“ mit Musik-Pub im alten Kesselhaus der Porzellanmanufaktur; Pool, Sauna, Solarium; ÜF im DZ ab 30-45 €
- ***Hotel Oberland,*** Schwarzburger Str. 11, Tel. 722228, Fax 722161; info@hotel-oberland-neuhaus.de, www.hotel-oberland-neuhaus.de; Schieferhaus in zentraler Lage; Sauna, Solarium, Restaurant; ÜF im DZ ab 26-30 €

JH, Wanderhütte

- ***Jugendherberge Neuhaus,*** Apelsbergstr. 54, Tel. 722862, Fax 700384; ÜF 12/15 €
- ***Wanderhütte am Rennsteig,*** OT Bernhardsthal, über Rennsteigbaude, Tel. 722078, Ü 10 € plus 2,50 € für Bettwäsche

Wohnmobile

●***Womo-Stellplatz:*** gebührenfreier Platz auf dem Parkplatz Bernhardstal nahe der gemütlichen Ausflugsgaststätte Rennsteigbaude (Tel. 22078)

Besichtigen

●***Heimatmuseum***, Sonneberger Str. 106, Ortsteil Igelshieb, Tel. 723143 (geöffnet Di.-Fr. 14-16 Uhr)

●***Schauglasbläsereien:*** *Greiner Glasmanufaktur,* www.greiner-glas-manufaktur.de, Sonnebergerstr. 150, Tel. 722003 (Glas, Porzellan, Keramik; Vorführung und Verkauf; Café); *Bernd Ulbrich,* www.ulbrich-glas.de, Sonnebergerstr. 78, Tel. 722047 (Vorführungen, Verkauf, Zimmer); *Der Christbaum,* www.der-christbaum.com, Am Herrenberg 7c, Tel. 725194 (Christbaumschmuck, Herstellung und Verkauf)

Aktivitäten

●***Kutsch-/Schlittenfahrten und Reiten:*** *Reiterhof A. Kirchner,* Kirchweg 54, Tel. 720494, 0170/7990175 (mit Ferienwohnungen)

●***Fahrradverleih:*** *Radsport Amberg,* Sonnebergerstr. 28, Tel. 720694; *Sport-Marr,* Marktstr. 5, Tel. 726464

●***Wandern:*** Direkt am Rennsteig und in waldreicher Umgebung gelegen, bietet der Ort vielfältige Wandermöglichkeiten. Das FVA gibt ein Faltblatt mit Routenbeschreibungen heraus und vermittelt Wanderungen mit Rückholdienst. Außerdem ist Neuhaus einer der Ausgangspunkte für den alljährlich im Mai stattfindenden „Guts-Muths-Rennsteiglauf“ (siehe Rennsteig). Seit 1991 findet am Vorabend des Laufes hier in der neuen GuthsMuths-Halle die „Kloß-Party“ statt.

●***Baden:*** Sport-Schwimmhalle, 2003 saniert, mit 25-m-Becken und Sauna; Waldbad Bernhardtstal mit großem Naturteich und Sportanlagen

●***Ultraleicht-Gästefliegen:*** *H. Ehrhardt,* Tel. 03679/723416

●***Radfahren:*** Empfehlenswerte Tagestouren führen auf dem Rennsteig nach Oberhof oder Bad Blankenburg oder als Rundstrecke rings um Neuhaus. Routenbeschreibungen mit Kartenskizze erhält man von der Tourist-Information.

●***Wintersport:*** Neuhaus ist relativ schneesicher mit sehr guten Skimöglichkeiten rings um den Ort, 16 km Loipe, 25 km Skiwanderwegen, Skiverleih und 2 Schleppliften. Mit Flutlicht, darunter ein Kinderlift.

Feste

●***Internat. Schlittenhunderennen*** (Jan./Feb.)

●***Schützenfest*** (1. Wochenende Juli)

●***Brunnenfest*** (in ungeraden Jahren am 2. August-Wochenende)

●***Igelshieber Kirmes*** (letztes Juli-Wochenende)

●***Neuhäuser Kirmes*** (letztes Wochenende im August)

●***Marktschreier-Fest*** (zweites Wochenende im September)

●***Bergweihnacht*** mit Weihnachtsmarkt (2. Wochenende im Dezember)

Lauscha – die Glas- und Schieferstadt

Vorwahl:	036702
PLZ:	98724
Einwohner:	4500
Höhe:	580-835 m
Stadtteile:	Ernstthal

In Neuhaus kann man links nach Norden abbiegen und direkt nach Lichtetal (s.u.) fahren, um die Rundstrecke abzukürzen. Oder man fährt über den Ortsteil Igelshieb steil hinunter ins Lauschatal, wo man bald auf die ersten Häuser des Ortes stößt. Scheinbar endlos lang zieht sich die Stadt das enge Tal abwärts. Lauscha war eine der Keimzellen der Glasindustrie im Thüringer Schiefergebirge und ist heute noch die bedeutendste Glasstadt Thüringens.

Nahezu alle Häuser sind vom First bis hinunter zu den Grundmauern mit schwarzen ***Schieferplatten*** verkleidet, so dass man kaum erkennen kann, wo das Dach aufhört und die Mauern anfangen. Dies ist zwar keine Besonderheit, die man ausschließlich in Lauscha findet – sehr viele Häuser im Schiefergebirge und auch noch im Thüringer Wald sind durch Schieferplatten gegen die raue Witterung geschützt –, aber in Lauscha wird dies besonders augenfällig. Bei Nebel und Regenwetter mag dies dem Ort eine etwas düstere Atmosphäre verleihen, bei Sonnenschein jedoch sieht es sehr schön aus und verleiht dem Bergstädtchen einen eigenen Charakter.

Hans Greiner und *Christoph Müller* haben hier 1597 eine vom Coburger Herzog privilegierte ***Glashütte*** errichtet, die die weitere Entwicklung des Ortes bis heute entscheidend geprägt hat. Die Lauschaer „Mutterglashütte" wurde zum Ausgangspunkt für die Gründung von mehr als einem Dutzend weiterer Glashütten in der Umgebung.

1835 erfand *Ludwig Müller-Uri* das künstliche Menschenauge aus Glas. In der Mitte des vorigen Jahrhunderts entwickelte sich aus der Herstellung von Glasperlen der ***Christbaumschmuck.*** Erst wurde Blei zum Verspiegeln der Perlen und Kugeln verwendet, später dann Silber. Spezielle Verfahren zum Versilbern der Kugeln wurden hier entwickelt. Noch heute wird in Lauscha Christbaumschmuck in großen Mengen hergestellt. Durch den Christbaumschmuck wurde Lauscha in aller Welt bekannt.

Das sehr interessante ***Museum für Glaskunst*** (Tel. 20724) an der Oberlandstraße 10, im Zentrum der Stadt (geöffnet Di.-So. 10-17 Uhr, Eintritt 2,50 € bzw. 1,50 ermäßigt) informiert über die Geschichte des Glases und der Lauschaer Glasindustrie, Christbaumschmuck, Glasaugen, Glaskunst und die Technologie des Glases. Es ist das einzige Spezialmuseum dieser Art in Thüringen und besitzt eine umfangreiche Sammlung teilweise sehr schöner und wertvoller Stücke. Lohnend ist sicher auch ein Besuch in der Farbglashütte, Straße des Friedens 46, Tel. 2810 (Führungen) mit Tonbildschau und Märbelmarkt, in der neuen

Kunstvolle Christbaumkugeln

Studio-Glashütte, Straße des Friedens 22, Tel. 20808, und in einer der vielen Vorführwerkstätten.

Für ***Wintersportler*** bietet der schneereiche Ort mit mehreren Skihängen, Liften und einer Schanzenanlage vielfältige Möglichkeiten.

Im ***Sommer*** laden gut ausgeschilderte Wanderwege zu ausgedehnten Wanderungen ein. Ein beliebtes Ziel ist das Felsenhäuschen im Naherholungsgebiet Teufelsholz. Zum Baden lockt das beheizte Erlebnis-Bad im Steinachgrund, und auch die Sommerrodelbahn im Ortsteil Ernstthal sorgt für Abwechslung.

Praktische Reisetipps

Info

- ***Tourist-Information Lauscha,*** 98724 Lauscha, Hüttenplatz 6, Tel. 036702/22944 oder 457, Fax 22942; Internet: www.lauscha.de

Parken

- Parkplätze sind im engen Tal knapp. Am besten stellt man sein Fahrzeug auf dem ***Parkplatz P4 Obermühle*** ab (die Henriettenthal-Straße hinunter in Richtung Schanzenanlage). Der Weg zum Parkplatz ist ausgeschildert. Bis zum Zentrum sind es zu Fuß etwa 7 Minuten. Es lässt sich nicht vermeiden, dass man einige Strecken zu Fuß gehen muss, was auf den teilweise ***steilen Straßen*** für Gehbehinderte oder ältere Menschen problematisch sein kann.

Hotels

- ***Hotel Zur Post,*** Bahnhofstr. 27, Tel. 2920, Fax 22905; zentral gelegenes, 1995 renoviertes Hotel garni mit Ferienwohnung; ÜF im DZ 28 €; Ermäßigung ab 3 Nächten
- ***Hotel Garni Beck,*** Bahnhofstr. 30, Tel. 20800, Fax 20810; traditioneller Fachwerk-/Schieferbau; innen modern-gediegen; Sauna, Solarium, Fitnessraum; ab 27,50 €

Gasthöfe

- ***Gasthof Gollo,*** Mittelstr. 2, Tel. 21614, Fax 20884; Schieferbau mit schöner Holzausstattung; Restaurant, Biergarten, Bowlinganlage; ÜF im DZ ab 25 € pro Person
- ***Gasthof Brandt,*** Obermühle 4, Tel./Fax 20245; ruhige Lage; rustikal-gemütliche Zi.; ÜF ab 25 € pro Person
- ***Landgasthof „Johann Ernst", Ernstthal***, Georgstr. 6, Tel. 20417, gemütliche Zimmer; ÜF im DZ ab 25 €
- ***Pension und Gasthof Waldstüble*** in Ernstthal, Telleweg 27, Tel. 21771; gemütliche Zi., ÜF ab 19 € pro Person
- ***Wanderparadies im Steinachgrund,*** Steinachgrund, Tel. 20590, wanderparadies@t-online.de; Fewo und Bungalows in idyllisch ruhiger Waldlandschaft nahe dem Rennsteig

Glaskunst aus Lauscha

Den Grundstein für die heutige Glasbläserei in Lauscha legten die Glasmeister *Hans Greiner* und *Christoph Müller* 1597 mit der Gründung einer Hütte im Lauschabachtal. Die Lage war günstig, denn Holz, das damals einzige Brennmaterial zum Schmelzen des Glases und zur Gewinnung der Pottasche, stand in reichem Maße zur Verfügung, so dass die Hütte über 300 Jahre lang am selben Fleck bleiben konnte und zur „Mutter" von 15 weiteren „Tochterglashütten" in der Umgebung wurde. Den zum Schmelzen des Glases erforderlichen Sand holte man sich aus Steinheid und den Kalk aus Weißenbrunn bei Schalkau.

Der Übergang von der Hüttenindustrie zur Heimindustrie begann etwa Mitte des 18. Jh. mit der ***Perlenmacherei.*** Die so genannten Schmelzperlen wurden aus zum Teil mit Blei verspiegelten, dünnen Glasröhrchen geschnitten und nicht weiter bearbeitet. Von großer Bedeutung für Lauscha waren „geblasene Perlen", die vor der Lampe geblasen und nachträglich innen verspiegelt wurden. Lange Zeit verwendete man für die Verspiegelung eine Mischung aus Zinn, Zink und Blei, die zu schweren Gesundheitsschäden bei den Glasbläsern führte. Die als „Fischperlen" bezeichneten Perlen wurden mit einer silberglänzenden Masse aus den Schuppen des kleinen Ukeleifisches verspiegelt. Für die so genannten „Wachsperlen" verwendete man eine Wachsfüllung, durch welche die Perlen schwerer und damit den echten Perlen ähnlicher wurden. Im Laufe der Zeit begannen einzelne Glasbläser, aus einfachen Glasröhrchen Tiere und andere Figuren zu gestalten, zunächst vor der primitiven Öllampe, die nur kleine Stücke zuließ, ab 1867 dann vor der Gasflamme.

In der ersten Hälfte des 19. Jh. entwickelte der Lauschaer *Ludwig Müller-Uri* in Zusammenarbeit mit führenden Augenärzten die ersten ***künstlichen Menschenaugen*** aus Glas in Deutschland. Lange Zeit blieb die Herstellung der Glasaugen das Geheimnis der Familie *Müller-Uri* und wurde von ihren Mitgliedern nicht nur ins europäische Ausland, sondern auch nach Nord- und Südamerika und Australien getragen.

Aus der Perlenindustrie ist etwa um die Mitte des 19. Jh. die Herstellung von ***Christbaumschmuck*** hervorgegangen, für die Lauscha noch heute ein Synonym ist. Ihre große Bedeutung erlangte sie jedoch erst, als ab 1867 durch die größere und heißere Gasflamme auch größere Glasstücke geschmolzen werden konnten. Die Bleiverspiegelung wurde durch die weniger gesundheitsschädliche Silberverspiegelung abgelöst. In die dünnwandigen Kugeln wurde eine Mischung aus Zuckerlösung, Silbernitrat und Salpetersäure gefüllt, die im heißen Wasserbad eine silbern glänzende Schicht an der Innenwand abschied. Von außen wurden die Kugeln bunt bemalt und lackiert. Neben den frei geblasenen Kugeln kam bald in Model geblasener Christbaumschmuck hinzu, der vielerlei Formen annahm: Glocken, Vögel, Lampions, Weihnachtsmänner. Der Lauschaer Christbaumschmuck erfreute sich rasch zunehmender Beliebtheit und wird bis heute in die ganze Welt exportiert.

(Unter Verwendung von Informationen aus „Das Museum für Glaskunst Lauscha", R. Hoffmann, 1971)

Wohnmobile

- ***Womo-Stellplatz:*** gebührenfreie Stellplätze (max. 24 Std.) auf dem Parkplatz P4 Obermühle (s.o.), 3 Caravan-Stellplätze im Wanderparadies im Steinachgrund (s.o.); außerdem in Ernstthal: Gaststätte Sportpark, Lauschaer Str. 39 sowie an der Sommerrodelbahn, Lauschaer Str. 41

Vorführwerkstätten

- ***Glaszentrum,*** Str. des Friedens 20-22, Tel. 20808; Glasatelier, Christbaumschmuck, Zierporzellan, mit Verkauf und Restaurant-Café
- ***Müller-Schulwilm,*** Obermühle 8, Tel. 21176; Vorführung, Verkauf und Selbst-Ausprobieren
- ***H. Müller-Litz,*** Ahornstr. 17, Tel. 20649; Kunstglasbläserei mit Vorführung, Ausstellung und Verkauf
- ***Weihnachtsland,*** Straße des Friedens 39, Tel. 22945; größter ganzjährig geöffneter Weihnachtsmarkt Thüringens mit Erlebnis- und Museumsteil
- ***Krebsglas Lauscha,*** Am Park 1, Ernstthal, Tel. 288-0; Werksverkauf von Christbaumschmuck

Aktivitäten

- ***Baden:*** Erlebnisfreibad am Steinachgrund, Tel. 20344; Wasserrutsche, Strömungskanal, Wasserkanone; beheizt; Mai-Sept.
- ***Sommerrodelbahn:*** in Ernstthal, Lauschaer Str. 41; 800 m lang, Höhenunterschied 114 m; Tel. 036702/20831; www.sommerrodelbahn-ernstthal.de
- ***Wintersport:*** die schneesichere Umgebung bietet vielfältige Möglichkeiten, Auf der *Sprungschanzenanlage Markttiegel* finden Meisterschaften und internationale Wettkämpfe statt. Für Langläufer werden in der Umgebung von Lauscha ca. 80 km Skiwanderwege gespurt (ein sehr gutes Infoblatt mit Loipenübersicht erhält man von der Tourist-Information). Ein Schlepplift mit mehreren 800 m langen

Abfahrten befindet sich zwischen Lauscha und Ernstthal, Fr. und Sa. Flutlichtbetrieb.
- ***Skiverleih:*** Lauscha, Tourist-Information, Hüttenplatz 6, Tel. 22944; Ernstthal, Am Skilift, Lauschaer Str. 41, Tel. 20831 oder 21756

Feste

- ***Glasmacherfest*** in Ernstthal (Juli)
- ***Edelweißbrunnenfest*** (August)
- ***Köppleinkerwa*** (August)
- ***Lauschaer Kugelmarkt*** (1. und 2. Adventswochenende)

Umgebung

Steinach (ca. 5 km südlich) – Im ***Deutschen Schiefermuseum*** zu sehen sind die Darstellung der Gewinnung und Verarbeitung von Griffelschiefer und Dachschiefer sowie Ausstellungen über die Herstellung von Schiefertafeln, über die Thüringer Wassersteine und die Geologie der näheren Umgebung (Dr.-Max-Volk-Str. 21, Tel. 036762/30619, Fax 34814; geöffnet tägl. 14-17 Uhr, Führungen außerhalb dieser Zeit nach Absprache; Eintritt 2,50/1,50 €).

Schmiedefeld

Vorwahl:	036701
PLZ:	98739
Einwohner:	1400
Höhe:	654-801 m

Von Lauscha geht es wieder talaufwärts und in Ernstthal rechts durch ein schönes Waldgebiet nach Norden. Schmiedefeld (nicht zu verwechseln mit Schmiedefeld am Rennsteig!) ist der am höchsten gelegene Ort im Saalfelder Oberland und ***Hauptort der Ferienregion Lichtetal.*** Es schmiegt sich mit seinen schiefergedeckten Häusern an den Hang des Rauhügelmassivs bis dicht unter den Gipfel. Die waldreiche Umgebung und die hohe Lage bieten ***vielfältige Möglichkeiten für Wanderer und Wintersportler.***

Der Ort verdankt seine Existenz den Erzlagerstätten, die in seiner Umgebung seit dem 12. Jahrhundert abgebaut wurden, sowie dem 1683-1860 betriebenen Alaunschieferbergwerk im Schwefelloch. Als die Grube 1951 bei der Suche nach Uran wieder geöffnet wurde, entdeckte man, dass die Natur dort im Laufe eines Jahrhunderts herrliche Tropfsteingebilde und farbenprächtige Ablagerungen geschaffen hatte. Heute ist das mit großem Einsatz wieder eröffnete ***Schaubergwerk Morassina*** die größte Attraktion Lichtetals.

Praktische Reisetipps

Info

- ***Tourismusbüro „Lichtetal am Rennsteig“,*** Saalfelder Str. 35, 98739 Schmiedefeld, Tel. 036701/20690, Fax 20691, Internet: www.lichtetal.de

Unterkunft

- ***Ferienwohnungen*** und ***Ferienhäuser,*** z.T. behindertengerecht, können über das Tourismusbüro gebucht werden

Gaststätten

- ***Gaststätte „Morassina“*** im Gelände des Schaubergwerks, im Schwefelloch; Ausflugslokal mit Biergarten; Thüringer Küche; geöffnet tägl. ab 10 Uhr; Tel. 61578
- ***Turmgaststätte „Schutzhütte Leipziger Turm“*** am Rauhügel, geöffnet tägl. ab 10 Uhr

Besichtigen

- ***Schaubergwerk Morassina*** mit Heilstollen und Bergbaumuseum, Schwefelloch 1, Tel. 61577; geöffnet täglich 9-17 Uhr, letzte Führung 16.30 Uhr; Eintritt 3,50/2 €; 90% der Grube sind auch im Rollstuhl zugänglich
- ***Heimat- und Kunstmuseum Anton Louis Fritze,*** Tel. 20690; geöffnet nach Vereinbarung
- ***„Rotschnabelnest“*** in Reichmannsdorf; Miniaturstuben, Goldstube, Schaukästen, Picknickraum und größte Schatztruhe Deutschlands; Di.-Fr. 10-17 Uhr, Sa., So. 13-17 Uhr; Tel. 036701/30054
- ***Porzellanmuseum*** im Nachbarort Reichmannsdorf, Tel. 036701/31203; Mo.-Fr. 9-17, Sa./So. 10-17 Uhr
- ***Kräuter- und Olitätenmuseum „Beim Giftmischer“,*** Tel. 20258, geöffnet Mi.-So. 13-17 Uhr
- ***Zeichen- und Modellierschule*** in der Porzellinergemeinde Lichte, Tel. 61500, einmalig in Thüringen, geöffnet Di., Mi. 14-18 Uhr

Aktivitäten

- ***Wandern:*** Bergbaulehrpfad mit Bergmannsgedenkstätte im Tagebau Westfeld und Naturlehrpfad; Leipziger Turm auf dem Rauhügel mit weitem Ausblick sowie ein weitverzweigtes Netz markierter Wege in der Umgebung
- ***Minigolf, Kegelbahn***

Oberland am Rennsteig

Vorwahl:	036762 (Spechtsbrunn: 036703)
PLZ:	96523 (Spechtsbrunn: 98743)
Einwohner:	2530
Höhe:	430-770 m
Ortsteile:	Haselbach, Hasenthal, Spechtsbrunn, Eschenthal, Friedrichsthal, Georgshütte, Blechhammer und Hüttengrund

Statt von Lauscha in Richtung Norden direkt nach Lichtetal zu fahren, kann man zunächst ***nach Süden fahren*** und über Steinach, Hasenthal und Spechtsbrunn eine Schleife einfügen, die kurz vor Schmiedefeld wieder auf die Hauptroute mündet.

Die Gemeinde Oberland am Rennsteig wurde erst 1997 aus den oben genannten Ortsteilen geschaffen. Sie erstreckt sich über eine Länge von 15 km ***durch herrliche Waldtäler bis zum Rennsteig hinauf.*** Schon die Namen ihrer Ortsteile erzählen eine ganze Geschichte über die Landschaft und die Ursprünge der Siedlungen.

Sehenswürdigkeiten sind die ***Barockkirche*** in Spechtsbrunn, die zurzeit renoviert wird, aber dennoch besichtigt werden kann, die ***Eisenhammerwelle*** aus der Produktion der ehemaligen Bernhardshütte, aufgestellt an der Bushaltestelle von Blechhammer und ein ***Bauernhaus*** von 1783 in Hasenthal. In Hasenthal und Haselbach lassen sich die ***Kunstglasbläser*** gern über die Schulter schauen, und Besichtigungen der Christbaumschmuck-Betriebe sind nach Vereinbarung möglich. Im Ortsteil Blechhammer ist die Porzellanmalerei zu Hause, und durch den Ortsteil Spechtsbrunn verläuft der Rennsteig Höhenwanderweg. Vor allem aber ist die Gemeinde Ausgangspunkt für herrliche Wanderungen zu Fuß, per Fahrrad oder mit Skiern.

Auf der „Kalten Küche" bei Sprechtsbrunn befindet sich ein ***Naturpark-Infozentrum*** mit einer Ausstellung über die drei hier zusammentreffenden Naturparks. Neben Wissenswertem zur Region und ihrer Fauna und Flora findet man dort eine Touristinformation und einen Imbiss.

Praktische Reisetipps

Info

- ***Gemeinde Oberland am Rennsteig,*** Am Schulplatz 2, 96523 Oberland, Tel. 892-0, Fax 892-50
- ***Touristinformation,*** 98743 Spechtsbrunn, Am Rennsteig 1, Tel. 036703/7081-2, Fax -3, niz_spechtsbrunn@hotmail.com

Gaststätten

- ***Berggasthof Brand,*** OT Spechtsbrunn, Tel. 80529; gutbürgerliche und Thüringer Küche; Di. Ruhetag
- ***Gasthaus Siegel,*** OT Blechhammer, Steinacherstr. 32, Tel. 03675/744708; gemütliche Atmosphäre, Thüringer Spezialitäten, Billard; Ruhetag: Do. 17 Uhr bis Fr. 17 Uhr
- ***Gasthaus „Rennsteig“,*** Sonneberger Str. 2, OT Spechtsbrunn, Tel. 80389; gutbürgerliche Küche; Mi. geschl.

Aktivitäten

- ***Wandern:*** ca. 150 km ausgeschilderte Wege; sehr informative und ausführliche Beschreibungen von 12 Routen erhält man in der Touristinformation
- ***Radwandern:*** Radwanderwege in den OT Blechhammer und Hüttengrund sowie am Lions-Radwanderweg, Rennsteig-Radwanderweg von Saalfeld nach Kronach
- ***Skiwandern:*** ca. 40 km gespurte Skiwanderwege in den OT Haselbach, Hasenthal und Spechtsbrunn
- ***Schneetelefon:*** 036870/53398
- ***Klettern:*** Klettergarten im OT Blechhammer

Feste

- ***Rennsteigfest,*** Spechtsbrunn (Ende April)
- ***Frühlingsfest,*** Haselbach (Mitte Mai)
- ***Fohlenhausfest*** in Haselbach (Pfingstsonntag)
- ***Steinachtallauf,*** Blechhammer (Mitte Sept.)
- ***Plankirmes*** in Hasenthal (zweites Augustwochenende)

Saalfeld – die Steinerne Chronik Thüringens

Vorwahl:	03671
PLZ:	07318
Einwohner:	29.000
Höhe:	240 m
Stadtteile:	Remschütz, Obernitz, Gorndorf, Beulwitz, Köditz, Garnsdorf

„Ein Stättlein an der Sala zwischen Rudelstat und Gräfenthal sampt einem Stift und Ampt des Herzogen von Sachsen Altenburgischer Lini gehörig, ist vor dem jetzigen Krieg ein lustig wohlgebauter Ort gewesen.“ *(Matthäus Merian,* 1650)

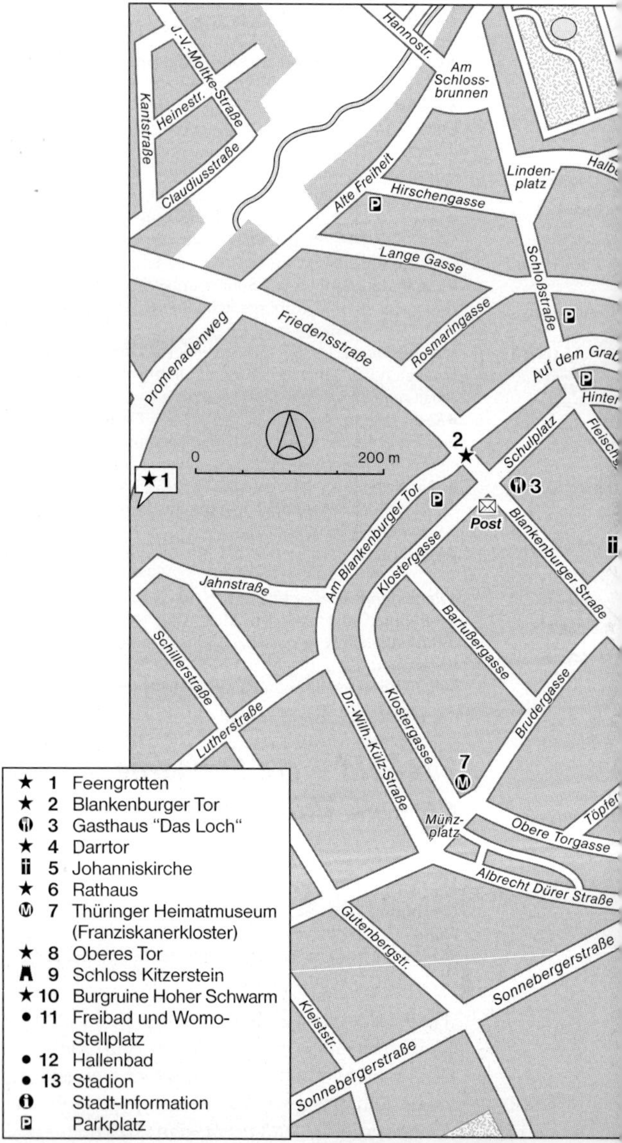

★ 1 Feengrotten
★ 2 Blankenburger Tor
3 Gasthaus "Das Loch"
★ 4 Darrtor
5 Johanniskirche
★ 6 Rathaus
7 Thüringer Heimatmuseum (Franziskanerkloster)
★ 8 Oberes Tor
9 Schloss Kitzerstein
★ 10 Burgruine Hoher Schwarm
• 11 Freibad und Womo-Stellplatz
• 12 Hallenbad
• 13 Stadion
i Stadt-Information
P Parkplatz

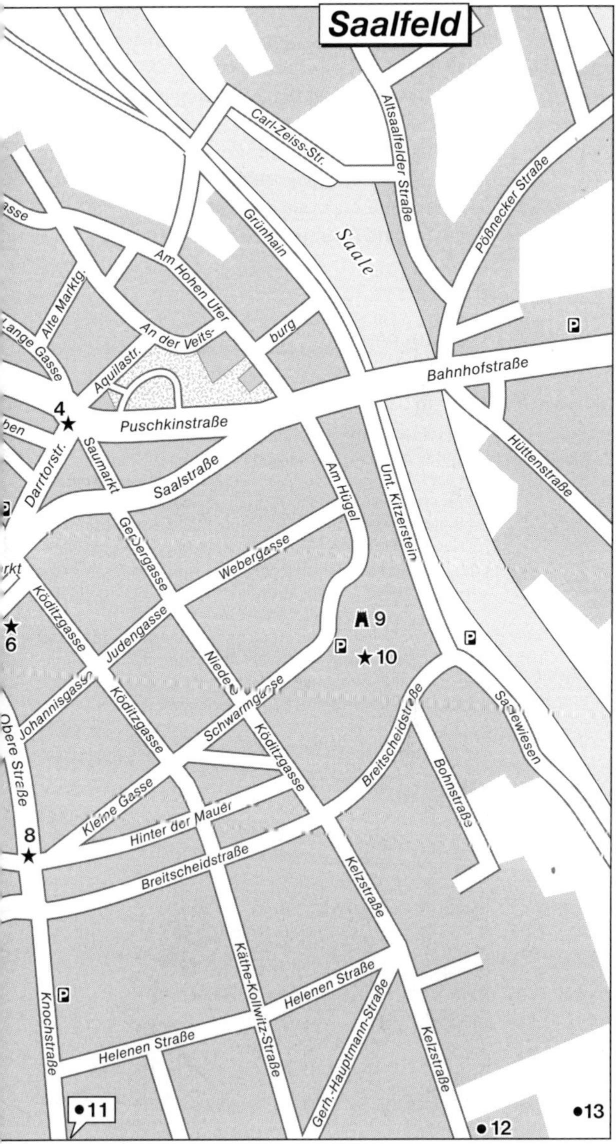
Saalfeld
Carl-Zeiss-Str.
Altsaalfelder Straße
Pößnecker Straße
Grünhain
Saale
Am Hohen Ufer
Alte Marktg.
Lange Gasse
An der Veits-
burg
Aquilastr.
Bahnhofstraße
P
4
Puschkinstraße
Darrtorstr.
Saumarkt
Saalstraße
Am Hügel
Unt. Kitzerstein
Hüttenstraße
Webergasse
Judengasse
Köditzgasse
6
9
10
Johannisgasse
Obere Straße
Schwarmgasse
Breitscheidstraße
Saalewiesen
Bohnstraße
Kleine Gasse
Hinter der Mauer
8
Kelzstraße
Käthe-Kollwitz-Straße
Helenen Straße
Gerh.-Hauptmann-Straße
Knochstraße
11
12
13

Das „Stättlein“ Saalfeld liegt am Nordrand des Thüringer Schiefergebirges im burgenreichen Saaletal, dort, wo der Oberlauf der Saale endet und die Flussaue des Mittellaufes beginnt. Die Stadt am Schnittpunkt der Bundesstraßen B 281 und B 85 ist zugleich ein wichtiger ***Eisenbahnknotenpunkt Südthüringens*** (IC-Bahnhof) und sowohl von Jena und Gera als auch über Probstzella von Bamberg und Bayreuth aus mit der Bahn zu erreichen.

Geschichte

Neben Arnstadt gilt Saalfeld als eine der ältesten Städte Thüringens. Bereits in einer Urkunde von 899 wird ein ***karolingischer Königshof*** „Salauelda“ genannt, der zur Sicherung der fränkischen Gebiete gegen die Slawen entstanden war. 1071 wurde vom Kölner Erzbischof ein ***Benediktinerkloster*** gestiftet, das jedoch später dem Residenzschloss der Herzöge von Sachsen-Saalfeld weichen musste. Durch das Kloster war Saalfeld bereits früh ein kirchliches Machtzentrum. 1180 gelangte die Stadt zum Reich von *Friedrich I. Barbarossa;* 1198 wurde sie durch den Thüringer Landgrafen *Herrmann* zerstört.

Ihren ***wirtschaftlichen Aufschwung*** verdankt die Stadt einerseits ihrer Lage am Saale-Übergang und am Schnittpunkt der Handelsstraße Leipzig-Nürnberg, der „Kupferstraße“ und der „Böhmischen Straße“, andererseits dem im 13. Jh. begonnenen Kupfer- und Silberbergbau. Im 16. Jh. wurde Saalfeld durch seine Schnitzereien bekannt.

Während der Pestzeit (1578/79) wurde die Jenaer Universität vorübergehend nach Saalfeld verlegt.

1680-1735 war Saalfeld die ***Residenz*** der Herzöge von Sachsen-Saalfeld, ab 1826 gehörte es zum Herzogtum Meiningen.

Bereits 1871 erhielt die Stadt Anschluss an die ***Bahnstrecke*** Erfurt – Arnstadt, und durch den Bau der Saaletalstrecke und den Anschluss an das bayerische Schienennetz 1885 wurde sie zu einem wichtigen Eisenbahnknotenpunkt und Brennpunkt industrieller Entwicklung.

Sehenswertes

Ihren oben erwähnten ***Beinamen „Steinerne Chronik“*** verdankt die Stadt der Tatsache, dass hier zahlreiche Bauwerke verschiedener Epochen erhalten sind. Allerdings ist das ***Stadtbild nicht so geschlossen*** wie in manch anderer Stadt Thüringens, so dass man schon hie und da ein Stück gehen muss, auch wenn man glaubt, die Altstadt zu verlassen, um die lohnenden Sehenswürdigkeiten zu entdecken.

Vom oben genannten Parkplatz am Rande der Altstadt gelangt man durch das hübsche, von einem hohen Zwiebelturm gekrönte ***Blankenburger Tor*** auf die Fußgängerzone Blankenburger Straße.

Markt

Recht schön ist das geschlossene Ensemble historischer Bauwerke am Markt. Hier steht die 1180 entstandene ***Marktapotheke,*** so alt wie die Stadt und eines der wenigen in den neuen Bundesländern erhaltenen romanischen Profangebäude. Das ***Rathaus*** (1529-37) am Markt ist ein frühes Beispiel thüringisch-sächsischer Renaissancebaukunst und wird durch reiche Erker, einen Treppenturm und ein Kreuzgewölbe geschmückt. Der Eisenstab am Portalpfeiler ist die „Saalfelder Elle“,

Marktplatz mit „Liden“

für die Markthändler früher das „Maß aller Dinge". Hinter den „Liden", einer Häuserreihe mit Laubengang aus dem 16. Jahrhundert, erhebt sich die prachtvoll ausgestattete ***Johanniskirche*** (1390-1514) mit einer lebensgroßen Johannisfigur aus der Riemenschneider-Schule (1505), dem Heiligen Grab (um 1500). Besonders sehenswert ist die Ausmalung des Chorgewölbes mit Blumen- und Pflanzendarstellungen („Himmelswiese"), von denen 80 botanisch bestimmt werden konnten. Nur wenige Schritte vom Markt entfernt gelangt man am Münzplatz zum ehemaligen ***Franziskanerkloster.*** In den Kreuzgängen und Gewölben der Klosteranlage ist das ***Stadtmuseum*** mit einer umfangreichen kunst- und kulturgeschichtlichen Sammlung untergebracht.

Schloss

Das Residenzschloss der Herzöge von Sachsen-Saalfeld (heute Landratsamt) wurde 1677-1720 auf dem Gelände der früheren Königspfalz und des späteren Benediktinerklosters erbaut. Die Dreiflügelanlage ist mit wertvollen Stuckarbeiten, Deckengemälden und einer prachtvollen Barock-Kapelle ausgestattet.

Hoher Schwarm

Wahrzeichen der Stadt ist die ***Burgruine*** Hoher Schwarm, die nach dem Vorbild der Schweizer Burg Thun entstanden ist. Der Wohnturm aus dem frühen 14. Jh. mit den beiden runden Ecktürmen war einst Sitz der Saalfelder Vögte. Neben der Ruine steht das frühere Stadtschloss ***Kitzerstein,*** heute Musikschule.

Feengrotten

Die Hauptattraktion Saalfelds, die berühmten Feengrotten, liegen etwa einen Kilometer südwestlich des Zentrums beim Ortsteil Garnsdorf und sind über die B 281 zu erreichen (gut ausgeschildert).

Das Schaubergwerk ist von März bis Oktober täglich 9-17 Uhr*, im November Sa./So. 10-15.30 Uhr* und von Dezember bis Februar täglich von 10-15.30 Uhr* (*Beginn der letzten Führung)

geöffnet. Die Führung dauert ca. 60 Minuten. Der Eintritt kostet für Erwachsene 6,50 € und für Kinder 4,00 €. Gruppen sollten sich anmelden, um Wartezeiten zu vermeiden (Tel. 03671/ 5504-0). Im Feengrottenpark stehen ausreichend Parkmöglichkeiten für PKW, Busse und Caravan zur Verfügung.

Entstanden sind die „farbenreichsten Schaugrotten der Welt" (Guinness-Buch der Rekorde) - wie so viele Thüringer Höhlen - durch den ***Bergbau.*** Zwischen 1540 und 1846 wurde in

Burgruine Hoher Schwarm

dem Bergwerk „Jeremias Glück" Alaunschiefer zur Alaun- und Vitriolgewinnung abgebaut, bis das Vitriol industriell billiger erzeugt werden konnte.

Im Laufe der Jahrhunderte sind in den verlassenen Stollen durch Auslaugung und Oxydation verschiedenartigster Mineralien jene buntschillernden ***Tropfsteingebilde*** gewachsen, die den Feengrotten heute ihre Eigenart und eindrucksvolle Farbigkeit verleihen. Da die ältesten Tropfsteine gerade 440 Jahre alt sind, wirken sie, verglichen mit denen echter Tropfsteinhöhlen, natürlich etwas mickrig. Aber die Farben der Tropfsteine, der Grotten und sogar der bloßen Verbindungsstollen sind so beeindruckend, dass man sich einen Besuch der Höhle nicht entgehen lassen sollte. Einmalig ist auch, dass die Tropfsteine nicht aus Kalk, sondern aus Eisenphosphat bestehen.

1910 begann man nahe dem halbvergessenen Bergwerk erneut zu graben, um den Ursprung einer in Europa einzigartigen Eisen-Arsen-Quelle zu finden. Dabei stieß man unerwartet auf die farbigen Tropfsteine. Das ursprüngliche Projekt wurde aufgegeben, um die ***Höhle für Besucher zu erschließen.*** 1914 fand die erste Führung statt, und seither hat man hier schon 17 Millionen Besucher „unter die Erde gebracht".

Nachdem man seine an eine Kutte erinnernde „Schutzkleidung" erhalten hat, geht es mit einem „Glück auf!" untertage. Die ***erste der drei Sohlen*** – auf allen herrscht eine gleichmäßige Temperatur von etwa 10 °C – befindet sich 11 m unter der Grasnarbe. Hier sind die „Tropfsteine" noch keine 150 Jahre alt und arge Kümmerlinge. Doch schon auf der ***mittleren Sohle*** wird es eindrucksvoll: Gleich drei Grotten konkurrieren hier nebeneinander um den Schönheitspreis. Dabei ist es kaum zu glauben, dass dieses Farbenspiel nicht durch bunte Scheinwerfer, sondern allein durch die natürlichen Farben der Mineralien erzeugt wird.

Durch einen langen Stollen geht es weiter abwärts, und wer preußisches Gardemaß hat, der muss hier den Kopf einziehen, sonst wird er unsanft „vom Berggeist gegrüßt“.

Höhepunkte dieses „Natur“denkmals (eigentlich ja nur zur Hälfte Natur) ist die ***Gralsburg mit dem Märchendom*** im ältesten Teil des ehemaligen Bergwerksstollens. Hier hatten die Tropfsteine immerhin schon 440 Jahre Zeit und sind bis zu einer Länge von 1,60 m gewachsen. *Siegfried Wagner*, der Sohn des berühmten Komponisten, hat in den 20er Jahren eine Nachbildung der Gralsburg als Bühnenbild für den Tannhäuser bauen lassen.

Und dann kommt doch noch der Gag mit dem Licht: Durch ein Klick am Schalter verwandelt der Höhlen-Guide die Gralsburg in ein Nashorn (ich habe allerdings kein Nashorn gesehen) und mittels eines Dimmers zaubert er einen echt wirkenden Sonnenuntergang in die unterirdische Märchenwelt (und der ist wirklich eindrucksvoll).

Was man kurz vor dem ***Ausgang*** auf der rechten Seite noch sieht, ist die fast 10 m lange Wurzel einer alten Eiche, die sich bis hier herunter durchgebohrt hat. Die Höhle verlässt man durch das Brunnenhaus, in dem man das hier abgefüllte Feengrotten-Wasser kosten und verschiedenartigste Mineralien und Souvenirs erwerben kann.

Hochzeit

Ein besonderes Ambiente erwartet Brautpaare bei ihrer Trauung im Märchendom der Feengrotten. Romantische Musik, Kerzenschein und der stilisierte Sonnenaufgang unterstreichen die einzigartige Atmosphäre im Berg und lassen das Ja-Wort zu einem unvergesslichen Erlebnis werden.

Die Eheschließung wird durch einen Standesbeamten rechtskräftig vollzogen und ist in Abstimmung mit dem Standesamt Saalfeld von Montag bis Samstag möglich.

Heilstollenkuren

In den Tiefen des Bergs kann man „Natur pur“ atmen: Im Emanatorium inhalieren Sie völlig stress- und nebenwirkungsfrei die extrem reine Luft als unterstützendes Naturheilmittel bei allergischen

Erscheinungen und Atemwegserkrankungen. Möglich sind 10- oder 18-tägige ambulante Inhalationskuren mit medizinischer Betreuung oder 3-tägige Schnupperkuren.

Feengrottenpark

Im ***Handwerkerhof*** kann man Thüringer Gewerbe erleben. Schauen Sie zu, wie nach alter Tradition Glas geblasen wird oder auch Holzarbeiten entstehen. Zum Kauf locken Schmuck- und Edelsteinerzeugnisse, Thüringer Olitäten und Töpferwaren. Auf die kleinen Gäste wartet im Feengrottenpark der große ***Abenteuerspielplatz*** zum Klettern, Rutschen und Schaukeln. Mit ***Picknickinsel*** und ***Bergbau- und Naturlehrpfad*** ist er darüber hinaus idealer Ausgangsort für Wandertouren in das hier beginnende Thüringer Schiefergebirge.

Praktische Reisetipps

Info

- ***Saalfeld-Information,*** 07318 Saalfeld, Markt 6, Tel. 33950 bzw. 19433, Fax 522183, Öffnungszeiten: Mo.-Fr. 9-18, Sa. 10-14 Uhr, Internet: www.saalfeld.de

Parken

- Am günstigsten parkt man auf dem relativ großen ***Platz am Blankenburger Tor*** (gebührenpflichtig), wenn man von Jena oder Rudolstadt kommt, über die Friedensstraße und die Straße Am Blankenburger Tor zu erreichen. Weitere zentrumsnahe Parkplätze befinden sich in der ***Knochstraße*** und im ***Parkhaus der Kreissparkasse.***

Hotels

- ***Hotel Anker***, Markt 25/26, Tel.: 5990, Fax: 512924; ÜF im EZ/ DZ ab 47/37 € pro Person
- ***Hotel Tanne,*** Saalstr. 35-37, Tel. 8260, Fax 826400; modernes Hotel, zentrale Lage; Sauna, Solarium, Fitnessraum; Zi. mit Bad/WC; ÜF im EZ/DZ ab 44/36 € pro Person
- ***Waldhotel Mellestollen***,*** Wittmannsgereuther Straße, Tel. 820-0, 2816, Fax 820-222; in herrlicher Waldlage am Stadtrand; rustikal ausgestattetes Restaurant mit Thüringer Küche; Biergarten, Sauna, Solarium, Tennisplatz, Abenteuerspielplatz; ÜF im EZ/ DZ ab 44/35 € pro Person
- ***Hotel Asterra,*** Sperberhölzchen 34, Tel. 517440, Fax 517444; ruhige Lage am Stadtrand; Restaurant; Sauna, Fitnessraum; behindertengerecht; ÜF im EZ/DZ ab 44/31 €
- ***Hotel Bergfried,*** Zum Fuchsturm 5, Tel. 55440, Fax 35303; ÜF im EZ/ DZ ab 40/30 € pro Person

●***Hotel Am Hohen Schwarm,*** Schwarmgasse 18, Tel. 2884, Fax 510185; sehr schöne Lage im Park bei der Ruine Hoher Schwarm; ÜF im EZ/DZ ab 36,50/28,50 € pro Person
●***Hotel Weltrich,*** Saalstr. 44, Tel. 2732; zentral; Gaststube mit Biergarten; ÜF im EZ/DZ ab 36/27,50 € pro Person

Wohnmobile

●***Womo-Stellplatz:*** *Parkplatz am Freibad;* auf der Kulmbacher Str. (B 85) in Richtung Kaulsdorf, kurz nach dem Stadtende auf der Brücke über die Saale und den Hang hinauf. Schöner geschotterter Parkplatz, gebührenfrei, ruhig gelegen und nur wenige Schritte vom Freibad (am Freibad vorbei und rechts die Knochstraße entlang ist es etwa 1 km bis zur Innenstadt). Parkplatz an den Feengrotten: direkt am Feengrottenpark, ruhig gelegen, 5 asphaltierte Stellplätze mit Stromanschluss (5 € pro Tag)

Camping

●***Campingplatz Saalthal Alter Goßwitz-Bucha,*** 07334 Goßwitz-Bucha, Tel. 036732/22267 (ca. 16 km außerhalb, B 281, Richtung Gera, in Unterwellenborn rechts Richtung Sperrmauer Hohenwartetalsperre über Großkamsdorf-Bucha; am Hohenwartestausee, ideal für Segler und Surfer; Bootsverleih; Duschen, Wasser, Strom, Gasflaschentausch; Baden, Angeln; Gaststätte-Pension, Ferienhäuser, Strandcafé, Imbiss; Hunde an der Leine; geöffnet: 15.04.-15.10.)

Gaststätten

●***Gasthaus Zum Pappenheimer,*** Fleischgasse 5, Tel. 516661; gute Thüringer Küche und originelles Ambiente – hier hängt der Himmel voller Bierkrüge, täglich 8-2 Uhr geöffnet
●***Zur Güldenen Gans,*** im Hotel Anker, Markt 25/26, Tel. 599103 (schöner Gewölbekeller mit Wandmalereien; außerdem im Haus: ein modernes Bistro und ein Kaffeehaus)
●***Obstgut Gehlen,*** Richtung Beulwitz, gegenüber vom Nissan-Autohaus links abbiegen; herrliche Lage mit Panoramablick, neue deutsche und französische Küche, Tel. 2027, geöffnet tägl. außer Fr. 17-23 Uhr oder nach Vereinbarung
●***Hacienda Mexicana,*** Ortsstr. 1, Wöhlsdorf, Tel. 513770 (B 85, Richtung Rudolstadt; mexikanische Spezialitäten)
●***Ratskeller Saalfeld,*** Markt 1, Tel. 517510; gehobene Küche in den historischen Gemäuern des Rathauses; Di.-So. 11.30-14.30 Uhr, 18-23 Uhr
●***Champ***, Reinhardtstraße 60 (Südstadtgalerie), Tel. 458870; amerikanische Spezialitäten, urige Pub-Atmosphäre; Mo.-Sa. 17-2 Uhr, So. Ruhetag

Galerie

●***Saale-Galerie,*** Brudergasse 9, Tel. 510176 (geöffnet Di.-Fr. 10-17, Sa. 10-13 Uhr)

Museum

- ***Stadtmuseum,*** Münzplatz 5, Tel. 598471 (im ehem. Franziskanerkloster; mittelalterliche Kunst- und Stadtgeschichte; geöffnet Di.-So. 10-17 Uhr)

Aktivitäten

- ***Baden:*** Hallenbad mit Sauna und Solarium, Kelzstr. 35, Freibad mit Riesenrutsche, Tiefer Weg
- ***Kutschfahrten:*** Pferdesportverein, Tel. 575918, 511517
- ***Fahrradverleih:*** *Radlertreff,* Schlossstr. 4, Tel. 511465
- ***Hochseilgarten*** Saalfeld, Köditzgasse 1a, Tel. 458235

Rudolstadt – einstige Residenz im Herzen Thüringens

Vorwahl:	03672 (vielen alten Rufnummern wurde eine 4 vorangestellt)
PLZ:	07407
Einwohner:	28.500
Höhe:	197 m
Stadtteile:	Schwarza, Schaala, Volkstedt u.a.

Etwa 10 km nördlich von Saalfeld liegt die 1200 Jahre alte ehemalige Residenz Rudolstadt, umgeben von Bergen und Wäldern und von der mächtigen Heidecksburg überragt. „Eine der schönsten Gegenden Deutschlands" hat *Wilhelm von Humboldt* diese **reizvolle Landschaft** genannt, und auch Schiller hat sie als „außerordentlich schön" gepriesen.

Geschichte

Bereits im 8.Jh. wurde die Stadt als slawischer Siedlungsplatz ***erstmals urkundlich erwähnt,*** und schon im frühen Mittelalter erlangte sie Bedeutung durch ihre Grenzlage zum slawischen Gebiet der Saaleplatte. Seit 1326 lässt sich das Stadtrecht nachweisen, und um 1430 gelangte Rudolstadt in den Besitz der Grafen von Schwarzburg. Sie errichteten die mächtige **Heidecksburg,** die nach einem Brand im 18. Jh. erneuert wurde. Ab 1735 residierten sie als Fürsten von Schwarzburg in dem prachtvollen Barockschloss, dem heutigen Wahrzeichen der Stadt.

Im 18. und 19. Jh. bemühten sie sich, aus ihrer Residenz ein ***„Klein-Weimar"*** zu machen. 1793 wurde das Theater eröffnet, an dem auch das Weimarer Hoftheater unter Leitung *Goethes* spielte. Hier waren unter anderem *Franz Liszt, Richard Wagner* und *Niccolo Paganini* tätig. Daneben

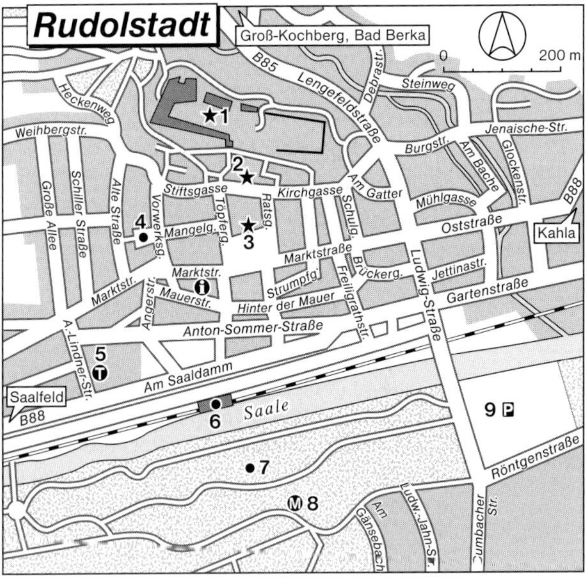

★ 1 Schloss Heidecksburg
★ 2 Altes Rathaus
★ 3 Neues Rathaus
● 4 Neumarkt
Ⓣ 5 Theater
● 6 Bahnhof
● 7 Heinrich-Heine-Park
Ⓜ 8 Bauernhausmuseum
Ⓟ 9 Großparkplatz
ⓘ Rudolstadt-Information

prägten namhafte Maler, Bildhauer und Pädagogen das geistige Leben der kleinen Stadt.

Bereits 1762 wurde die ***Volkstedter Porzellanmanufaktur*** eröffnet, doch die eigentliche ***Industrialisierung*** begann erst 1935, als im Ortsteil Schwarza ein Zellwollewerk in Betrieb genommen wurde. Bis dahin war Rudolstadt eine Beamtenstadt.

Was man ***heute*** antrifft, ist denn auch eine Mischung aus Industrie und Kanzleistaub, und wer eine prachtvolle Residenz erwartet, der wird vielleicht etwas enttäuscht sein. Dennoch ist Rudolstadt nicht nur wegen seiner schönen Umgebung einen Besuch wert.

Sehenswertes

Markt

Geht man vom Bahnhof in Richtung auf das weithin sichtbare Schloss Heidecksburg, so kommt man zunächst über den Markt mit dem ***Neuen Rathaus.*** Das ***Alte Rathaus*** aus dem 16. und 18. Jh. steht an der Kirchgasse.

Schloss Heidecksburg

Um zur bekanntesten Sehenswürdigkeit Rudolstadts, dem Schloss Heidecksburg, hinaufzugelangen, wählt man am besten den ***Weg*** über die Lange Treppe an der Alten Wache vorbei und gelangt dann durch einen Tunnel unter dem Südflügel hindurch in den Schlosshof.

Heute ist in diesem Schloss mit seinen reichen Rokoko-Festsälen das ***Thüringer Landesmuseum Heidecksburg*** untergebracht (Tel. 42900; geöffnet Di.-So. 10-17 Uhr). Es umfasst eine Gemäldegalerie, sakrale Plastik und eine Porzellangalerie sowie das Museum für schwarzburgische Geschichte mit Ausstellungen zur Regionalgeschichte und der berühmten Waffensammlung „Schwarzburger Zeughaus"; außerdem ein naturhistorisches Kabinett und eine historische Bibliothek. Zugleich ist es Sitz der Stiftung Thüringer Schlösser und Gärten.

Eine ***Schillergedenkstätte*** erinnert an den „Rudolstädter Sommer", den der Dichter 1788 hier verbrachte, wobei er seinem späteren Freund *Goethe* zum ersten Mal begegnete. In der einstigen Glockengießerei an der Jenaer Straße soll er sich übrigens die Anregungen zu seinem berühmten (und früher bei Schülern berüchtigten) Gedicht „Von der Glocke" geholt haben.

Schloss Ludwigsburg

Das Schloss Ludwigsburg (1734) in der ***Altstadt*** war vorübergehende Residenz der Fürsten und hat ebenfalls einen schönen Rokoko-Saal – ist aber inzwischen Sitz des Thüringer Landesrechnungshofes.

Handwerkerhof

Sehenswert ist auch der 1992 eröffnete Handwerkerhof im ehemaligen Bernhardinenstift aus dem Jahre 1513, der heute – um einen ***malerischen Innenhof*** gruppiert – Werkstätten Rudolstädter Kunsthandwerker, kleine Läden und ein Café beherbergt

Freilichtmuseum Thüringer Bauernhäuser

In meinen Augen eine der interessantesten Sehenswürdigkeiten von Rudolstadt ist das ***Freilichtmuseum Thüringer Bauernhäuser*** im Heinrich-Heine-Park, Große Wiese 2 (vom oben genannten Parkplatz östlich der Saale über die Straße und durch den Park an der Saale entlang). Es gilt als das älteste Freilichtmuseum Europas und umfasst zwei original eingerichtete Fachwerkhäuser sowie eine Scheune. Die Häuser sind 1667 und 1700 entstanden und wurden 1914 aus den Orten Birkenheide und Unterhasel hierher „transplantiert" (geöffnet März-Okt. Mi.-So. 10-12 und 13-17 Uhr, Tel. 422465). Begeistert hat mich das kleine, aber unbedingt sehenswerte Museum nicht nur wegen seiner schönen Gebäude und der interessanten Ausstattung mit altem Arbeitsgerät, Mobiliar und Alltagsgegenständen, sondern vor allem auch wegen des sehr sachkundi-

Das Schloss Heidecksburg

gen und ***engagierten Museumsführers,*** der selbst innerhalb des Museumsbereichs wohnt. Wenn Sie zu einer Zeit kommen, zu der wenig Besucherandrang herrscht, dann können Sie sicher ein aufschlussreiches Gespräch mit ihm führen.

Besonders interessant ist ein Raum im Erdgeschoss des kleineren Birkenheider Hauses (vom Museumseingang rechts), der auf den ersten Blick wie ein Dorfladen aussieht und auf den zweiten Blick wie eine alte Apotheke. Es ist das ***Laboratorium*** eines der Kräutersammler und Olitätenhersteller, die bis zum Ende des 19. Jh. im Schwarzatal – besonders in der Gegend um Königsee und Oberweißbach – sehr zahlreich waren und ihre Heilmittel weit über das Thüringer Land hinaus verkauften. (Ein weiteres Museum, das sehr aufschlussreich über diesen Berufszweig informiert, ist das Thüringer Volkskundemuseum in Erfurt.)

Praktische Reisetipps

Info

• ***FVA mit Tourist-Information,*** Marktstr. 57, Tel. 19433 und 414743, Fax 431286, Internet: www.rudolstadt.de; geöffnet Mo.-Fr. 9-18, Sa. 9-13 Uhr

Parken

Mit etwas Glück kann man sein Fahrzeug in der ***Nähe des Bahnhofs*** abstellen, sonst fahren Sie von der Cumbacher Straße über die Brücke zum östlichen Saaleufer, wo Sie gleich nach der Brücke links einen großen Parkplatz finden ***(Bleichwiese).***

Hotels

• ***Panoramahotel Am Marienturm****,*** Marienturm 1, Tel. 43270, Fax 432785; Ortsrand, behindertengerecht, Restaurant, ÜF im EZ/DZ ab 42/29 € pro Person
• ***Thüringer Hof,*** Bahnhofgasse 3, Tel. 412422, Fax 412423; zentrale Lage; Restaurant mit gutbürgerlicher Küche; ÜF ab 25 € pro Person

Gaststätten

• ***Park-Restaurant,*** Am Anger 3-4, Tel. 414730; mit Tanz; geöffnet tägl. ab 11 Uhr
• ***Kartoffelhaus,*** Markt 5, Tel. 414747; geöffnet tägl. 11-1 Uhr
• ***Thüringer Hof,*** Bahnhofgasse 3, Tel. 422438; geöffnet 9-23 Uhr, So. nur bis 20 Uhr
• ***Zum Brummochsen,*** Alte Str. 12, Tel. 424355; Fr. Ruhetag

Theater

● ***Theater Rudolstadt,*** Anger 1, Besucherabteilung Marktstr. 57, Tel. 422766

Aktivitäten

● ***Floßfahrten auf der Saale*** zwischen Rudolstadt-Volkstedt und Niederkrossen, Mai-Okt.; Info: FVV Saaleland, Im Oberhof 108, 07407 Uhlstädt, Tel./Fax 036742/63534
● ***Baden:*** Erlebnisbad Rudolstadt, Hugo-Trinckler-Str. 6, Tel. 31450

Umgebung

Groß-kochberg

(10 km nördlich) – Das aus einer Wasserburg entstandene ***Renaissanceschloss*** inmitten reizvoller Natur war einst Sommersitz der *Frau von Stein* und beherbergt heute eine der eindrucksvollsten ***Goethe-Gedenkstätten*** (geöffnet Sept.-April: Mi.-So. 9-12 und 13-17 Uhr, Mai-Aug.: Di.-So. 9-12 und 13-17 Uhr). Im Landschaftspark befindet sich ein kleines klassizistisches Theater von 1815.

Etwa 500 m vom Schloss entfernt in Richtung Neusitz/Kleinkochberg findet man einen großen bewachten Parkplatz.

Kahla

(22 km nordöstlich; B 88) – Die Sehenswürdigkeit Kahlas ist die ***Leuchtenburg*** mit Museum und Jugendherberge.

Das Schloss Großkochberg

Bad Blankenburg – das Tor zum Schwarzatal

Vorwahl:	036741
PLZ:	07422
Einwohner:	7600
Höhe:	220 m
Stadtteile:	Watzdorf, Fröbitz, Böhlscheiben, Klein-/Großgölitz, Zeigerheim, Oberwirbach, Cordobang

Der staatlich anerkannte Luftkurort Bad Blankenburg liegt an der B 88 etwa 10 km nordwestlich von Saalfeld, umgeben von bis zu 700 m hohen Bergen und Wäldern am Eingang des romantischen Schwarzatals.

Der 1267 erstmals genannte Ort hatte bereits 1323 das Stadtrecht inne. Seit dem Mittelalter war Bad Blankenburg ein Zentrum des ***Silber- und Kupferbergbaus.*** 1839 hat der Pädagoge *Friedrich Fröbel* im alten Rathaussaal den ***ersten deutschen Kindergarten*** eingerichtet. Mit der Einrichtung einer Kaltwasserheilanstalt begann 1840 der ***Kurbetrieb,*** und wegen seiner günstigen klimatischen Lage darf Blankenburg seit 1911 die Bezeichnung „Bad" führen. Nach dem Zweiten Weltkrieg ist es als Industriestandort ausgebaut worden.

Die ***Burg Greifenstein,*** eine der größten Feudalburgen Deutschlands, liegt rund 200 m oberhalb der Stadt auf einem Nebengipfel des Kesselbergs nördlich der B 88. Um dorthin zu gelangen, folgt man der B 88 bis zum Ortsende und biegt dort rechts ab auf ein Sträßchen, das steil bergauf (18%) zur Jugendherberge und zum Parkplatz führt. Vom Parkplatz hat man noch einen schönen Fußweg von ca. 500 m zu bewältigen.

Die Anlage bestand einst aus zwei Burgen, von denen die ältere auf das 12. Jh. zurückgeht. Ursprünglich hieß sie Blankenburg und gehörte den Herren von Schwarzburg. Der Name Greifenstein wurde erst Mitte des 17. Jh. gebräuchlich. Von der Burg und dem noch erhaltenen Turm genießt man einen weiten Ausblick über das Saaletal und zum Thüringer Wald. Passend zum Namen der Burg werden hier seit einigen Jahren Flugvorführungen mit verschiedenen Greifvögeln gezeigt (s.o.). Seit 1821 wird die Anlage schrittweise wieder aufgebaut. Im restaurierten Palas befinden sich eine Heimatstube und die Burgschenke (geöffnet ganzjährig 9-17 Uhr; Burgschenke Di.-So. ab 10 Uhr; Tel. 2080 oder 2588).

Im Haus über dem Keller, Johannisstraße 4, befindet sich das ***Fröbel-Museum*** (geöffnet Di.-Sa. 10-12 und 13-17 Uhr, So nach Absprache, Tel. 2565), das an den Pestalozzi-Schüler *Friedrich Fröbel* und sein Wirken in Bad Blankenburg erinnert. 1839 richtete er hier seine erste „Spiel- und Beschäftigungsanstalt“ für Kinder ein.

Fröbelblick mit Fröbels klassischen Spielgaben: Kugel, Walze, Würfel

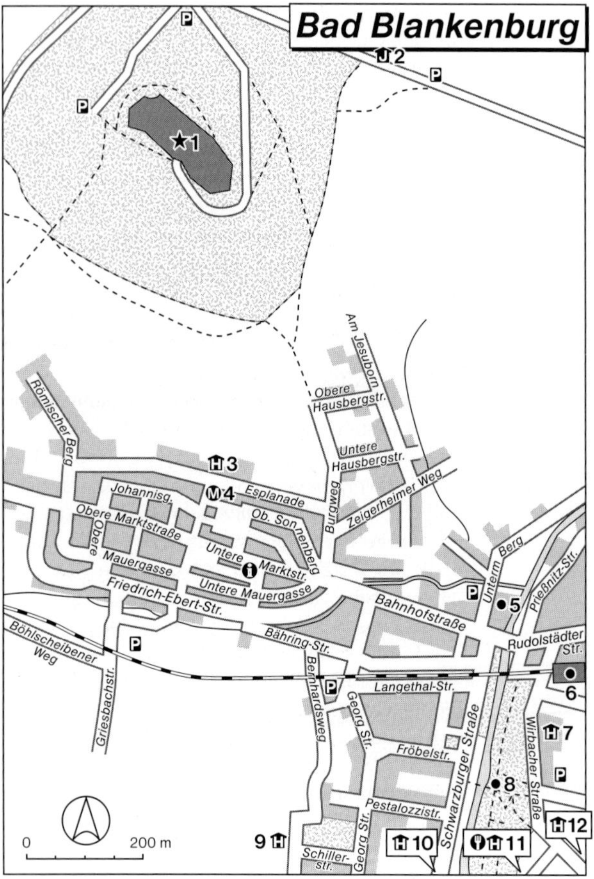

- ★ 1 Burg Greifenstein
- 2 Jugendherberge
- 3 Hotel. Ev. Allianzhaus
- 4 Fröbel-Museum
- • 5 Stadthalle
- • 6 Bahnhof
- 7 Hotel Zum Steinhof
- • 8 Kurpark
- 9 Hotel Am Goldberg
- 10 Hotel Weinhaus Eberitzsch
- 11 Flößerhütte, Hotel Schwarzeck
- 12 Landessportschule
- Tourist-Information
- Parkplatz

Praktische Reisetipps

Info

● ***Tourist-Information,*** Magdeburger Gasse 1, 07422 Bad Blankenburg, Tel. 036741/ 2667 und 19433, Fax 42442, Internet: www.bad-blankenburg.de

Hotels

● ***Hotel Am Goldberg****,*** Goetheweg 9, Tel. 42210, Fax 42213; hübscher Bau zwischen Wald und Park; zentral, aber ruhig; 2 DZ behindertengerecht; Restaurant im venezianischen Stil, Irish Pub, Felsenkeller; Pool, Solarium, Dampfbad, Tennisplatz, Kinderspielplatz; ÜF im EZ/DZ ab 48/36 € pro Person

● ***Hotel Zum Steinhof***,*** Wirbacherstr. 6, Tel. 3470, Fax 41035; zentrale Lage; Sauna, Whirlpool, röm. Dampfbad und Solarium; ÜF im EZ/DZ 31,50/27 € pro Person

● ***Hotel Weinhaus Eberitzsch,*** Schwarzburger Straße 19, Tel. 2353, Fax 2427; schöne Lage am Kurpark im Schwarzatal; Restaurant, Sauna, Solarium; behindertengerecht; ÜF 29,70 €

● ***Hotel Garni Evangelisches Allianzhaus***,*** Esplanade 5-10a, Tel. 210, Fax 3212; zentral, ruhig; ÜF im EZ/DZ 35/30 € pro Person

● ***Landessportschule,*** Wirbacherstr. 10, Tel. 6490, Fax 3204; Stadtrand, 1 km vom Zentrum; z.T. Etagendusche/ -WC; ÜF im EZ/DZ 39/29 € pro Person

JH

● ***Am Kesselberg,*** Tel. 2528, sehr schön gelegene, von Wald umgebene Herberge im Naturschutzgebiet am Südhang des Kesselberges nahe Burg Greifenstein; ÜF 12,50 €

Gaststätten

● ***Zur Harfe,*** Obere Marktstraße 2, Tel. 2629; traditionelle Heimatgaststätte mit Thüringer Küche, Gewölbebar und Gästezimmern

● ***Flößerhütte,*** Dittersdorfer Weg 236a, Tel. 2695; Biergarten; Thüringer und internationale Küche; fangfrische „Schwarzforellen", hausgemachte Kuchen, sonntags handgerührte Klöße

● ***Burgschänke Greifenstein,*** Tel. 2080 oder 2588; geöffnet Di.-So. 10-17 Uhr; bei Voranmeldung Speisen nach Ritterart

● ***Zur Schmiede,*** Reiterhof, OT Fröbitz, Tel. 2746; ländlich-rustikales Flair; Thüringer Küche

Disko

● ***Diskothek Fantasy Island,*** Dittersdorfer Weg 240, Tel. 3219; Mi., Fr., Sa. ab 21 Uhr; auch Livemusik

Aktivitäten

● ***Angeln:*** in der Schwarza, Tel. 2667 und 19433
● ***Goldwaschen:*** in der Schwarza, Tel. 036741/2667

- ***Wandern:*** Friedrich-Fröbel-Weg durch das Naturschutzgebiet am Kesselberg nördlich der Stadt. Naturlehrpfad Heinrich Cotta (siehe Umgebung); Lavendel- und Kräuter-Wanderwege
- ***Adler- und Falkenhof Burg Greifenstein,*** *Herbert Schütz,* Tel. 41696 (Flugvorführungen mit Adlern, Geiern, Kondor, Uhu, Falken; April-Okt. Di.-So. 15-16 Uhr, Gruppen bei Anmeldung auch 11-12 Uhr)

Feste

- ***Walpurgisnacht*** auf dem Greifenstein (30. April)
- ***Frühlingsfest*** (1. Maiwochenende)
- ***Burgfest*** Greifenstein (Juni)
- ***Fröbel-Kinderfest*** (Juni)
- ***Lavendelfest*** (zweites Wochenende im August)

Umgebung

Naturlehrpfad Heinrich Cotta

Sehr schöne Wanderungen durch das ***Naturschutzgebiet Schwarzatal*** (s. Schwarzatal) kann man auf dem in sechs Teile gegliederten Naturlehrpfad Heinrich Cotta unternehmen, der entlang dem Schwarzatal bis nach Sitzendorf und von dort hinauf nach Bockschmiede führt. Sehr zu empfehlen ist der „Wanderführer zum Naturlehrpfad Heinrich Cotta", der von der Kurverwaltung Schwarzburg herausgegeben wird und nicht nur den Pfad sehr detailliert beschreibt, sondern außerdem über Geologie, Flora und Fauna, Waldwirtschaft und Jagd sowie über die Besiedelung des Tales informiert. Beachten Sie jedoch, dass die Aussichtspunkte zum Teil so zugewachsen sind, dass außer Bäumen gar nichts zu sehen ist. Namen wie „Schau ins Land" führen leider in die Irre!

1. Abschnitt: Bad Blankenburg – Griesbachfelsen – Teufelstreppe – Böhlscheiben – Schieferbrüche – Schweizerhaus – Dürres Schild – Fußweg am rechten Schwarzaufer zurück nach Bad Blankenburg (10 km; 3,5 Std.)

2. Abschnitt: Schweizer Haus – Trippstein – Schwarzburg (8 km; 2,5 Std.)

3. Abschnitt: Trippstein – Fasanerie Schwarzburg (6 km; 2 Std.)

4. Abschnitt: Schwarzburg – Pocherbrücke – Tanzbuche – Saugarten – Weinberg – Zottelbach – Buschbach – Hirschtränke – Schwarzburg (5,5 km, Höhenunterschied 150 m, 2,5 Std.)

5. Abschnitt: Sitzendorf – Leichenweg – Sommerberg – Schlangenbuche – Schöne Aussicht – Fasanerie – Schwarzburg – Sitzendorf (6,5 km, davon 1,5 km mit größerer Steigung; 3,5 Std.)

6. Abschnitt: Sitzendorf – Gaststätte Waldfrieden – Hinterer Alteberg – Aussichtspunkt Schau ins Land – Bockschmiede – Sorbitztal – Schieferspalthütte – Unterer Alteberg – Sitzendorf (6 km, davon 2,5 km Steigung; 3 Std.)

Paulinzella (15 km westlich, B 88, in Rottenbach rechts ab) – Bei dem idyllisch gelegenen Dörfchen Paulinzella im LSG Rinne-Rottenbachtal am Nordrand des

Thüringer Waldes befindet sich das sehenswerte gleichnamige ***Kloster*** bzw. seine Ruine. Gegründet wurde es 1105 von der sächsischen Adligen Paulina. Die wesentlichen Teile entstanden nach dem Vorbild der Peter-und-Paul-Kirche in Hirsau im Schwarzwald. Die langen Arkadenreihen mit je sechs monolithischen Säulen beeindrucken durch ihre klassische Monumentalität. Nach der Säkularisierung 1534 verfiel das Kloster und wurde als Steinbruch zur billigen Gewinnung von Sandsteinblöcken genutzt.

Wer es einrichten kann, der sieht zu, dass er früh am Morgen oder erst abends bei Sonnenuntergang dorthin fährt, denn die Harmonie und Erhabenheit der Ruine im sanften Wald- und Wiesental erschließt sich nicht im Drängen der Besucherschar. Still muss es sein, und die mächtigen Mauern beleuchtet vom milden Licht der tiefen Sonne.

„Einsam steh'n des öden Tempels Säulen…“

Dann spürt man etwas vom geheimnisvollen Hauch der Kraft, der ihre wuchtigen Arkaden still durchweht, etwas von jener Ewig- und Vergänglichkeit, die Schiller angesichts der Herrlichkeit empfand: „Einsam steh'n des öden Tempels Säulen, / Efeu rankt am unverschlossnen Tor, / Sang und Klang verstummt, des Uhus Heulen / Schallet nun im eingestürzten Chor ... Und der Schöpfung größtes Meisterstück / Sinkt veraltet in den Staub zurück".

Nach einem größeren Einsturz 1834 gab es erste Bemühungen, die Bausubstanz zu erhalten; 1963-69 wurden umfangreiche Restaurierungen durchgeführt, um dieses bedeutende Baudenkmal aus romanischer Zeit zu erhalten.

Im ***Zinsbodengebäude,*** einem mittelalterlichen Fachwerkbau nahe der Ruine, findet man Informationen über die Geschichte des Klosters sowie eine Ausstellung über die Forst- und Jagdgeschichte der Region (geöffnet Mai-Sept. Mi.-So. 10-12 und 13-17 Uhr; auf Grund von Baumaßnahmen evtl. veränderte Zeiten; Reisegruppen können sich anmelden: Tel. 03672/42900 oder 422145).

Singen (etwa 7 km nordwestlich von Paulinzella) – Dieses kleine, abgelegene Dorf könnte man eigentlich vergessen, hätte es nicht eine Besonderheit zu bieten: die ***kleinste Brauerei Thüringens***. Der Ein-Mann-Betrieb, seit Generationen in Familienbesitz, liegt am Ortsrand beim Fischteich und braut mit traditioneller Technik (darunter eine über 100 Jahre alte Dampfmaschine) jede Woche rund 2000 Liter Bier. Der Gerstensaft wird hier noch in Holzfässern im Felsenkeller gelagert und an die Gasthäuser der Umgebung geliefert, z. B. an die im Ort befindliche Gaststätte „Zum Singener Berg" (mit Fremdenzimmer!) und an die Obstweinschänke in Gräfinau-Angstedt. Einzelbesucher können während der Arbeitszeit die Brauerei betreten und zusehen; Gruppen oder Einzelreisende, die eine Führung wünschen, sollten sich anmelden (Brauerei *Schmitt,* 99326 Singen, Tel. 03629/2556), da die Brauzeiten unterschiedlich sind und man sonst riskiert, vor verschlossener Tür zu stehen. Übrigens: Das Schmitt-Bier schmeckt!

Das Schwarzatal

Die Schwarza, ein Nebenfluss der Saale, ist ein reizvoller Wildfluss im Thüringer Schiefergebirge mit einem Gefälle von über 500 m auf einer Strecke von 53 km. Ihr wildromantisches Tal bildet auf dem unteren Abschnitt zwischen Schwarzburg und Bad Blankenburg eine tief eingeschnittene, gewundene ***Felsenschlucht.***

Darüber hinaus ist das untere Schwarzatal eines der ältesten ***Naturschutzgebiete*** Thüringens. In den kühlfeuchten Schluchtwäldern gedeihen zahlreiche seltene Pflanzenarten wie Türkenbund, Akelei, Leberblümchen, Trollblume und Arnika. Hirsche, Wildschweine, Auerhahn, Eisvogel, Bachneunauge und Uhu sind dort zu Hause, und man kann auf gut angelegten und markierten Pfaden vielfältige Wanderungen unternehmen, die immer wieder herrliche Ausblicke eröffnen. Beispielsweise auf dem insgesamt 42 km langen ***Naturlehrpfad „Heinrich Cotta"*** (s.o. Bad Blankenburg, Umgebung), der mit einem Tannensymbol markiert ist. Der Europäische Weitwanderweg Bulgarien-Portugal führt ebenfalls durch das Tal, und auch das obere Schwarzatal ist durch Wanderwege gut erschlossen.

Geologische Besonderheiten sind neben den steilen Felsklippen die ***Strudeltöpfe,*** die man stellenweise im Flussbett der Schwarza sieht. Das sind runde, topfartige Vertiefungen, die durch in der Strömung rotierende Steine eingeschliffen worden sind.

Im Winter bieten die Höhen zu beiden Seiten des Tals gute Gelegenheiten zu ***Wintersport*** und Skitouren.

Wer nicht gut zu Fuß ist, kann das Tal mit der ***Schwarzatalbahn*** durchreisen (s.u.). Oder er kann das Tal auf romantische Weise mit ***Pferdekutschen*** (Kremsern) kennen lernen, die ab Schwarzburg und Bad Blankenburg verkehren (Angebote s. dort). Außerdem hat man die Möglichkeit, mit der ***Oberweißbacher Bergbahn,*** der steilsten Normalspur-Seilzugbahn der Welt, zur Bergstation Lichtenhain (663 m) hinaufzufahren. Auf einer 1400 m langen Rampe überwindet sie ab Obstfelderschmiede innerhalb von 18 Minuten einen Höhenunterschied von 323 m.

Die ***frühen Bewohner des Tals*** haben von dem gelebt, was die Natur ihnen gab: Sie waren Jäger, Holzfäller, Köhler, Pechsieder, Goldwäscher, Kräutersammler und Heilmittelhändler. Später kam der Bergbau hinzu, an den die Hammerwerke im oberen Schwarzatal erinnern. Daneben wurde dort die Wasserkraft des Flusses auch zum Betrieb zahlreicher Mühlen genutzt. Als weitere bedeutende Wirtschaftszweige entwickelten sich die Glasbläserei und Porzellanherstellung.

Ein vielbesuchter Ferienort im Schwarzatal ist ***Schwarzburg*** (s.u.) mit der Schlossruine Schwarzburg, dem Museum „Kaisersaal" und der Reittouristik Fasanerie.

Praktische Reisetipps

Info

- ***FVA der VG Mittleres Schwarzatal,*** 07427 Schwarzburg, Fr.-Ebert-Platz 2a, Tel. 036730/22305, Fax 33512
- ***Fremdenverkehrsamt,*** 07422 Bad Blankenburg, Magdeburger Gasse 1, Tel. 036741/2667

Aktivitäten

- ***Goldwaschen:*** Tel. 036741/2667 und 036730/22305

Schwarzatalbahn „Der Raanzer"

Die historische Schwarzatalbahn wurde nach den einstigen Olitätenhändlern des oberen Schwarzatals „Der Raanzer" benannt. Die Fahrt mit dem ***Traditionszug,*** gezogen von einer 1910 gebauten

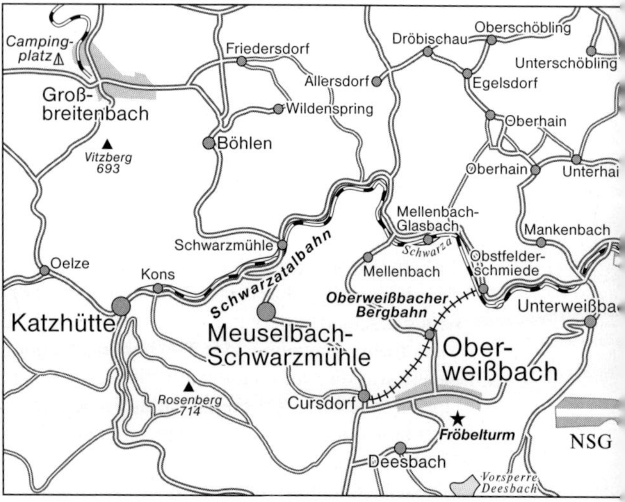

preußischen Dampflokomotive, führt von Erfurt und Arnstadt kommend zunächst durch das Rottenbachtal und dann durch das wildromantische Tal der Schwarza. Von Rottenbach (zu erreichen über Bad Blankenburg) fährt sie zu den ***Bahnhöfen*** Schwarzburg, Sitzendorf-Unterweißbach (an bestimmten Tagen Anschluss an die Lichtetalbahn, die Pendelfahrten zur Talsperre Leibis anbietet), Obstfelderschmiede (Anschluss an die Oberweißbacher Bergbahn), Mellenbach-Glasbach, Meuselbach-Schwarzmühle und Katzhütte. Von Katzhütte fährt die Schwarzatalbahn nach Bad Blankenburg, ehe sie am Nachmittag wieder in Richtung Erfurt dampft. Der Raanzer verkehrt gewöhnlich von Ende Mai bis Anfang Oktober jeden Samstag und Sonntag.

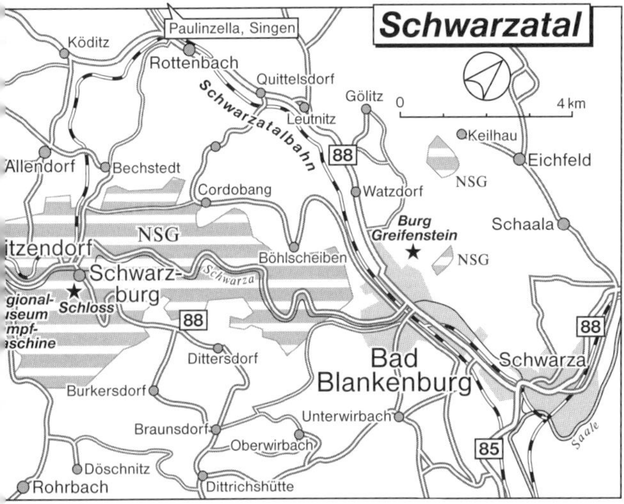

•Information: Dampf-Hotline: 0180/5213434 sowie bei der Oberweißbacher Berg- und Schwarzatalbahn, An der Bergbahn 1, 98746 Mellenbach-Glasbach.

Schiefergebirge

Schwarzburg

Vorwahl:	036730
PLZ:	07427
Einwohner:	800
Höhe:	300-385 m

Der staatlich anerkannte Erholungsort Schwarzburg liegt 11 km südwestlich von Blankenburg inmitten des wildromantischen Schwarzatals, das ***zu den landschaftlich schönsten Gebieten*** des Naturparks Thüringer Wald gehört. Die umliegenden, von Mischwäldern bedeckten Berge sind bis zu 700 m hoch und von gut markierten Wanderwegen durchzogen. Die über 900jährige Geschichte des Ortes ist sehr wechselhaft und eng mit der Geschichte des Schwarzburg-Rudolstädter Fürstenhauses verbunden.

Auf einem Bergkegel im engen Bogen des Tales erhebt sich das barocke ***Schloss Schwarzburg*** von 1736. Bereits vor über 900 Jahren stand hier die mittelalterliche Swartzinburg. Ab Mitte des 12. Jh. war sie Sitz einer Nebenlinie der Grafen von Käfernburg bei Arnstadt, die sich nach der hiesigen Burg fortan die Grafen von Schwarzburg nannten. 1711 wurden die Schwarzburger in den Reichsfürstenstand erhoben, und die mittelalterliche Festung musste einem repräsentativen Barock- und Rokokoschloss Platz machen.

Im Zweiten Weltkrieg sollte das traditionsreiche und schön gelegene Schloss zu einem Reichsgästeheim umgebaut werden. Die in großem Stil begonnenen Arbeiten mussten nach der Schlacht an der Wolga jedoch eingestellt werden und hinterließen einen öden, „ausgeweideten" Kasten, der aber als Ruine noch immer majestätisch über den Gipfel emporragt. Erhalten geblieben sind der

Schloss Schwarzburg
(Foto: FVA Mittleres Schwarzatal)

Turm, die Grundmauern des Haupthauses und das Kaisersaalgebäude von 1719, das zu Beginn der 70er Jahre unseres Jahrhunderts in seinem ursprünglichen Zustand wieder hergestellt worden ist. In ihm ist die Schwarzburger Ahnengalerie untergebracht, die 48 Kaiserbilder und 99 Bildmedaillons umfasst, großzügig aufgerundet, indem man die römischen Kaiser samt *Julius Cäsar* mit in die Ahnenreihe aufnahm (Museum Kaisersaal, Schlossstr. 4, Tel. 036730/22263, geöffnet tägl.10-18 Uhr).

Wussten Sie übrigens, dass die ***Weimarer Verfassung*** gar nicht in Weimar unterschrieben wurde - sondern am 11. August 1919 von Reichspräsident *Ebert* in Schwarzburg?

Praktische Reisetipps

Info

- ***FVA der VG Mittleres Schwarzatal,*** 07427 Schwarzburg, Fr.-Ebert-Platz 2a, Tel. 036730/22305, Fax 33512, Mo.-Fr. 7-17, Sa. 10-12 Uhr, www.mittleres-schwarzatal.de

Hotels

- ***Apart-Hotel Schwarzburg,*** Burkersdorfer Str. 20, Tel. 22333; zentral, ruhig; Gaststätte, Sauna, Clubraum; ÜF ab 28 €; www.apart-hotelschwarzburg.de

- ***Hotel Schwarzatal,*** und ***Hotel Weißer Hirsch,*** Fr.-Ebert-Platz 2 und 13, Tel. 22212, Fax 22478; Waldrandlage im oberen Ort; Gaststätte mit „singender Wirtin"; ÜF mit Du/WC 27 €; www.hotel-schwarzatal.de
- ***Hotel „Schwarzaburg",*** Fr.-Ebert-Platz 16, Tel. 22347, Fax 32942, mit Restaurant; Lage zwischen oberem und unterem Ort; ÜF mit DU/WC ab 26 €
- ***Schlossberg-Hotel,*** Am Schlossberg 3, Tel. 22236; zentral, ruhig im unteren Ort; Gaststätte, z.T. Etagendusche, ÜF ab 14 €; www.schlossberg-hotel-schwarzburg.de

Pensionen

- ***Pension Böttner,*** Hauptstr 10, Tel. 22265, ÜF ab 14,50 €; www.urlaub-in-schwarzburg.de

JH

- ***JH Hans Breuer,*** Am Buschbach 2, Tel. 036730/22223, ÜF 12 €, www.djh-thueringend.de

Sitzendorf

Der kleine Ort an der weitesten Stelle des Schwarzatals ist durch sein bis heute im Manufakturbetrieb gefertigtes Zierporzellan bekannt. In der ***Vorführstraße der Porzellanmanufaktur*** (Tel. 036730/3660; Mo.-Fr. 10-18, Sa., So. 10-17 Uhr) kann man das Entstehen der filigranen Kunstwerke aus „weißem Gold" miterleben. Sehenswert ist das bei der Manufaktur gelegene ***Regionalmuseum Dampfmaschine*** mit einer Sonderausstellung „Jagdfabelwesen" (Tel. 036730/22384; Öffnungszeiten wie Vorführstraße).

Oberweißbach – die Fröbelstadt

Vorwahl	036705
PLZ:	98744
Einwohner:	1685
Höhe:	570-700 m

Biegt man hinter Sitzendorf links ab und in Unterweißbach rechts, so gelangt man aus dem Schwarzatal heraus und zu der über dem Tal gelegenen Fröbelstadt Oberweißbach.

Bedeutung erlangte der Ort im 17. Jh. durch die ***Kräutersammler und Olitätenlaboranten,*** die hier aus Pflanzenextrakten und zum Teil auf alchimistische Weise Heil- und Hausmittel herstellten, welche von sogenannten „Buckel-Apothekern" bis weit ins Ausland verkauft wurden (s.u. Kasten). Diese Art des Broterwerbs war damals im Thüringer Schiefergebirge, vor allem in den Bergen um das Schwarzatal, weit verbreitet. Aufschlussreiche Informationen darüber findet man im „Traditionszimmer Olitätenhandel" des Fröbel-Museums, im Freilichtmuseum von Rudolstadt und im Thüringer Volkskundemuseum von Erfurt.

Als mit der Entwicklung von Medizin und Pharmazie die Olitäten in Verruf gerieten und schließlich verboten wurden, entwickelte sich auch hier die ***Glasindustrie.***

Oberweißbach ist der Geburtsort des Pestalozzi-Schülers und Pädagogen ***Friedrich Fröbel*** (1782-1852), der sich vor allem den Kindern im Vorschulalter widmete und 1839 in Bad Blankenburg den ersten Kindergarten Deutschlands gründete. Die von ihm entwickelten „Spielgaben" (besonders bekannt wurden die Grundformen Würfel, Walze und Kugel) haben ihre Bedeutung bis heute bewahrt.

An das Leben und Wirken des bürgerlich-progressiven Pädagogen erinnert das 1982 in seinem Geburtshaus, einem schönen Fachwerkbau am Markt 10, untergebrachte ***Memorialmuseum Friedrich Fröbel*** (geöffnet: Mo.-Fr. 10-12 und 13-17 Uhr, Sa., So. 13-17 Uhr, Nov.-April sonntags nur bis 16 Uhr, Sa. geschlossen).

Von dort aus kann man einen kleinen Spaziergang zu dem nach Herrn Fröbel benannten ***Aussichtsturm*** mit Gaststätte auf dem Kirchberg machen, von dem man einen großartigen Rundblick genießt.

Im Ort selbst ist die ***größte Dorfkirche Thüringens*** zu besichtigen, die auch als „Südthüringer Dom" bezeichnet wird.

Unweit von Oberweißbach befindet sich in Lichtenhain/Bgb. die Bergstation der Oberweißbacher Bergbahn, einer 1923 erbauten ***Standseilbahn,*** die über eine 1388 m lange Steilrampe mit einer Steigung von 1:4 (= 25%!) aus dem Schwarzatal heraufführt und dabei einen Höhenunterschied von 323 m überwindet. Während der 18 Minuten dauernden Fahrt hat man einen schönen Ausblick über das Schwarzatal.

- Information: Tel. 036705/20134 oder 62123

Praktische Reisetipps

Info

- ***Fröbelstadt Marketing GmbH,*** Markt 10, 98744 Oberweißbach, Tel. 036705/62123, Fax 62249. Auch Vermittlung von Privatquartieren, Ferienwohnungen usw.; Internet: www.oberweissbach.de

Unterkunft

- ***Hotel-Restaurant Burghof,*** Sonneberger Str. 67, Tel. 6870, Fax 68744; zentrale Lage; 1995 völlig renoviert und modernisiert; Restaurant mit Dekoration aus der Ritterzeit, Bierstube und Café im Wintergarten, Sauna, Fitnessraum, Wanderprogramme; ÜF im EZ/DZ ab 41/34 € pro Person
- ***Gasthof-Pension Zur Schenke,*** Markt 8, Tel. 62048, Fax 20939; zentral, 1996 neu eingerichtet; Thüringer Küche mit traditionellen Klößen; ÜF im DZ ab 18 € pro Person
- ***Gasthof-Pension Thüringer Hof*** Rudolstädter Str. 28, Tel./Fax 62310; 2001 neu eingerichtet; gemütlicher Gasthof mit typisch thüringischer Küche, ÜF im DZ ab 18 € pro Person
- ***Pension Heinze*** Rudolstädter Str. 112, Tel. 62696; Familienpension mit gemütlich eingerichteten Zimmern; ÜF im DZ ab 15 € pro Person

Aktivitäten

- ***Kräuterseminare:*** Durch die alte Tradition der Olitätenlaboranten und ihre Lage mitten im „Thüringer Kräutergarten" dazu prädestiniert, bietet die Fröbelstadt verschiedene ein- und mehrtägige Kräuterseminare, u.a. mit Begrüßung durch einen historisch gekleideten Buckelapotheker und eine Kräuterfrau, mit geführten Kräuterwanderungen, Seminaren, Fachvorträgen und Praktika. Information und Anmeldung: Fröbelstadt Marketing GmbH (s.o.)
- ***Glaskunst:*** *Lichtenheldt-Glas,* Lichtenhainer Str. 2-3, Tel. 62614 (Vorführung, Ausstellung, Verkauf); *Oberweißbacher Glasboutique,* Markt 7, Tel. 63834, sowie mehrere andere Kunstglasbläser mit Vorführungen

Laboranten und Händler

Wenn die Waldarbeiter (Holzhauer, Kienrußbrenner, Köhler und Pechsieder) in Thüringen während der langen, harten Winter nicht in den Wald gehen konnten, mussten sie sich nach einem Nebenverdienst umsehen. So nutzten sie ihre reichen Pflanzenkenntnisse und begannen damit, heilkräftige Balsame und Öle herzustellen, die sie an die Bevölkerung verkauften. Allmählich entwickelte sich daraus – besonders in der Gegend um Oberweißbach und Königsee – ein sehr einträglicher Erwerbszweig. Angeblich soll ein Oberweißbacher Apotheker Mitte des 17. Jh. mit der professionellen Herstellung von Haus- und Heilmitteln begonnen haben.

Die Mittel wurden von den Laboranten in Heimarbeit hergestellt und von so genannten ***Olitätenhändlern*** (lat. oleum = Öl) vertrieben. Diese Händler, auch „Buckelapotheker" oder „Balsamträger" genannt, trugen die in kleine Flaschen und Spanschächtelchen abgefüllten Pulver, Tinkturen, Öle, Pillen und Pflaster auf einem Rückengestell, dem sogenannten „Reff", durch den gesamten Thüringer Wald und verkauften sie in alle deutschen Länder und sogar bis nach Polen, Ungarn, Holland und in die Schweiz. Die Rezepte zur Herstellung der Olitäten wurden als Familiengeheimnis streng gehütet und weitervererbt.

Da im zunehmenden Maße auch Unkundige und ***Pfuscher*** an diesem lukrativen Geschäft teilhaben wollten, geriet der Olitätenhandel bald in Verruf, und viele Länder reagierten mit einem Einfuhrverbot. Anfang des 18. Jh. baten deshalb die empörten Laboranten und Olitätenhändler den Kurfürsten von Sachsen, ein ***Syndikat*** gründen zu dürfen, und 1711 wurde in Königsee eine Passstelle eingerichtet. Jeder Laborant musste sich dort einer Prüfung in Heilmittelkunde unterziehen und erhielt dann einen Pass, der ihn zur Herstellung und zum Vertrieb von Olitäten berechtigte. Wer ohne Pass reiste, wurde mit Gefängnis bestraft.

1710 gab es nachweislich 343 ***Laboranten,*** die vor allem in Oberweißbach, Deesbach, Cursdorf, Meura, Meuselbach und Lichtenhain lebten. Durch die sich im 19. Jh. immer stärker entwickelnde ***pharmazeutische Industrie*** ging die Zahl der Laboranten bis 1855 auf nur noch 20 zurück, und bald starb dieses Gewerbe ganz aus.

(nach Texten von Martina Pontius, in „Heimarbeit und Lohnerwerb in Thüringen", herausgegeben vom Museum für Thüringer Volkskunde, Erfurt 1989)

Ausflüge nach Norden: Thüringer Becken

Gotha – die Residenzstadt

Vorwahl:	03621
PLZ:	99867
Einwohner:	48.000
Höhe:	331 m

Die einstige Residenzstadt ist die zweite „Perle" in der „Perlenkette der großen Städte", die sich von Eisenach nach Osten zieht, und ist über die Autobahn oder die B 7 bequem zu erreichen.

Sehenswertes

Hauptmarkt

Schön ist der langgestreckte und zum Schloss hin ansteigende Hauptmarkt, der größtenteils von historischen Gebäuden gesäumt wird. Das ***Rathaus*** auf dem unteren Hauptmarkt ist 1567-74 als Kaufhaus errichtet worden. Als Gotha zur Residenz wurde, musste *Ernst I.* seinen Hofstaat zunächst in diesem Kaufhaus unterbringen.

Das Wasser des 1369 gegrabenen Leinakanals speist am Schlossberg die 1895 erbaute ***Wasserkunst.*** Am oberen Hauptmarkt befinden sich auch das ***Ständehaus*** (16. Jh.) und das ***Lucas-Cranach-Haus,*** an dessen Portal noch das Familienzeichen der *Cranachs,* die geflügelte Schlange, zu sehen ist. Die Bürgerhäuser um den Hauptmarkt trugen früher alle solche Hausmarken.

Das um 1577 errichtete ***Waidhaus*** an der Ecke zur Gretengasse erinnert an den blühenden Handel mit dem Blaufärbemittel Waid, dem Gotha im Mittelalter seinen Wohlstand verdankte.

Brühl

Die Verlängerung des Hauptmarktes bildet der Brühl, eine der ältesten Gassen und frühes Handelszentrum der Stadt. Hier findet man neben anderen historischen Bauwerken das ***Haus Zum König Salomon,*** das einzige noch aus dem Mittelalter erhaltene Wohngebäude Gothas, sowie das barocke ***Maria-Magdalena-Hospital*** (Umbau 1719), das 1223 von der *Heiligen Elisabeth von Thüringen* (s. Wartburg) gegründet wurde.

Restliche Altstadt

Das Altstadtviertel westlich von Brühl und Hauptmarkt ist in den 1980er Jahren großflächig abgerissen und durch Wohnblocks ersetzt worden. Erhalten geblieben ist das ***Augustinerkloster*** aus dem 13. Jh., in dem heute kirchliche Verwaltungsbüros untergebracht sind. Kirche und Kreuzgang sind zu besichtigen.

Geht man vom Hauptmarkt durch die Marktstraße nach Osten, so gelangt man auf den ***Neumarkt*** mit der ursprünglich spätgotischen, im 17./18. Jh. barock umgebauten ***Margarethenkirche.*** Zwischen Hauptmarkt, Neumarkt und der Friedrichstraße erstreckt sich ein Altstadtviertel mit sanierten und neu errichteten Häusern, Boutiquen und Cafés, das am schönen ***Buttermarkt*** beginnt.

Schloss Friedenstein

Startet man seinen Stadtrundgang am oben genannten Parkplatz hinter dem Schloss Friedenstein (Schlosshof tägl. 7-18, Fr. bis 19 Uhr), so hat man den ***Höhepunkt Gothas*** gleich am Anfang. Hier könnte man mühelos einen ganzen Tag zubringen. Die Anlage beeindruckt schon durch ihre wuchtigen Dimensionen. Den zahlreichen hier untergebrachten Museen verdankt Gotha seinen Ruf als Museumsstadt. Im ***Schlossmuseum*** (Tel. 82340; 01.05.-31.10. Di.-So. 10-17 Uhr, sonst 10-16 Uhr; Eintritt 4/3 €) sind bedeutende Kunstsammlungen zu sehen: u.a. das weltberühmte erste Doppelbildnis „Gothaer Liebespaar", ein Kupferstichkabinett mit 35.000 Blättern, eine umfangreiche Münzsammlung mit 100.000 Exponaten sowie eine Antiken- und China-Sammlung. Angeschlossen an das Schlossmuseum ist das ***Museum für Regionalgeschichte und Volkskunde*** (Öffnungszeiten wie Schlossmuseum).

Ebenfalls im Schloss befindet sich das ***Ekhoftheater*** von 1681-83 (Tel. 823416, Öffnungszeiten wie

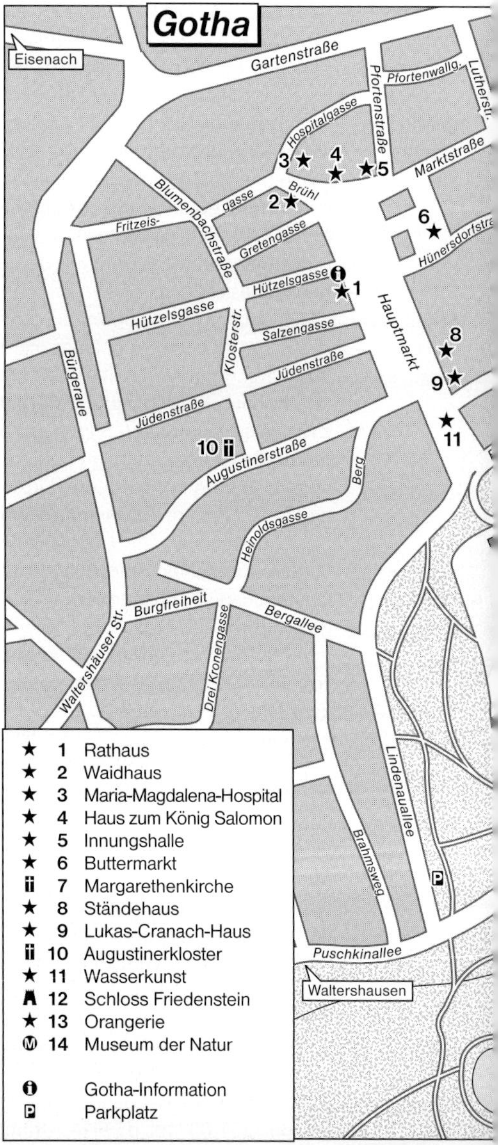
Gotha
Eisenach
Gartenstraße
Pfortenstraße
Pfortenwallg.
Lutherstr.
Hospitalgasse
Marktstraße
Brühl
Blumenbachstraße
Fritzeis-
gasse
Gretengasse
Hünersdorfstra
Hützelsgasse
Hützelsgasse
Hauptmarkt
Klosterstr.
Salzengasse
Jüdenstraße
Jüdenstraße
Bürgeraue
Augustinerstraße
Berg
Heinoldsgasse
Burgfreiheit
Bergallee
Waltershäuser Str.
Drei Kronengasse
Lindenauallee
Brahmsweg
Puschkinallee
Waltershausen
1 Rathaus
2 Waidhaus
3 Maria-Magdalena-Hospital
4 Haus zum König Salomon
5 Innungshalle
6 Buttermarkt
7 Margarethenkirche
8 Ständehaus
9 Lukas-Cranach-Haus
10 Augustinerkloster
11 Wasserkunst
12 Schloss Friedenstein
13 Orangerie
14 Museum der Natur
Gotha-Information
Parkplatz

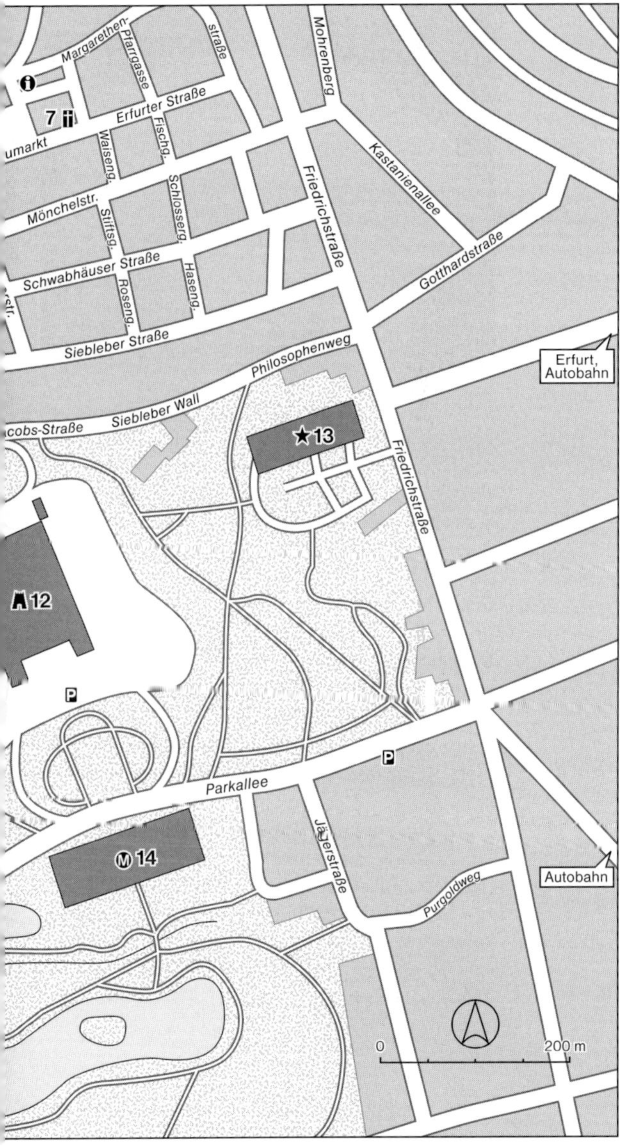
Margarethen-
Pfarrgasse
straße
Mohrenberg
7
Erfurter Straße
Fischg.
Waiseng.
umarkt
Kastanienallee
Friedrichstraße
Mönchelstr.
Schlosserg.
Stiftsg.
Gotthardstraße
Schwabhäuser Straße
Haseng.
Roseng.
Siebleber Straße
Philosophenweg
Erfurt,
Autobahn
Siebleber Wall
cobs-Straße
13
Friedrichstraße
12
P
P
Parkallee
Jägerstraße
14
Autobahn
Purgoldweg
0
200 m

Schlossmuseum) mit der ursprünglichen Bühnenkulisse von 1774. Der weltbekannte Barockbau des Ekhoftheaters ist eines der ältesten erhaltenen Theater der Welt mit original erhaltener Bühnentechnik. Seinen Namen verdankt es *Conrad Ekhof*, dem „Vater der deutschen Schauspielkunst", der hier ab 1774 wirkte und 1775 eines der ersten deutschen Theater mit festangestelltem Ensemble gründete. Heute ist das Ekhof-Theater nicht nur Museum, sondern dient in den Sommermonaten zugleich als Spielstätte für das Ekhof-Festival mit barocken Opern und Konzerten auf historischen Instrumenten in einem außergewöhnlichen Rahmen (Kartenvorverkauf über die Gotha-Information, s.u.).

Das ***Museum der Natur*** (geöffnet 01.05.-31.10. Di.-So. 10-17, sonst 10-16 Uhr, Tel. 82300) befindet sich südlich des Rosengartens, an der anderen Seite der Parkallee 15 in einem Neorenaissancebau von 1879, der eigens für die Kunstsammlung von *Herzog Ernst dem Frommen* errichtet worden ist.

Praktische Reisetipps

Info

- ***Gotha-Information,*** Hauptmarkt 1, 99867 Gotha, Tel. 03621/222138, Fax 222134, Internet: www.gotha.de

Parken

- Zentrumsnah liegt der ***Parkplatz zwischen dem Rosengarten und dem Schloss Friedenstein,*** den man über die Parkallee erreicht. Ein weiterer größerer Parkplatz befindet sich ***südlich der Parkallee*** nahe dem ehemaligen Marstall. Die Innenstadt ist für den Verkehr gesperrt.

Gaststätten

- ***Ratskeller,*** Hauptmarkt 2, Tel. 512594
- ***Weißer Brunnen,*** 18.-März-Str. 31, Tel. 704449 (Gasthaus und Pension)
- ***Weinschänke,*** Gartenstr. 28, Tel. 301009 (Mo. Ruhetag)

Umgebung

Thüringer Waldbahn

Wer glaubt, Straßenbahnen gehören nur auf Straßen und haben außerhalb der Stadt nichts zu suchen, der irrt. Nicht so im Thüringer Wald! Hier macht die ***Gothaer Waldbahn der Linie 4*** nicht etwa an der Stadtgrenze Halt, sondern rattert fröhlich weiter: durch Wiesen und Felder, über Bäche hinweg und quer durch den Wald. Rund 60 Minuten dauert die Fahrt auf der knapp 22 km langen Strecke. Etwas holperig mag es gelegentlich hergehen, aber um so schöner ist die Landschaft, die vor den Fenstern des eigenwilligen Bähnchens vorüberzieht.

Seit 1929 verrichtet diese historische Straßenbahn redlich ihren Dienst ***zwischen Gotha, Waltershausen, Friedrichroda und Tabarz.*** Halbstündlich rumpelt sie aus der Stadt hinaus, klettert auf einer kurvenreichen Strecke über den Boxberg (schönes Ausflugsgebiet mit Blick über den Thüringer Wald, Pferderennbahn von 1878 und einem beliebten Restaurant) und führt an einer Reihe lohnender Sehenswürdigkeiten vorüber.

Am ***Gleisdreieck*** kann man nach Waltershausen umsteigen. Empfehlenswert ist ein Zwischenstopp bei ***Reinhardsbrunn.*** Das zu einem Hotel ausgebaute Schloss wurde auf den Grundmauern eines alten Klosters errichtet und ist von einem herrlichen Park mit bis zu 700 Jahre alten Bäumen umgeben, der zu einem Spaziergang einlädt. Die Teiche unterhalb des Schlosses wurden von den Mönchen zur Fischzucht angelegt. Noch heute werden hier Forellen gezüchtet, die man von einem Händler direkt vor Ort frisch bekommt, der dort auch einen Imbiss-Stand betreibt.

Am Fuß des Zimmerberges entlang rattert das Elektrobähnchen im Ungeheuren Grund durch zauberhafte Mischwälder zur ***Marienglashöhle,*** wo Sie eine Exkursion in die kristallglitzernde Unterwelt unternehmen können, die einer Schatzhöhle aus dem Märchen gleicht.

Endstation ist ***Tabarz,*** ein reizvoller Ferienort mit schönen Fachwerkbauten. Von dort führt ein Rundweg durch das wildromantische Naturschutzgebiet des Felsentals. Oder man kann den Großen Inselberg besteigen, um den weiten Ausblick zu genießen. Und zurück in Tabarz wartet schon wieder das gelbe Waldbähnchen für die Rückfahrt.

Auf Wunsch kann man sogar die komplette Straßenbahn für ***Gruppenreisen mieten,*** um sich stilgerecht von Schaffnern in historischen Uniformen bei Musik und gastronomischer Versorgung durch den Thüringer Wald schaukeln zu lassen.

● Information: Thüringer Waldbahn GmbH, Waltershäuser Str. 98, 99867 Gotha, Tel. 03621/4310, Internet: www.waldbahn-gotha.de

Friedrichswerth

(20 km nordwestlich) – ***Schloss*** aus dem 17. Jh.; Geburtshaus und Gedenkzimmer *Prof. Dr. Hermann Haack.*

Bad Langensalza

(16 km nördlich; B 247) – ***Schwefelbad*** seit 1811; schöne Altstadt mit restaurierten Bürgerhäusern, darunter das ***Klopstock-Haus*** und das Elternhaus des Arztes und Schriftstellers *Christoph Wilhelm Hufeland;* ***Friederikenschlösschen*** (barock, heute Klubhaus); ***Bonifatiuskirche*** und ***Bergkirche St.***

Stephan (14. Jh.); ***Heimatmuseum*** am Wiebeckplatz 7.

•Information: Fremdenverkehrsamt Bad Langensalza, Bei der Marktkirche 9, 99947 Bad Langensalza, Tel. 03603/862421, Fax 640720

Erfurt – Luther- und Blumenstadt

Vorwahl:	0361
PLZ:	99084
Einwohner:	200.000
Höhe:	158-430m

Die einst mächtige Handels- und Universitätsstadt liegt im Süden des fruchtbaren Thüringer Beckens an der Gera und ist als typische Furtstadt entstanden. Heute ist Erfurt nicht nur die größte Stadt Thüringens, sondern auch die ***Landeshauptstadt.***

Sehenswertes

Stadtbild Da die Stadt im Zweiten Weltkrieg nur relativ geringe Schäden erlitten hat, ist die ***Altstadt*** mit ihren verwinkelten Gassen, gotischen Kirchen und Bürgerhäusern aus Mittelalter, Renaissance und Barock zu einem großen Teil erhalten und lädt zu einem schönen Rundgang ein. Gerade weil seine zahlreichen Kirchen, Türme und Prunkfassaden aus den unterschiedlichsten Stilepochen stammen, ist Erfurt ein aufgeschlagenes Geschichtsbuch der Baukunst, ein Buch, durch das man mitten hindurchspazieren kann.

Anger Ein besonders schönes Beispiel bietet der Anger, der als weiter dreieckiger Platz am Nordostrand der Altstadt beginnt und sich als breite Flanierstraße nach Westen erstreckt. Hier wird ein Stadt-

Waid

Der ***Reichtum,*** der ***in Erfurt*** die Türme und Bürgerhäuser in den Himmel sprießen ließ, kam von den fruchtbaren Lößäckern des Thüringer Beckens. Dort wurde im Mittelalter eine Pflanze kultiviert, die in ganz Europa als Färbemittel heiß begehrt war: der Färberwaid.

Waid – es heißt übrigens *der* Waid – ist eine Pflanzengattung gelb blühender Kreuzblütler (lat. *Isatis)* mit etwa 50 krautigen Arten, die aus dem östlichen Mittelmeerraum stammt. Besondere Bedeutung erlangte der zweijährige ***Färberwaid*** *(Isatis tinctora),* eine bis zu einem Meter hohe Staude, deren Saft sich an der Luft blau färbt und einen indigoartigen Farbstoff enthält.

Bereits im alten Ägypten und Mesopotamien wurde diese Pflanze als Färbemittel angebaut, und Griechen und Römer verwendeten sie auch zur Heilung von Wunden und Geschwüren. Das älteste Färberezept stammt aus dem Stockholmer Papyrus (2. Jh. v. Chr.). In germanischer Zeit und im deutschen Mittelalter war Waid der wichtigste Farbstoff. In Schriften des 8. Jh. taucht die Pflanze unter dem Namen *waisto, wisdila* und *erwaisda* auf. Erste Nachrichten über den Anbau von Waid stammen aus Schwaben (1276). Um 1300 wurde das *waittkraut* besonders in Thüringen, im Raum um Erfurt, angebaut, wo es über Jahrhunderte hinweg die Hauptquelle bäuerlichen Reichtums bildete.

Der Handel mit Waid war nur den Städten gestattet. Bekannt dafür wurden die fünf ***Waid-Städte*** Erfurt, Gotha, Arnstadt, Langensalza und Tennstedt, wo der Waidhandel seit dem 13. Jh. betrieben wurde. Zum Zentrum und bedeutendsten Waidhandelsplatz in ganz Europa wurde Erfurt, wo auch heute noch viele Spuren zu finden sind, die an den Anbau und die Verarbeitung dieser Pflanze und ihre Bedeutung für die Stadt erinnern.

Als der Seeweg nach Indien entdeckt wurde, erhielt die Waidpflanze starke ***Konkurrenz durch importiertes Indigo.*** Der Anbau ging stark zurück und wurde nach einer kurzen Wiederbelebung durch die napoleonische Kontinentalsperre fast ganz eingestellt, nachdem 1826 die Anilinfarben entdeckt worden waren. Lediglich bei Erfurt und Gotha wurde er bis zum Beginn des 20. Jh. betrieben. Heute wird wieder Waid angebaut und u.a. zu Tee, Kosmetika und Öko-Farben verarbeitet.

bummel zum ***Streifzug durch die Stilgeschichte der Baukunst.*** In fast ununterbrochener Abfolge reihen sich die Baudenkmäler und Fassaden unterschiedlichster Epochen aneinander. Ein Reigen von gotischen Kirchen, über Bürgerhäuser aus dem Barock, der Renaissance und dem Rokoko bis hin zu Neogotik, Jugendstil, Neoklassizismus und Art Deco.

Johannesstraße

Reich verzierte ***Waidhändler-Häuser*** mit phantasievollen Namen säumen besonders die Johannesstraße. Das Haus Zum Mohrenkopf etwa, das Haus Zum Grünen Sittich und Gekrönten Hecht oder das Haus Zum Stockfisch, an dem noch die große, rundbogige Durchfahrt für die hochbeladenen Waidwagen zu sehen ist.

Krämerbrücke

Einmalig ist die 1325 aus Stein erbaute Krämerbrücke, die auf beiden Seiten durchgehend ***mit hübschen alten Fachwerkhäusern bebaut*** ist. Früher boten in diesen kleinen Häuschen die Krämer ihre Waren feil, heute sind es Kunsthandwerker und Antiquitätenhändler mit ihren erlesenen Einzelstücken.

Fischmarkt

Über die Krämerbrücke gelangt man zum Fischmarkt, gesäumt vom Rathaus und den prachtvollsten Schmuckfassaden Erfurts. Glanzstück ist das 1584 errichtete ***Haus Zum Breiten Herd*** mit seinem rotbraunen Renaissancegiebel und üppigem Goldschmuck. Es ist zusammengebaut mit dem ähnlich kunstvollen, aber weniger farbkräftigen Gildehaus. Links davon prangt die Fassade des ***Hauses Zum Roten Ochsen*** mit Darstellungen der griechischen Musen und der Wochentage, das der geldschwere Waidhändler *Jacob Naffzer* 1562 errichten ließ. Davor ragt die 1591 geschaffene Statue eines römischen Kriegers in den Himmel, der so genannte „Roland“. Stolz gereckt präsentiert er seine leuchtend rote Standarte mit dem silbernen, sechsspeichigen Rad: dem Wappen der alten Handelsstadt.

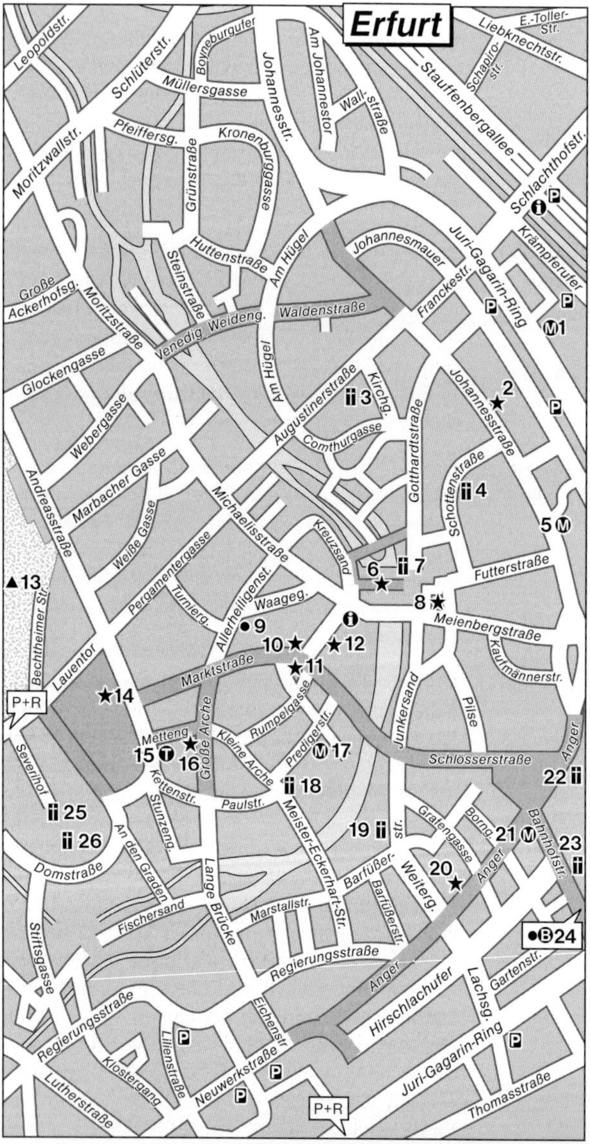
Erfurt
Leopoldstr.
Schlüterstr.
Boyneburgufer
Müllersgasse
Johannesstr.
Am Johannestor
Wallstraße
E.-Toller-Str.
Liebknechtstr.
Schapiro-str.
Stauffenbergallee
Schlachthofstr.
Moritzwallstr.
Pfeiffersg.
Grünstraße
Kronenburggasse
Krämpferufer
Juri-Gagarin-Ring
Huttenstraße
Am Hügel
Johannesmauer
Steinstraße
Große Ackerhofsg.
Moritzstraße
Venedig
Weideng.
Waldenstraße
Franckestr.
Glockengasse
Webergasse
Augustinerstraße
Kirchg.
Gotthardtstraße
Johannesstraße
Comthurgasse
Schottenstraße
Marbacher Gasse
Andreasstraße
Weiße Gasse
Michaelisstraße
Kreuzsand
Futterstraße
Pergamentergasse
Turnierg.
Waageg.
Allerheiligenst.
Meienbergstraße
Kaufmännerstr.
Bechtheimer Str.
Lauentor
Marktstraße
Junkersand
Pilse
Rumpelgasse
Predigerstr.
Schlösserstraße
Anger
Metteng.
Große Arche
Kleine Arche
Kettenstr.
Severihof
Stunzeng.
Paulstr.
Meister-Eckehart-Str.
Grafengasse
Borng.
Bahnhofstr.
An den Graden
Domstraße
Lange Brücke
Barfüßer-str.
Barfüßerstr.
Weiterg.
Fischersand
Marstallstr.
Stiftsgasse
Regierungsstraße
Hirschlachufer
Lachsg.
Gartenstr.
Eichenstr.
Liliensstraße
Klostergang
Neuwerkstraße
Juri-Gagarin-Ring
Lutherstraße
Thomasstraße
P+R
1 2 3 4 5 6 7 8 9 10 11 12 13 14 15 16 17 18 19 20 21 22 23 24 25 26

Ⓜ 1 Museum für Thüringer Volkskunde
★ 2 Waidhändler-Häuser
⛪ 3 Augustinerkloster & -kirche
⛪ 4 Schottenkirche
Ⓜ 5 Stadtmuseum
★ 6 Krämerbrücke
⛪ 7 Ägidenkirche
★ 8 Wenigemarkt
• 9 Studentenclub Engelsburg
★ 10 Haus Zum Breiten Herd und Zum Roten Ochsen
★ 11 Fischmarkt
★ 12 Rathaus
▲ 13 Petersberg
★ 14 Domplatz
Ⓣ 15 Waidspeicher
★ 16 Haus Zum Sonnenborn
Ⓜ 17 Museum Neue Mühle
⛪ 18 Predigerkirche
⛪ 19 Barfüsserkirche
★ 20 Bartholomäusturm
Ⓜ 21 Angermuseum
⛪ 22 Ursulinenkloster
⛪ 23 Reglerkirche
• 24 Hauptbahnhof
Ⓑ und Busbahnhof
⛪ 25 Severikirche
⛪ 26 Dom

ⓘ Stadt-Information
Ⓟ Parkplatz

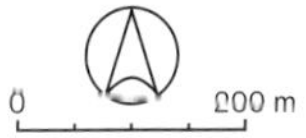

Weitere Gässchen Ein Gewirr kleiner Gässchen führt weiter durch das Herz der historischen Altstadt, vorüber am ***Haus zum Sonnenborn*** mit seinem prachtvollen Portal und am ehemaligen ***Waidspeicher,*** der heute als Spielstätte des Erfurter Kabaretts und Puppentheaters dient.

Domplatz Schließlich öffnet sich das Gässchengewinkel zum weiträumigen Domplatz, und staunend steht man vor dem hoch in den Himmel ragenden ***Ensemble von Dom und Severikirche***. Ein ebenso überraschender wie überwältigender Anblick. Dieses gewaltige Ensemble über den breiten, sich nach oben perspektivisch verjüngenden „Graden" (Stufen) des Domberges gehört fraglos zu den berühmtesten und imposantesten Kirchenbauten Thüringens – ja, ganz Deutschlands. An der Stelle einer schon von *Bonifatius* gegründeten Kirche

wurde hier 1154 zunächst eine romanische Basilika errichtet, von der noch Teile im unteren Turmgeschoss erkennbar sind. Da der Hügel für einen weiteren Anbau keinen Platz ließ, wurde bis 1349 jener gewaltige, 26 m hohe Bogenunterbau geschaffen, der den Dom heute so himmelhoch erscheinen lässt. Darüber entstand der Chor mit seinen farbenprächtigen, die ganze, gewaltige Wandhöhe umfassenden Fenstern.

Hinter dem Domplatz

Schmucke Fachwerkhäuser und prachtvolle Fassaden säumen den Domplatz und dahinter schließen sich weitere sehenswerte Stadtviertel mit einer Vielzahl historischer Bauwerke an, über denen sich der ***Petersberg*** mit der einstigen kurmainzischen Zitadelle erhebt.

Praktische Reisetipps

Info

- ***Tourist-Information:*** Benediktsplatz 1, Tel. 0361/6640, Fax 6640290, Internet: www.erfurt-tourist-info.de; geöffnet Mo.-Fr. 10-19, Sa./So. 10-16 Uhr
- ***Zimmervermittlung, Ticketservice:*** Tel. 6640110

Blick über den Domplatz

●*Tipp für Behinderte:* Ein „Stadtführer für Behinderte" mit einer Fülle nützlicher Adressen und Hinweise plus einem Stadtplan für Rollstuhlfahrer ist über die Tourist-Information erhältlich.

Parken

Die sicherste Parkmöglichkeit bietet der große ***Parkplatz des ega-Geländes*** an der B 7, wenn man von Gotha kommt, links. Er bietet gute P&R-Verbindungen (man kann durchaus auch zu Fuß gehen). Durch seine ruhige Lage eignet er sich auch für eine Wohnmobilübernachtung. Weitere P&R-Möglichkeiten gibt es an der Thüringenhalle (B 4 Süd, Richtung Arnstadt) und an der Ulan-Bator-Straße (B4 Nord, Hannoversche Str. oder Nordhäuser Str.)

●***In der Innenstadt*** ist es sehr schwer, einen Parkplatz zu finden. Praktisch alle Parkplätze innerhalb des Juri-Gagarin-Rings sind gebührenpflichtig, stets voll und haben eine Parkzeitbegrenzung. Glück haben kann man auf den kleinen Parkplätzen hinter dem Volkskundemuseum (zu erreichen über die Krämpferstraße und das Krämpferufer).

●Außerdem Parkhäuser am Bahnhof, am Domplatz, Anger 1 (Zentrum Ost, Juri-Gagarin-Ring/Hertie), Thomaseck (Zentrum Süd, Juri-Gagarin-Ring/Commerzbank) und S-Finanzzentrum (Bonifaciusstraße nahe Frauenklinik); sehr gutes Parkleitsystem. Beim Parkhaus Anger 1 und Domplatz können Besucher auch Fahrräder ausleihen.

Wohnmobile

Wohnmobil-Stellplätze (für 1-2 Nächte meist gebührenfrei) finden Sie auf verschiedenen Park- und P+R-Plätzen. Von allen besteht eine direkte Straßenbahn-Anbindung zur City

●***P&R Thüringenhalle:*** 7 Plätze, Linie 4, Nachtlinie N4 Endhaltestelle Thüringenhalle zum Anger (Zentrum) ca. 10 Minuten Fahrzeit

●***P&R Urbicher Kreuz:*** 15 Plätze mit Ver- und Entsorgungsstation; Linie 3, Nachtlinie N3 – Endhaltestelle Windischholzhausen zum Anger (Zentrum) ca. 15 Minuten Fahrzeit

●***P&R Messe:*** 4 Plätze, Linie 2, Nachtlinie N2 – Endhaltestelle Messe zum Anger (Zentrum) ca. 15 Minuten Fahrzeit Parkplatz Am Kleinen Ring: 4 Plätze Autobahn Erfurt-West, Richtung Stadtzentrum, über die Kreuzung Kaffeetrichter geradeaus, Kreuzung Juri-Gagarin-Ring, am Hotel Radisson SAS vorbei, nächste Einfahrt links.

●***Parkplatz Eichenstraße:*** 4 Plätze – Autobahn Erfurt-West, Richtung Stadtzentrum, über die Kreuzung Kaffeetrichter geradeaus, Kreuzung Juri-Gagarin-Ring, dann links, Karl-Marx-Platz, dann rechts Einfahrt Neuwerkstraße, dritte Straße links Eichenstraße

●***Parkplatz An den Graden:*** 4 Plätze – gebührenpflichtig –Kreuz Erfurt, A 71 Erfurt – Bindersleben, Richtung Flughafen, Binderslebener Landstraße, Richtung Domplatz. Lauentor bis Domplatz, Stadtbahnkreuzung nach rechts, wieder rechts abbiegen, An den Graden links abbiegen.

Gaststätten

●***Gildehaus,*** Fischmarkt 13/16, Tel. 5623273 (Renaissancebau, historisches Ambiente, sehr gutes Restaurant mit italienischen Spezialitäten; geöffnet tägl. 11-24 Uhr)
●***Museumsgaststätte,*** Juri-Gagarin-Ring 140a, Tel. 5626641 (rustikal-gemütliche Gaststätte mit Thüringer Küche in mittelalterlichem Kellergewölbe; tägl. 11-24 Uhr)
●***Don Camillo,*** Michaelisstr. 29, Tel. 6422923 (italienische Küche, Biergarten; So. Ruhetag)
●***Zum Augustiner,*** Michaelisstr. 32 /Ecke Augustinerstr., Tel. 5623830 (urige Bierkneipe mit preiswerter Hausmannskost und Biergarten)
●***Bärenkeller,*** Andreasstr. 26, Tel. 6439788 (Thüringer Küche und Essen vom heißen Stein; Mo.-Sa. 11-23 Uhr)
●***Luther-Keller,*** Kaisersaal, Futterstraße 15/16, Tel. 5688121 (mittelalterliche Bankette mit passendem Ambiente und musikalischer Umrahmung; geöffnet Mo.-Sa. ab 17 Uhr, Anmeldung empfehlenswert
●***Gaststätte Zum Rebstock,*** Futterstr. 2, Tel. 5949-0; Thüringer, internationale und vegetarische Küche; geöffnet tägl. 12-23.30 Uhr

Cafés

●***Café zum Wenigemarkt,*** Wenigemarkt 13; Bistro-Angebot

Unterhaltung

●***Museumskeller,*** Juri-Gagarin-Ring 140a, Tel. 5624994, auf dem Gelände des Volkskundemuseums (wichtigster Szene-Treff Erfurts in schönem Kellergewölbe, Live-Musik ab 22.30 Uhr; Ausstellungen; gut geführt; gegen später meist sehr(!) voll; viele Intellektuelle, Musiker, Künstler)
●***Studentenclub Engelsburg,*** Allerheiligenstraße 20/21, Tel. 2447112 (Mi., Fr., Sa. Disco oder Live-Musik in mittelalterlichen Räumen; kulturelle Veranstaltungen; Zutritt auch ohne Studentenausweis, wenn Platz ist)
●***Jazzkeller,*** Fischmarkt 13-16 (Info und Vorverkauf über: *open ohr,* Lange Brücke 21, Tel. 5612535)

Theater, Konzerte

●***Städtische Bühnen Erfurt,*** Anger 35, Tel. 2233-155 und 2233-156 (Kasse); Internet: www.theater-erfurt.de
●***Kabarett Arche,*** Waidspeicher, Domplatz 18, Tel. 5982924; sehr gutes und weit bekanntes Kabarett in dem schön restaurierten Waidspeicher
●***Kaisersaal,*** Kultur- und Kongresszentrum, Futterstr. 15/16, Tel. 5688111

Galerien

●***Kunsthalle Erfurt,*** Fischmarkt 7, Tel. 6555660; Kunst der Gegenwart; Graphik, Di.-So. 11-18 Uhr
●***Galerie Waidspeicher,*** Michaelisstraße 10, Tel. 6551960, geöffnet Mi-So 12-18 Uhr; der mehr als 500 Jahre alte Waidspeicher dient als Rahmen für Ausstellungen zeitgenössischer Kunst; auf dem Hof finden im Sommer Konzerte, Kinovorführungen und Theaterprojekte statt.

Der Dom und die Severikirche im Mondlicht

Museen

- ***Angermuseum,*** Anger 10, Tel. 554560; Museum für bildende Kunst mit international bedeutender Sammlung mittelalterlicher Kunst; Di.-So. 10-18 Uhr; Eintritt: 4/3 €
- ***Stadtmuseum Haus „Zum Stockfisch“,*** Johannesstr. 169; im Haus zum Stockfisch, Stadtgeschichte; geöffnet Di.-So. 10-18 Uhr, 1,50/0,75 €
- ***Museum für Thüringer Volkskunde,*** Juri-Gagarin-Ring 140a, Tel. 6555607; Ausstellungen über bäuerliche Haus- und Hofwirtschaft und alte Thüringer Handwerke sowie mit zahlreichen Werkstätten meist ausgestorbener Berufe wie Köhler, Wannenhauer, Griffelmacher, Olitätenhändler und man höre und staune – sogar Blasrohrbauer!; geöffnet Di.-So. 10-18, Eintritt 1,50/0,75 €
- ***Gartenbaumuseum,*** Cyriaksburg, Gelände der *ega*, Tel. 223990, www.gartenbaumuseum.de; Ausstellungen über die Entwicklung des Gartenbaus, über die Imkerei und Nutzbäume, mittelalterlicher Burggarten; geöffnet Di.-So. 10-18, Eintritt 3,60 € inkl. ega-Gelände)
- ***Naturkundemuseum,*** Große Arche 14, Tel. 6555680; Erdgeschichte Thüringens; 1,50/0,75 €
- ***Stadtmuseum „Neue Mühle“,*** Schlösserstr. 25a, Tel. 6461059; Techn. Denkmal und Mühlenmuseum; geöffnet Di.-So. 10-18 Uhr, 1,50/0,75 €

Umgebung

Molsdorf (6 km südwestlich) – Das mit Stilelementen des Rokoko und Barock an der Stelle einer ehemaligen Wasserburg errichtete ***Schloss Molsdorf*** gilt als eines der schönsten in Thüringen (geöffnet Di.-So. 10-17 Uhr; Tel. 036202/90505). Es wurde 1736 bis 1743 durch *Reichsgraf Gustav Adolf von Gotter* als Lustschloss mit Pavillon, Garten- und Parkanlage geschaffen und zum Schauplatz galanter bis ausschweifender Feste. Nach umfangreichen Restaurierungen dient es heute als ***Museum und Gaststätte.***

Ingersleben (7 km südwestlich) – ***Ehemaliges Rittergut,*** Fachwerkbau mit ***Heimatmuseum,*** Karl-Marx-Str. 40.

Neudietendorf (8 km südwestlich) – *Graf von Gotter* erwarb 1734 den Rittersitz „Alter Hof" und gründete hier eine ***Textilmanufaktur,*** das erste Unternehmen im Herzogtum Gotha. Weniger als 10 Jahre später musste die Manufaktur aufgegeben werden, und die Siedlung wurde an die pietistische Brüdergemeine (Herrenhuter) verkauft. Besichtigen kann man die ***Chorhäuser*** aus dem 18. Jh., das ***Zinzendorfhaus*** und ein ***Denkmal*** des *Grafen Nikolaus Ludwig von Zinzendorf,* dem Gründer der Brüdergemeinde.

Weimar – Zentrum der deutschen Klassik

Vorwahl:	03643
PLZ:	99423
Einwohner:	62.650
Höhe:	208 m

Weimar, die Wirkungsstätte von *Goethe, Schiller* und zahlreichen anderen Säulenheiligen der deutschen Klassik, liegt im Südosten des Thüringer

Beckens, zwischen Erfurt und Jena an der Ilm. Als Kulturmetropole ist die Stadt eines der bedeutendsten Fremdenverkehrszentren Deutschlands mit Gästen aus aller Welt. Und 1999 war Weimar sogar Kulturhauptstadt Europas – der Einwohnerzahl nach die kleinste, die es je gegeben hat.

Sehenswertes

Jakobskirche

Um den mittelalterlichen Vorgängerbau der barocken Jakobskirche lag das älteste Siedlungszentrum Weimars. In der Sakristei dieser Kirche wurde *Goethe* 1806 nach vierzehn Jahren „wilder Ehe" mit *Christiane Vulpius* getraut. *Christianes* Grab befindet sich auf dem ***Jakobsfriedhof,*** auf dem bis 1818 zahlreiche Weimarer Berühmtheiten ihre letzte Ruhestätte gefunden haben. Im ***Kassengewölbe*** in der südlichen Friedhofsecke wurde 1805 *Friedrich Schiller* beigesetzt, bis seine Gebeine auf den neuen Hauptfriedhof überführt wurden (siehe Kasten).

Graben

Der Graben kennzeichnet den Verlauf des mittelalterlichen Befestigungsringes. Das von außen etwas unscheinbar wirkende ***Kirms-Krackow-Haus*** ist ein im Kern mittelalterliches Patrizierhaus mit malerischem Innenhof und Hausgarten.

Herderplatz

Im Zentrum der denkmalgeschützten Altstadt steht die 1498 erbaute ***Stadtkirche St. Peter und Paul*** (auch als Herderkirche bekannt), mit der eine Reihe bedeutender Namen verbunden sind. In ihr predigte *Martin Luther, Johann Sebastian Bach,* der im Schloss als Hoforganist tätig war, spielte hier Orgel, Vater und Sohn *Cranach* schufen das Altarbild, auf dem *Luther* und *Cranach der Ältere* zu sehen sind, und *Johann Gottfried Herder* – dem zu Ehren sie im Volksmund Herderkirche genannt wird, kam 1776 als Hofprediger (später Generalsuperintendent) an die mittlerweile barock umgebaute Kirche. Sein Sarkophag befindet sich unter der Orgelempore im Westchor.

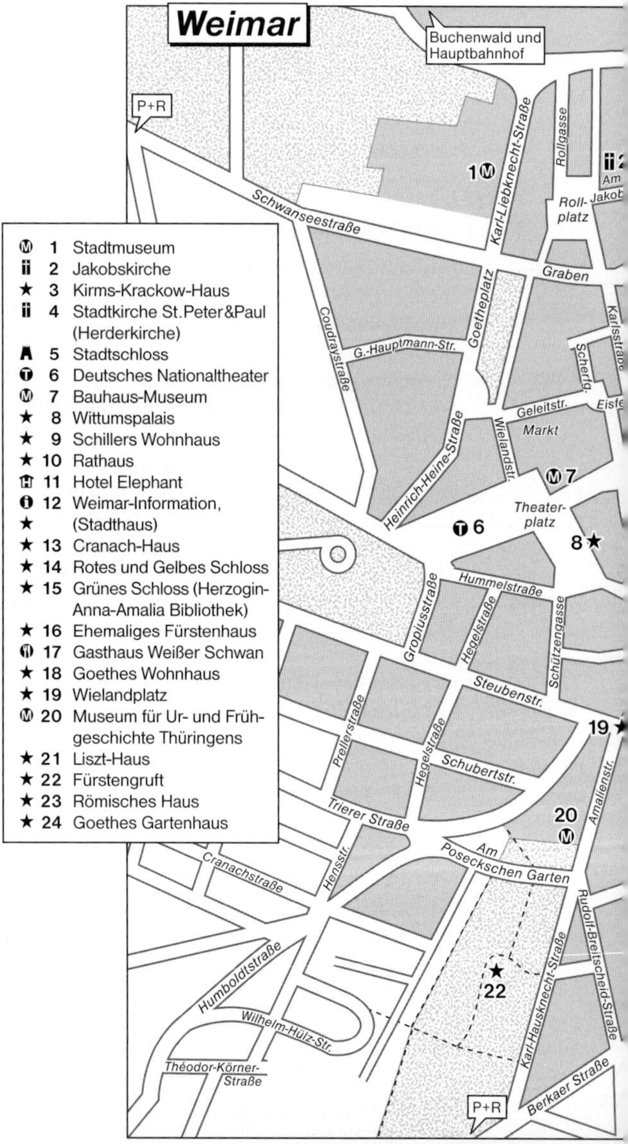
Weimar
Buchenwald und Hauptbahnhof
P+R
Schwanseestraße
Karl-Liebknecht-Straße
Rollgasse
Roll-platz
1
Graben
Goetheplatz
Coudraystraße
G.-Hauptmann-Str.
Scherfg.
Geleitstr.
Markt
Wielandstr.
Heinrich-Heine-Straße
7
Theater-platz
6
8
Hummelstraße
Gropiusstraße
Hegelstraße
Schützengasse
Steubenstr.
19
Prellerstraße
Hegelstraße
Schubertstr.
Amalienstr.
Trierer Straße
20
Am Poseckschen Garten
Cranachstraße
Hensstr.
Rudolf-Breitscheid-Straße
Karl-Hausknecht-Straße
22
Humboldtstraße
Wilhelm-Hülz-Str.
Théodor-Körner-Straße
P+R
Berkaer Straße
1 Stadtmuseum
2 Jakobskirche
3 Kirms-Krackow-Haus
4 Stadtkirche St. Peter&Paul (Herderkirche)
5 Stadtschloss
6 Deutsches Nationaltheater
7 Bauhaus-Museum
8 Wittumspalais
9 Schillers Wohnhaus
10 Rathaus
11 Hotel Elephant
12 Weimar-Information, (Stadthaus)
13 Cranach-Haus
14 Rotes und Gelbes Schloss
15 Grünes Schloss (Herzogin-Anna-Amalia Bibliothek)
16 Ehemaliges Fürstenhaus
17 Gasthaus Weißer Schwan
18 Goethes Wohnhaus
19 Wielandplatz
20 Museum für Ur- und Frühgeschichte Thüringens
21 Liszt-Haus
22 Fürstengruft
23 Römisches Haus
24 Goethes Gartenhaus

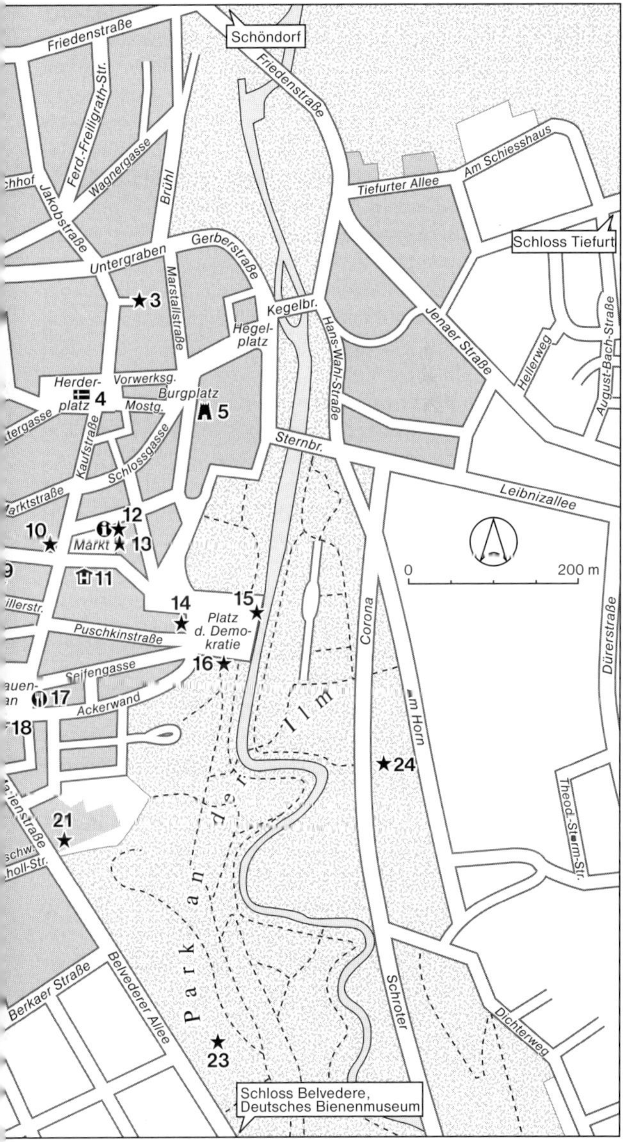
Schöndorf
Friedenstraße
Ferd.-Freiligrath-Str.
Wagnergasse
Brühl
Jakobstraße
Untergraben
Gerberstraße
Marstallstraße
Friedenstraße
Tiefurter Allee
Am Schiesshaus
Schloss Tiefurt
Kegelbr.
Hegel-
platz
Hans-Wahl-Straße
Jenaer Straße
Hellerweg
August-Bach-Straße
Herder-
platz
4
Vorwerksg.
Burgplatz
5
Mostg.
Kaufstraße
Schlossgasse
Sternbr.
Leibnizallee
Marktstraße
12
10
Markt
13
11
0
200 m
Platz
d. Demo-
kratie
14
15
Puschkinstraße
16
Seifengasse
17
Ackerwand
18
Ilm
Corona
Am Horn
24
Dürerstraße
Theod.-Storm-Str.
21
Park an der Ilm
Berkaer Straße
Belvederer Allee
Schroter
Dichterweg
23
Schloss Belvedere,
Deutsches Bienenmuseum
3

Stadtschloss

Östlich des Herderplatzes gelangt man zum Burgplatz. Dort erhebt sich am Ufer der Ilm das Stadtschloss des einstigen Zwergstaates Sachsen-Weimar, das auf eine mittelalterliche Wasserburg zurückgeht. Nach mehreren Bränden steht von dieser Burg nur noch der Turm. Das heutige Schloss ist ab 1798 entstanden – u.a. unter Mitwirkung *Goethes* – und später mehrmals umgebaut worden. Es beherbergt die umfangreichen ***Kunstsammlungen zu Weimar*** mit Werken von der Antike bis zur Gegenwart sowie das ***Schlossmuseum*** und ist außerdem Sitz der Stiftung Weimarer Klassik und Kunstsammlungen.

Markt

Seit der ersten Hälfte des 16. Jh. entwickelte sich auf dem Platz, der vorher als freie Fläche für Ritterturniere gedient hatte, der städtische Markt. Seine Nordseite wurde wiedererrichtet, angelehnt an die alte Bebauung, durch deren Zerstörung im Februar 1945 das geschlossene Bild des Marktes verlorengegangen war.

Das älteste erhaltene und eines der schönsten Gebäude am Markt ist das ***Cranach-Haus*** an der Südseite, das 1547-49 erbaut worden ist. Hinter der reich verzierten Fassade, die nach Renovierungen wieder in ihren ursprünglichen Farben prangt, hat von 1552 bis zu seinem Tod 1553 *Lucas Cranach d.Ä.* als Hofmaler des *Kurfürsten Johann Friedrich* gewohnt. Das weißgrüne ***Stadthaus,*** in dem sich jetzt die Tourist-Information befindet, ist durch den Krieg bis auf seine spätgotisch geprägte Fassade zerstört und 1970 neu aufgebaut worden. Gegenüber an der Westseite steht das 1841 im neugotischen Stil errichtete ***Rathaus,*** Nachfolger des 1837 abgebrannten Renaissance-Rathauses von 1583.

Platz der Demokratie Südöstlich des Marktes liegt der Platz der Demokratie, an dessen Ostseite sich das ***Grüne Schloss*** erhebt. In diesem 1565 im Stil der Renaissance errichteten Bau ist heute die ***Herzogin-Anna-Amalia-Bibliothek*** untergebracht. Sie umfasst rund 850.000 Bände, darunter eine sehr umfangreiche Faust-Sammlung. An der Südseite des Platzes steht das ***ehemalige Fürstenhaus.*** In dem 1774 errichteten Barockbauwerk mit Säulenvorbau hat heute die Musikhochschule „Franz Liszt" ihren Sitz. An der Westseite des Platzes befinden sich das ***Rote Schloss*** (1576) und das ***Gelbe Schloss*** (1704).

Frauenplan Durch die Seifengasse gelangt man am ***Haus der Frau von Stein*** und am berühmten ***Gasthaus Weißer Schwan*** vorbei zum Frauenplan. Dort steht ***Goethes Wohnhaus*** mit dem ***Goethe-Nationalmuseum,*** das zu den meistbesuchten Sehenswürdigkeiten Weimars gehört. In dem schlichten Barockbau von 1709 befinden sich *Goethes* naturwissenschaftliche und Kunstsammlungen, die Bibliothek, Wohn-, Empfangs- und Arbeitszimmer sowie das Sterbezimmer des Dichters. Alles ist weitgehend so belassen, wie es zu Lebzeiten *Goethes* war. Eine neue ständige Ausstellung wurde unter dem Thema „wiederholte Spiegelungen Weimarer Klassik 1759-1832" eingerichtet.

Goethe in Weimar

Was Weimar heute ist, verdankt die Stadt in erster Linie ihrem berühmtesten Bürger. Er hat sie nicht nur zum weltbekannten Inbegriff deutscher Literatur und Kultur gemacht, sondern wirkt auch lange nach seinem Tod noch als ihr ***wichtigster Werbeträger*** für den Fremdenverkehr. Ganz Weimar ist heute ein Museum, und *Goethe* ist darin die Hauptattraktion. Weit mehr als mit seiner Geburtsstadt Frankfurt a.M. wird *Goethes* Name mit dieser „Hauptstadt der deutschen Literatur" verknüpft.

Wie anders sah die Stadt aus, als *Goethe* sie im Alter von 26 Jahren auf Einladung des 18jährigen *Herzogs Carl August* im Jahre 1775 zum ersten Mal besuchte. Ein unbedeutendes ***Provinzstädtchen*** mit rund 6000 Einwohnern – hauptsächlich Bauern –, einer kleinen Hofgesellschaft von kaum 60 Personen, ungepflasterten Schlammstraßen, über die das Vieh getrieben wurde, einem ungemütlichen Klima und zerrütteten Finanzen. Dennoch blieb *Goethe* in Weimar und lebte hier fast 60 Jahre lang bis zu seinem Tod 1832.

Als Unterkunft und Bleibe erhielt der damals schon bekannte Dichter ein kleines und sehr reparaturbedürftiges Häuschen mit „halbfaulem Dache" außerhalb der Stadt, das als „Goethes Gartenhaus" zum Nationalheiligtum geworden ist.

Größere Schwierigkeiten jedoch bereitete es dem jungen Sturm-und-Drang *Goethe,* sich in die ***Anforderungen der höfischen Gesellschaft*** und den „weimarischen Philisterorden" einzufügen. Zu groß war der Widerspruch zwischen seinen persönlichen Empfindungen und den Ansprüchen, die das Hofamt an ihn stellte. Wohl spielte er gekonnt den Staatsdiener und Höfling und schickte „sich überaus gut in das, was er vorzustellen hat", litt aber „nur allzu sichtlich an Seel und Leib unter der erdrückenden Last, die er sich aufgeladen hat", schrieb 1784 *Wieland,* auf dessen Anregung *Goethe* nach Weimar eingeladen worden war.

Da war ihm die Ruhe seines ***abgeschiedenen Häuschens in der Natur*** eine willkommene Erholung. Hierher konnte er sich aus der verderbten höfischen Gesellschaft an den reinen Quell der Natur flüchten. Er pflegte den Garten und begann bald, auch über dessen Grenzen hinaus das Tal der Ilm parkartig anzulegen. *Karl August* teilte *Goethes* rousseausche Naturliebe und ließ sich von ihm in der „Kalten Küche", wenige Schritte vom Ufer der Ilm, eine Einsiedlerhütte einrichten, das „Borkenhäuschen", das später bei wachsenden Ansprüchen des Herzogs durch das repräsentativere „Römische Haus" ersetzt wurde.

Auch sonst scheinen sich ***Goethe und der Herzog*** – beide im Sturm-und-Drang-Alter – gut verstanden zu haben. Gemeinsam unternahmen sie wilde Ausritte übers Land, feierten ausgelassene und feucht-fröhliche Feste in den Dorfwirtschaften, trieben in Stützerbach groben Schabernack mit dem töricht geltungssüchtigen Kaufmann *Glaser* und vergnügten sich inkognito mit den Bauernmädchen. Hartnäckige Gerüchte behaupten sogar, dass es in Stützerbach „illegitime natürliche Nachkommen" *Goethes* und *Karl Augusts* gegeben habe. „In Weimar geht es schrecklich zu", jammerte *Voß* in einem Brief über diesen losen Lebenswandel, „Der Herzog läuft mit Goethen wie ein wilder Bursche auf den Dörfern herum, besäuft sich und genießet brüderlich einerlei Mädchen mit ihm". Er war ein „edler Wein, aber noch in gewaltiger Gärung", sagte *Goethe* später über den Herzog, „und wir waren oft sehr nahe am Halsbrechen." Auch in Weimar selbst organisierte *Goethe* als „maitre de plaisir" ausgefallene Feste und Unternehmungen, über welche *Frau von Stein* sagte: „Goethe verursacht hier einen großen Umsturz".

Zugleich war der Dichter aber eng in seine ***Amtsgeschäfte*** eingebunden. Bereits 1776 wurde er zum „Geheimen Legationsrat mit Sitz und Stimme im Geheimen Konsilio" ernannt und 1779 zum Minister. Vielerlei Ämter und Aufgaben hatte er während seiner Zeit in Weimar zu bewältigen: Berg- und Wasserbau, Theater, Kriegskommission und Wegebau, Wissenschaft und Kunst, und nicht zuletzt sollte er die zerrütteten Finanzen sanieren. Nebenbei arbeitete er in seinem Gartenhaus am „Faust", „Egmont" und „Tasso", die jedoch damals alle noch Fragmente blieben. Zu sehr wurde er von seinen Alltagsgeschäften und der Not der Menschen in der Umgebung Weimars in Anspruch genommen. „Es ist verflucht", beklagte er sich, „der König von Tauris soll reden, als wenn kein Strumpfwirker in Apolda hungerte."

Am 1. Juni 1782 siedelte *Goethe* in das ***große Haus am Frauenplan*** um, nachdem seine Mutter besorgt um ihren „Hätschelhans" an die *Herzogin Anna Amalia* geschrieben hatte mit der Bitte, ihn in einer Wohnung in der Stadt unterzubringen. „So oft wir hier schlimme Witterung haben ..., so fällt mir's schwer aufs Herz, daß der Doktor Wolf in seinen Garten gehen muss, dass allerlei Übles daraus entstehen kann ...".

Mit dem neuen repräsentativeren Haus und den zunehmenden amtlichen und gesellschaftlichen Verpflichtungen begann ein ***neuer Lebensabschnitt*** für den Dichter und Staatsmann. Er lernte, sich in die gesellschaftliche Ordnung hineinzufinden und „das Scheißige dieser zeitlichen Herrlichkeit" zu akzeptieren. Doch in seinen politischen Ämtern fiel es ihm noch immer schwer, sich in die vorgegebene Ordnung zu fügen. Wohl bemühte er sich, in seinem Amt das „Menschenwohl" zu fördern, doch die Erfolge waren mäßig.

Gequält und zermürbt durch diesen Widerspruch zwischen seinen revolutionären Idealen und der bürokratischen Realität, floh er 1786 aus allen Verpflichtungen nach ***Italien,*** von wo er gefestigt nach Weimar zurückkehrte.

1806 wurde er in der Sakristei der Jakobskirche nach langjähriger „wilder Ehe" (sein Sohn war damals schon 16 Jahre alt) mit seiner ***Lebensgefährtin Christiane Vulpius*** getraut. Die Jakobskirche selbst war geschlossen, weil sie fünf Tage nach der Schlacht von Jena und Auerstedt als Lazarett diente. Und *Goethe,* der als „dezidierter Nichtchrist" diesen kirchlichen Akt lediglich akzeptiert hat, um der Lebensgefährtin und dem Sohn volle Anerkennung zu verschaffen, hat diese Situation für den günstigen Moment gehalten, um peinliches Aufsehen in der klatschsüchtigen Stadt möglichst zu vermeiden. Keine zehn Jahre später wurde *Christiane,* nur wenige Schritte von der Sakristei entfernt, auf dem Jakobsfriedhof beigesetzt. Goethe war bei der Beerdigung nicht anwesend und kümmerte sich später auch nicht um das Grab.

Am 26. März 1832 ***starb Goethe*** in seinem Haus am Frauenplan und wurde neben *Schiller* und *Karl August* im Gruftbau auf dem Friedhof am Poseckschen Garten zur letzten Ruhe gebettet.

Schillerstraße

Als „klassische Hauptachse" Weimars verläuft zwischen dem Frauenplan und dem Theaterplatz die Schillerstraße, eine großzügig gestaltete ***Fußgängerzone,*** die vom Nordende des Frauenplans nach Westen führt. Sie entstand im späten 18. Jh. anstelle der damals abgerissenen mittelalterlichen Befestigungsmauer als Esplanade und Flanierweg für die höfische Gesellschaft. Heute bildet sie zusammen mit dem Frauenplan das belebte Geschäftszentrum Weimars.

Gleiches wie für das Goethehaus gilt auch für ***Schillers Wohnhaus,*** das nur ein kurzes Stück entfernt an der Schillerstraße steht. Als *Schiller* 1799 nach Weimar kam, wohnte er zunächst in der nahen Windischengasse zur Miete, bis er 1802 dieses Haus kaufte. Hier hat er die letzten drei Jahre seines Lebens verbracht und den „Wilhelm Tell", die „Braut von Messina" sowie das „Demetrius-Fragment" geschrieben.

Theaterplatz

Weiter durch die Schillerstraße gelangt man zum Theaterplatz. Dort steht das meistfotografierte Paar der Stadt: das berühmte ***Goethe-Schiller-Denkmal*** von *E. Rietschel,* das an die schöpferische Freundschaft der beiden großen Dichter erinnert. Dahinter erhebt sich das klassizistische

Deutsche Nationaltheater an der Stelle des 1825 abgebrannten Barockbaus von 1779. Hier hat *Goethe* als Intendant zahlreiche Werke der Klassik uraufgeführt, hier wirkten *Franz Liszt* und *Richard Strauss* als Kapellmeister, und *Herrmann Abendroth* war hier Generalmusikdirektor. 1919 wurde hier die Verfassung der Weimarer Republik verabschiedet.

Auf der gegenüberliegenden Seite des Platzes erblickt man die klassizistische Fassade des ehemaligen Kulissenhauses, in dem heute das ***Bauhaus-Museum*** untergebracht ist. Das Barockgebäude daneben, das ***Wittumspalais*** der *Herzogin Anna Amalia,* war zur Goethezeit das geistige und literarische Zentrum Weimars und beherbergt heute u.a. das ***Wielandmuseum.***

Park an der Ilm

Wer vor dem Klassiker-Rummel in ruhigere Gefilde entfliehen will, der sollte einen Spaziergang durch den ***Park*** an der Ilm machen – etwa vom Frauenplan aus über den Beethovenplatz. Dort steht ein schlichtes Landhaus: ***Goethes Gartenhaus,*** ein Geschenk des *Herzogs Carl August* (1776), in dem der Dichter sechs Jahre ständig gelebt hat. Weitere bemerkenswerte Bauwerke des Parks sind das ***Römische Haus*** (1792-97), das ***Borkenhäuschen*** (1778), die Ruine des Tempelherrenhauses (1811-20) und die Grottenanlage mit der ***Sphinxstatue*** aus dem Jahre 1786.

Die Fußgängerzone Schillerstraße

Südlich der Innenstadt

Südlich der Innenstadt findet man an der Amalienstraße 6 das ***Museum für Ur- und Frühgeschichte Thüringens,*** das wichtigste Museum seiner Art in Thüringen. Auf der anderen Seite der Straße erstreckt sich der ***Historische Friedhof*** mit einem weiteren Hauptpilgerort für Weimarbesucher: der ***Fürstengruft***, in der die Sarkophage *Goethes* und *Schillers* sowie des *Großherzogs Carl August* stehen.

Auf der Belvederer Allee in Richtung Süden gelangt man schließlich zum ***Schloss Belvedere,*** einem barocken Jagd- und Lustschloss (1724-32, heute Rokokomuseum) mit einem Landschaftspark, der in den benachbarten Wald übergeht.

Praktische Reisetipps

Info

- ***cwt GmbH Tourist-Information Weimar,*** Markt 10, 99423 Weimar, Tel. 03643/7450, Fax 745410, E-mail: tourist-info@weimar.de, Internet: www.weimar.de

Parken

- Wie bei dem starken Besucherandrang während des Sommers nicht anders zu erwarten, war es früher schwierig, einen Parkplatz zu finden. Die Eröffnung der ***Tiefgarage am Goethehaus*** hat dieses Problem aus der Welt geschafft.

  Einige zentrumsnahe Parkplätze findet man am Graben entlang – allerdings ist die Parkdauer dort befristet, und meist sind sie voll belegt. Sehr zu empfehlen sind die ***P&R-Parkplätze am Stadionvorplatz*** (auch für Wohnmobile und Busse), ***am Friedhof*** (beide mit Anschluss an die City-Linie Nr. 5) und ***an der Marcel-Paul-Str.***

Gaststätten

- ***Gasthaus „Zum Weißen Schwan",*** Am Frauenplan, Tel. 908751 (eines der renommiertesten und traditionsreichsten Restaurants der Stadt; neben dem Goethehaus; Thüringer Spezialitäten zu erlesenen Preisen;)
- ***Ratskeller,*** Markt 10, Tel. 850573 (Kellerrestaurant im wiederaufgebauten alten Stadthaus; Thüringer und internationale Küche; geöffnet tägl. 11.30-24 Uhr)
- ***Theater-Café,*** Theaterplatz 1a, Tel. 903209 (Blick auf den Theaterplatz; Thüringer und internat. Speisen; gelegentl. Livemusik; www.theatercafé-weimar.de)
- ***Waldschlösschen,*** Jenaer Str. 56, Tel. 903708 (große Speisegaststätte; Wildspezialitäten; geöffnet Fr.-Di. 11-22 Uhr, Do. 15-22 Uhr; Mi. Ruhetag)

●***Scharfe Ecke,*** Eisfeld 2, Tel. 202430
(Biergaststätte mit langer Theke, die tatsächlich eine „scharfe Ecke" hat, gemütlicher und beliebter Treff; Thüringer Küche; Bierspezialitäten; Di.-So. 11-24 Uhr)

Theater

●***Deutsches National-Theater,*** Theaterplatz 2, Tel. 755334 (Kartenservice), 755303 (Besucherservice), Internet: www.nationaltheater-weimar.de; Tickets auch unter Tel. 240035

Museen

●***Goethes Wohnhaus,*** Frauenplan 1
(geöffnet Sommerzeit 9-18 Uhr, Winter 9-16 Uhr, Mo. geschl., Eintritt 6,00/4,50 €)
●***Schillers Wohnhaus,*** Schillerstr. 12
(geöffnet Sommerzeit 9-18 Uhr, Winterzeit 10-16 Uhr, Di. geschl., Einritt 3,50/2,50 €)
●***Goethes Gartenhaus,*** Park an der Ilm
(geöffnet Sommer 10-18, Winter 10-16 Uhr, Di. geschl., Eintritt 3,00/2,00 €)
●***Liszt-Haus,*** Marienstraße 17
(geöffnet Sommer 10-13 und 14-18 Uhr, Winter 10-13 und 14-16 Uhr, Mo. geschl., Eintritt 2,00/1,50 €)
●***Wittumspalais,*** Theaterplatz.
(geöffnet Sommer 10-18, Winter 10-16 Uhr, Mo. geschl., Einritt 3,50/2,50 €)
●***Schlossmuseum Weimar,*** Burgplatz 4
(geöffnet Sommer 10-18, Winter 10-16 Uhr, Mo. geschl., Einritt 4,50/3,50 €)
●***Bauhaus-Museum,*** Theaterplatz
(geöffnet Sommer 10-18, Winter 10-16 Uhr, Mo. geschl., Eintritt 4,00/3,00 €)
●***Museum für Ur- und Frühgeschichte Thüringens,*** Humboldtstr.11, Tel. 903324 (geöffnet Mo.-Fr. 9-17 Uhr, Sa./So. 10-17 Uhr, Eintritt 3,50/2,50 €)
●***Stadtmuseum,*** Karl-Liebknecht-Str. 5, Tel. 903868
(vorübergehend geschlossen)
●***Deutsches Bienenmuseum,*** Ilmstr. 3, Tel. 61032
(vorübergehend geschlossen)
●***Gedenkstätte Buchenwald,*** Tel. 430200
(geöffnet Mai-Sept. 9.45-18 Uhr, Okt.-April 8.45-17 Uhr, letzter Einlass 45 Minuten früher, Mo. geschl.)

Besucherinformation für die Museen der Stiftung Weimarer Klassik: Frauentorstr. 4, Tel. 545102

Feste

●***Thüringer Bachwochen*** (März/April)
●***Kunstfest Weimar*** (August/September)
●***Weimarer Honky Tonk Kneipenfestival*** (Herbst)
●***Fest zu Goethes Geburtstag*** im Haus am Frauenplan (28. Aug.)
●***Töpfermarkt*** (August, rund um den Marktplatz)
●***Zwiebelmarkt*** (ein Stadtfest, bei dem was los ist; 2. Oktoberwochenende)

Umgebung

Gedenkstätte Buchenwald

(nördlich über Ettersburger Straße) – Auf dem 478 m hohen Ettersberg errichteten die Nazis 1937 in krassem Bruch mit der humanistischen Tradition Weimars das ***KZ Buchenwald,*** in dem über 56.000 Menschen vieler Nationen grausam ermordet wurden. Und von 1945 bis 1950 wurde das menschenverachtende Lager unter der sowjetischen Besatzungsmacht als Internierungslager genutzt.

Die ***Gedenkstätte Buchenwald*** mit einer historischen Dauerausstellung sowie einer kleinen, 1990 eingerichteten Ausstellung zur Geschichte des sowjetischen Speziallagers erinnert heute an das unsägliche Leid der Häftlinge.

Schloss Tiefurt

(4 km östlich, über Eduard-Rosenthal-Straße) – Das bescheidene Gebäude des Schlosses (ein ehemaliges Gutspächterhaus) diente 1781-1806 als Sommersitz der Herzoginwitwe (geöffnet Apr.-Sept. 9-18 Uhr, Okt. 10-16.30 Uhr, Mo. sowie Nov.-März geschl.; Eintritt 3,50/2,50 €).

Arnstadt – Bachstadt und Tor zum Thüringer Wald

Vorwahl:	03628
PLZ:	99310
Einwohner:	27.000
Höhe:	285 m

Arnstadt liegt an den nördlichen Vorbergen des Thüringer Waldes, durchflossen von Gera und Wilder Weiße. Bereits 704 erstmals urkundlich erwähnt, ist Arnstadt der älteste Ort Thüringens. Zugleich gilt es als eine der schönsten Kleinstädte des Landes.

Sehenswertes

Schloss

Ihr erster Weg wird Sie wahrscheinlich zum ***Schlossmuseum*** im Neuen Palais am Schlossplatz 1 führen (Tel. 602932, geöffnet Apr.-Okt. 8.30-12 und 13-16.30 Uhr, Okt.-Apr. 9.30-16 Uhr; Mo geschl.).

In dem 1728/32 errichteten Barockschloss ist eine der Hauptattraktionen Arnstadts untergebracht, die man sich nicht entgehen lassen sollte: Europas größte barocke ***Puppenstadt Mon Plaisir.*** Dort kann man in 84 Stuben über 400 Puppen aller Stände und Schichten bewundern und sich gleichzeitig ein umfassendes Bild von den Wohn- und Arbeitsverhältnissen der Barockzeit machen. Man erhält Einblick in Werkstätten, Ställe und Keller, in Wohn- und Schlafräume, Küchen und höfische Repräsentationsräume. Das gesamte Leben einer kleinen Residenzstadt des 18. Jh. ist hier mit großer Liebe zum Detail in Miniaturnachbildung festgehalten und der Nachwelt zugänglich gemacht worden. Und kein anderes Museum kann uns ein solch lebendiges Bild der damaligen Zeit vermitteln. Geschaffen wurde dieses Kleinod der Kulturgeschichte im Auftrag der *Fürstin Augusta Dorothea von Schwarzburg-Arnstadt* zwischen 1691 und 1750. Auf die Frage: „Wozu?" erhielt ich die Antwort: „Nur so – zu meinem Vergnügen. Daher «Mon plaisir»!" Aber vielleicht hatte die Puppenbegeisterung der Fürstin doch auch etwas mit ihrer Kinderlosigkeit und ihrer fast 35 Jahre dauernden Witwenzeit zu tun.

Weitere kunsthandwerkliche Sammlungen im Neuen Palais zeigen kostbare Porzellan- und Glaskunst aus Meißen und China mit dem einzigen original erhaltenen Porzellankabinett aus der Barockzeit, wertvolle Rokokoschnitzereien und 11 Brüsseler Bildteppiche aus dem 16. Jh.

Vom ehemaligen Schloss Neideck aus dem 16. Jh. (nördlich des Schlossplatzes) stehen heute

nur noch der 65 m hohe ***Neideckstum*** und ein Teil des Ostflügels. Der Rest ist 1779 eingestürzt.

Markt

Auf dem Marktplatz fällt das ***Bachdenkmal*** (1985) auf, das den Meister einmal nicht als ehrwürdigen älteren Herrn mit Perücke zeigt, sondern als lässig hingefläzten jungen Burschen. Das ***Rathaus*** im Stil der niederländischen Renaissance mit zwei reich geschmückten Giebeln und prachtvollem Portal ist 1582-86 erbaut worden.

Der Neideckstum

In der ***Bachkirche***, einer schlichten Barockkirche von 1676-83, war *Johann Sebastian Bach* von 1703 bis 1707 als Organist tätig. Im „Haus zum Palmenbaum" befinden sich die ***Bachausstellung und das Literatenkabinett.***

Liebfrauenkirche

Interessant ist das monumentale Bauwerk der 1220-1330 errichteten Liebfrauenkirche, zu der man vom Markt in Richtung Westen gelangt. Sie war die Grabkirche der Schwarzburgischen Grafen. Neben dem Naumburger Dom ist sie das bedeutendste kirchliche Bauwerk des romanisch-gotischen Übergangsstils und ein ***Baudenkmal von internationalem Rang.***

Der „flegelhafte" Bach

Dass das 1985 auf dem Arnstädter Markt errichtete Bach-Denkmal den erhabenen Musiker und Komponisten als jugendlichen Flegel darstellt, hat wohl zu einigen Meinungsverschiedenheiten geführt, ist aber durchaus kein Ausrutscher des Bildhauers, sondern der Arnstädter Zeit des Musikers vollauf angemessen und obendrein originell. Tatsächlich hat *Johann Sebastian* hier seine Jugend zwischen dem 18. und 22. Lebensjahr verbracht und musste sich wiederholt wegen flegelhaften Verhaltens vor dem Konsistorium verantworten, bis er schließlich „mit angezeigter Ungnade" die Stadt verließ, um nach Mühlhausen zu ziehen.

Was ihm alles vorgeworfen wurde? Zunächst die tätliche Auseinandersetzung mit einem drei Jahre älteren Schüler und seine eigenmächtige Verlängerung eines Urlaubs. Dann aber auch, dass er in einem Choral „viele wunderliche Variationes gemachet, viele frembde Thöne mit eingemischet, dass die Gemeinde darüber confundiret worden". Und schließlich auch noch dass er „ohnlängst eine frembde Jungfer auf das Chor biethen und musiciren lassen" habe. Wie unangebracht wäre es gewesen, einen solchen *Bach* mit rundlich-ernstem Gesicht und gepuderter Perücke darzustellen!

Neben der Liebfrauenkirche steht eines der ältesten Fachwerkhäuser der Stadt. Anfangs als ***Getreidemühle*** des Benediktinerklosters genutzt, wurde es später zu einer Papiermühle umfunktioniert. Der für die Mühle notwendige Wasserlauf war die „Weiße", die heute kanalisiert unter der Straße fließt.

Ried

Der Riedplatz war einst ein bedeutender Handelsplatz. Dominant sind dort heute der Riedturm (15. Jh.), der Torturm der Stadtbefestigung und der Jacobsturm mit Glockenspiel. Ebenfalls sehenswert ist das wahrscheinlich älteste erhaltene Haus der Stadt, das ***„Haus Zum Großen Christophorus".*** An seiner Fassade ist ein Gemälde des Heiligen Christophorus (1574) zu sehen, des Schutzpatrons der Fuhrleute. Geht man vom Ried wieder in Richtung Markt, so gelangt man auf dem Pfarrhof mit der ***Oberkirche,*** einem gotischen Bau aus dem 14. Jh. Sie war die Klosterkirche des Franziskanerordens, der sich 1248 in Arnstadt niederließ.

Alteburg

Seinen Stadtrundgang kann man durch einen Spaziergang zur Alteburg (südlich des Zentrums; Fuhrmannsweg, Triftweg) erweitern. Vom dortigen ***Aussichtsturm*** hat man einen schönen Blick über Arnstadt und seine Umgebung. In dieser Gegend findet man gut angelegte und zum Teil behindertengerechte Wanderwege.

Praktische Reisetipps

Info

● ***Arnstadt-Information,*** Markt 3, 99310 Arnstadt, Tel. 602049, Fax 661847, E-Mail: information@arnstadt.de, Internet: www.arnstadt.de

● ***Stadtmarketing Arnstadt,*** Raukestr. 11, 99310 Arnstadt, Tel. 660161, Fax 660167, E-Mail: marketing@arnstadt.de

Parken

Die innere Altstadt ist für den Verkehr gesperrt (Fußgängerzone).

● Sein Fahrzeug kann man bereits auf dem ***Parkplatz Alter Friedhof*** (Busse und PKW) nahe der Bahnhofstraße (kurz nach der Brücke rechts) abstellen, von dem es nur wenige Schritte bis zum Zentrum und zum Schloss sind.

● Genauso zentrumsnah ist der ***Parkplatz Ried,*** auf den man von Ilmenau kommend auf der B 4 direkt zufährt.

● Sollte auch dort kein Platz sein, so fährt man über die Karolinenstraße und die Lindenallee weiter bis zum großen ***Zentrum-Parkplatz Wollmarkt*** (Busse und PKW), von dem es auch nur ein kurzer Weg bis zum Schloss/Zentrum ist.

Gaststätten

● ***Kultur- und Stadtbrauerei Brauhaus,*** Brauhausstr. 3, Tel. 607400 (Schaubrauerei, Biergarten, Wintergarten; Hausmannskost und Thüringer Küche)

● ***Lindeneck,*** Alexisweg 2, Tel. 602015 (Kartoffel- und Nudelspezialitäten)

● ***Ratsklause,*** Markt 3, Tel. 48073 (preiswerte Thüringer Küche)

● ***Gasthaus „Zur Sonne“,*** Riedplatz, Tel. 602776 (gutbürgerliche Küche)

● ***Goldene Henne,*** Ried 14, Tel. 589560 (historisches Gast- und Logierhaus)

● ***Waffelnstübchen,*** Holzmarkt 1, Tel. 602747 (heiße Waffeln und Hausmannskost)

Die Liebfrauenkirche

Besichtigen

- ***Traditionsbahnbetriebswerk Arnstadt,*** Rehestädter Weg, 93310 Arnstadt, Tel. 0162-6795539 (Sa., So. 10-17 Uhr)
- ***Heimattierpark,*** An der Eremitage 5, Tel. 602068 (März-Sept. 9-18 Uhr, sonst 9-16 Uhr)
- ***Schlossmuseum*** s.o. Stadtbeschreibung

Theater

- ***Theater im Schlossgarten,*** Reservierung Tel. 618633 und Arnstadt-Information, Raukestr. 11, Tel. 660160 und 602049, Fax 660167

Feste

- ***Arnstädter Bachtage*** (März)
- ***Walpurgisfest*** (1. Mai)
- ***Wollmarkt*** (eine ganze Woche im Juni)
- ***Jazz-Wochenende*** (Anfang Juni)
- ***Thüringer Orgelsommer*** (Juni/August)
- ***Stadtfest*** (erste Woche im September)
- ***Bockbierfest*** (Okt.)
- ***Weihnachtsmarkt***

Umgebung

Jonastal

Südwestlich der Stadt führt eine Straße in das landschaftlich reizvolle Jonastal, in dem es 1944 ein ***Außenlager des KZ Buchenwald*** gab. Ein Ehrenmal erinnert heute an die Opfer der Nazi-Herrschaft.

Mit Dampf durch das Thüringer Land

Wer das Thüringer Land auf ganz besondere Weise kennen lernen will, der kann ab Arnstadt (aber auch ab anderen Orten in Thüringen) für größere Gruppen einen ***kompletten Dampfzug chartern*** – entweder mit modernen Wagen oder mit historischen Wagen aus den 20er Jahren – und die schönsten Sehenswürdigkeiten des Landes auf einer nostalgischen Bahnreise besuchen.

- Buchung: über die Bahn AG Erfurt, Geschäftsbereich Fernverkehr, Bahnhofstr. 23, 99094 Erfurt, Tel. 0361/300-5357, Fax 5621068 (Frau *Brennecke* oder Frau *Brand).*

Wer keine vier Waggons voll bekommt, der kann bei Wochenendfahrten ***als Einzelperson*** im Nostalgiezug mitfahren (s. Schwarzatal, Der Raanzer).

Drei Gleichen

In der malerischen Landschaft des Schutzgebietes zwischen Arnstadt und Gotha stehen auf drei Hügeln die ***drei mittelalterlichen Burgen,*** die die „Drei Gleichen" genannt werden. Sie sind bereits von der Autobahn Gotha – Erfurt aus zu erkennen (eine Ausfahrt gibt es direkt zwischen der Burg Gleichen und der Mühlburg), und wenn man von Arnstadt aus nach Holzhausen fährt, präsentiert sich das „Dreigestirn" schon aus der Ferne. Ursprünglich hatten die drei Festungen nichts miteinander zu tun; jede hat ihren eigenen Ursprung und ihre eigene Geschichte. Zu einem Burgen-Ensemble vereinigt wurden sie durch ein gemeinsames Schicksal, das sich der Legende zufolge am 31. Mai 1250 ereignet haben soll, in welcher sich ein starkes Gewitter über Thüringen entlud. In jener Nacht sollen alle drei Burgen von einem einzigen Blitzstrahl zugleich getroffen und entzündet worden sein, so dass die Türme, wie mächtige Fackeln brennend, das ganze Umland taghell erleuchteten.

Die ***Wachsenburg*** mit ihrem 93 m tiefen Brunnen gleich oberhalb von Holzhausen wurde um 950 durch die Reichsabtei Hersfeld als Grenzfeste gegen eindringende ungarische Stämme errichtet und wechselte danach häufig ihre Besitzer. Im 17. Jh. wurde sie als Militärgefängnis für das Gothaer Herzogtum umgebaut. Mitte des 19. Jh. wurde aus dem Gefängnis ein Museum, was einen weiteren Umbau erforderlich machte. Und 1965-69 schließlich wurde die Wachsenburg zu einem Hotel im historischen Stil (34 Betten) umgebaut, mit Gaststätte und „Rittersaal" (Tel. 74240).

Die nächste, bei Mühlberg gelegene Burg, die ***Mühlburg,*** ist die älteste der Drei Gleichen. Sie wurde bereits 704 zusammen mit Arnstadt in einer Schenkungsurkunde erstmals genannt. Im 11. Jh. war sie im Besitz der Pfalzgrafen von Sachsen, die sie an die Erzbischöfe von Mainz weitergaben; ab Mitte des 16. Jh. gehörte sie zu Erfurt.

Der im 18. Jh. teilweise eingestürzte Bergfried wurde zu Beginn unseres Jahrhunderts wieder aufgebaut und erhielt einen Zinnenkranz. Sonst sind von der einst mächtigen Burg heute nur noch Mauerreste zu sehen.

Besonders sagenumwoben ist die **Burg *Gleichen*** bei Wandersleben, auf der anderen Seite der Autobahn. Sie dürfte zu Beginn des 11. Jh. erbaut worden sein (1089 erstmals erwähnt) und gehörte ab dem 12. Jh. ebenfalls zum Erzbistum Mainz. Unter den Grafen von Gleichen, die die Burg als Lehen erhalten hatten, wurde sie weiter ausgebaut und erlebte ihre Blütezeit. Ende des 17. Jh. wurde

Die Mühlburg

sie aufgegeben und zerfiel. Da man sich jedoch in den letzten Jahrzehnten um eine umfassende Erhaltung bemüht hat, sind hier noch eindrucksvolle mittelalterliche Anlagen zu sehen. Unterhalb der Burg Gleichen steht die beliebte ***Ausflugsgaststätte Freudental.***

Hier beginnt auch der 15 km lange ***Wanderweg, der die drei Burgen miteinander verbindet*** und mit einem blauen Querstrich markiert ist. Er führt weiter zur Bahnstation Haarhausen (s.u.) mit Verbindungen nach Arnstadt und Erfurt. Selbstverständlich kann man diese Wanderung auch in Holzhausen (am Dorfplatz) beginnen und in der Gegenrichtung unternehmen. So hat man dann die Gaststätte Freudental als krönenden Abschluss und kann direkt von dort oder von Wandersleben aus mit dem Bus zurückfahren.

Haarhausen

Eine besondere Attraktion bietet das kleine Dörfchen Haarhausen, 5 km nordwestlich von Arnstadt. Hier befindet sich das Gelände für ***experimentelle Archäologie und Freizeitgestaltung,*** das die ungewöhnliche Möglichkeit bietet, Geschichte selbst zu erleben. Hier kann man lernen zu spinnen, zu weben, zu töpfern und Brot zu backen wie unsere Vorfahren.

- Nähere Informationen: Museum für Ur- und Frühgeschichte, Thüringen, Weimar, Humboldtstr. 11, Tel. 903324.

Nordöstlich von Arnstadt nahe Kranichfeld lädt das ***Thüringer Freilichtmuseum Hohenfelden*** zu einem Besuch in der Vergangenheit. Mehr als 30 historische Gebäude, darunter originalgetreu eingerichtete Bauernhöfe, Scheunen, Werkstätten, Pfarrhaus, Schule und Brauhaus.

- Im Dorfe Nr. 63, Tel. 036450/30285, Internet: www.thueringer-freilichtmuseum-hohenfelden.de; E-Mail: tfmhohenfelden@ compuserve.de, geöffnet: April-Okt. tägl. 10-18 Uhr; Nov.-März Di.-So. 11-17 Uhr nur einzelne Objekte geöffnet; letzter Einlass 30 Min. vor Schließung.

Ausflüge nach Süden: Werratal

Sonneberg – die Spielzeugstadt

Vorwahl:	03675
PLZ:	96515
Einwohner:	27.000
Höhe:	360-638 m

Die Spielzeugstadt Sonneberg liegt im südöstlichsten Winkel Thüringens, im Norden und Osten von den Höhen des Schiefergebirges umschlossen, nach Westen hin durch eine breite Senke am Fuß der Berge mit dem Werratal verbunden. Sonnebergs Attraktion ist das ***Deutsche Spielzeugmuseum*** an der Beethovenstraße 10 (Tel. 702856, Fax 742817; geöffnet Di.-So. 9-17 Uhr). Es besitzt eine Sammlung von über 50.000 Spielzeugen aus aller Welt, von denen nur etwa 10% gezeigt werden können. Die Abteilung „Die Kinder der Spielzeugmacher um 1900" bietet Einblick in die ärmlichen Verhältnisse der damaligen Zeit. Besondere Aufmerksamkeit verdienen die aus 169 Brotteigfiguren geschaffene Darstellung von Gullivers Gefangennahme in Liliput und die aus teilweise fast lebensgroßen Figuren zusammengestellte „Thüringer Kirmes", mit der die Sonneberger Spielzeugmacher 1910 auf der Weltausstellung in Brüssel einen „Grand Prix" errangen.

Die 1925 gegründete ***Sternwarte Sonneberg*** (Sternwartestr. 32, Tel. 81218, Fax 81219, E-Mail: verein@stw.tu-ilmenau.de; Mo.-Do. 10-16 Uhr, So. 13-16 Uhr) bietet Führungen und ein Anatomie-Museum.

Das ***Tiergehege*** mit Streichelgehege im Stadtteil Neufang ist zwischen Mai und September täglich von 9-18 Uhr (sonst 9-16 Uhr) geöffnet.

Interessante Bauwerke sind z.B. die neugotische ***Stadtkirche,*** das ***Rathaus*** und die ***Cella antiqua***, eine Höhle mit Taufbecken, die im 11./12. Jh. irischen oder slawischen Mönchen als Kultstätte gedient haben soll und die nur nach Anmeldung beim Fremdenverkehrsbüro besichtigt werden kann.

Praktische Reisetipps

Info

- ***Tourist-Information,*** 96515 Sonneberg, Bahnhofsstraße, Postfach 88 (PLZ 96502), Tel. 03675/702711, Fax 742002

Gaststätten

- ***Zum Grünen Baum,*** Neustadter Str. 195, Tel. 802949 (OT Hönbach, schöne Lage in Waldnähe)
- ***Gasthof Hüttensteinach,*** Steinacher Str. 118, Tel. 744898 (zentral)

Eisfeld

Vorwahl:	03686
PLZ:	98673
Einwohner:	5000
Höhe:	500 m

Das kleine Städtchen Eisfeld liegt am Oberlauf der Werra in einem reizvollen und waldreichen Hügelland.

Blick auf Eisfeld

Das Stadtbild wird geprägt vom ***Schloss*** und der spätgotischen ***Stadtkirche*** mit ihrem wuchtigen Turm innerhalb der alten ***Stadtmauer.*** Im Schloss untergebracht ist das ***Museum „Otto Ludwig"*** (Tel. 300308). Neben Ausstellungen zur Geschichte der Stadt und zur Porzellanindustrie Südthüringens sind hier historische Gewerbe des Thüringer Waldes dargestellt, u.a. eine Töpferei, eine Holzstabweberei, eine Schnitzwerkstatt und die letzte Märbelmühle Thüringens. Neben der Kirche sind das ***Pfarrhaus*** und die ***Alte Schule*** erhalten geblieben, zwei Fachwerkbauten aus dem 17. Jh.

Praktische Reisetipps

Info

- ***Tourist-Information,*** 98673 Eisfeld, Justus-Jonas-Str. 5, Tel./Fax 03686/300602

Gaststätte

- ***Hotel-Restaurant Hubertus,*** Coburger Straße, Tel. 3700

Hildburghausen – Stadt der Schulen

Vorwahl:	03685
PLZ:	98646
Einwohner:	12.500
Höhe:	385 m

Die an der Werra gelegene Kreisstadt grenzt im Norden an bewaldete Höhen, im Süden wird sie durch die steil aufragende Muschelkalkplatte der Frankenschwelle begrenzt.

Hauptanziehungspunkt ist der ***Marktplatz*** mit zahlreichen Bürgerhäusern, die nach dem Brand von 1779 im einheitlichen „Zopfstil" entstanden sind, und dem ***Renaissance-Rathaus*** von 1595. Das ***Stadtmuseum*** (Tel. 403689), das über die

Geschichte der Stadt sowie über das Wirken *Joseph Meyers* informiert, ist im denkmalgeschützten Gebäude Alte Post, Apothekergasse 11, nahe dem Markt untergebracht. Eine originelle und liebevoll zusammengestellte ***Privatsammlung*** mit den Schwerpunkten Milchverarbeitung und Reklametafeln findet man in der Knappengasse am Bertholdstor (Tel. 705409).

Wer sich barocke Kirchen ansehen möchte, der hat die Auswahl zwischen der ***Christuskirche*** (1783) östlich der Altstadt, der ***katholischen Kirche*** (ehemalige Kirche der Hugenottengemeinde) mit ihrer reichen Ausstattung und dem bemalten Spiegelgewölbe sowie der ***Waisen- oder Neustädter Kirche*** (beide nördlich der Altstadt via Schleusinger Straße).

Praktische Reisetipps

Info

- ***Touristinformation Hildburghausen,*** Markt 25, Tel. 40583, Fax 405840, www.hildburghausen-info.de

Wohnmobile

- ***Womo-Stellplatz:*** hinterer Bereich auf dem asphaltierten Parkplatz an der Friedrich-Rückert-Straße (max. 3 Tage)

Gaststätte

- ***Thüringer Hof,*** Untere Braugasse 15, Tel. 4054; Restaurant, historischer Biergarten, Gästezimmer

Umgebung

Römhild

(15 km südwestlich) – Der kleine Ort hat die Züge einer ***mittelalterlichen Kleinstadt*** bewahrt. Am nördlichen Ortsrand findet man das im Kern spätgotische ***Schloss Glücksburg,*** das nach einem Brand von 1539 neu aufgebaut und 1776/78 barock verändert wurde. Es zeigt eine ständige Keramikausstellung und eine Ausstellung zur Handwerksgeschichte (Tel. 80140).

Exdorf
3,5Km =→
Römhild
10,3Km =→
Jüchsen
←= 0,77Km
Neubrunn
←= 4,1Km
Meiningen
Wachenbrunn
4,8Km =→
Themar
8,5Km =→

Bekannt ist der Name des Ortes vor allem durch die ***Römhilder Töpferkunst,*** die hier lange Tradition hat und heute noch durch den 1720 gegründeten Töpferhof gepflegt wird. Am Ortsausgang in Richtung Milz befindet sich rechts eine Keramikgalerie mit Verkauf, und alljährlich findet das Volksfest des Töpfermarktes statt.

Steinsburg Etwa 3 km östlich von Römhild erheben sich weithin sichtbar die beiden Bergkegel der ***Gleichberge*** (nicht zu verwechseln mit den „Drei Gleichen" bei Arnstadt) mit dem ***Steinsburgmuseum,*** das zu den wichtigsten Museen zur Frühgeschichte Thüringens gehört und keltische Funde von der Steinsburg auf dem Kleinen Gleichberg sowie Modelle und Rekonstruktionen zeigt. Die ***Steinsburg*** ist das größte archäologische Flächendenkmal der neuen Bundesländer und die bedeutendste Fundstelle der keltischen Geschichte. Sie ist die ***umfangreichste stadtartige Burganlage*** aus prähistorischer Zeit in Deutschland und wurde ab Ende des 18. Jh. erforscht. Sie ist ein beliebtes Ausflugsziel. Wenn möglich, sollten Sie den Berg daher früh am Morgen bei Sonnenaufgang oder abends bei Sonnenuntergang besuchen. Dann haben Sie die Chance, allein und ungestört die prähistorische Festungsanlage und den weiten Ausblick genießen zu können – und ein großartiges Erlebnis ist Ihnen gewiss.

Kloster Veßra

Fährt man von Schleusingen auf der Landstraße in südwestlicher Richtung ins Werratal, so gelangt man kurz vor der Einmündung der Schleuse in die

Alter Wegweiser bei Römhild

Das Schloss Glücksburg

Werra inmitten von Wiesen, Feldern und bewaldeten Bergen zum Kloster Veßra.

Im Jahre 1131 gründete hier *Graf Gotebold II. von Henneberg* das ***Prämonstratenserkloster*** Veßra, das sich als Hennebergisches Hauskloster zu einem bedeutenden Machtzentrum entwickelte. Dies verdeutlichen auch heute noch der großartige Kirchenbau und der riesige, ummauerte Klosterhof, der mit 6 Hektar die Ausdehnung einer mittelalterlichen Kleinstadt hat. 1525 zogen die Heere der aufständischen Bauern durch das Werratal und besetzten das Kloster. Ab 1544 wurde es im Zuge der hennebergischen Reformation säkularisiert und zur ***fürstlichen Domäne.***

Sehr schön ist schon der romanische ***Torturm*** am Eingang (Ende 12. Jh.) mit der hinter der Pförtnerei gelegenen schlichten ***Torkirche.*** Die ***Ruine der Klosterkirche*** aus dem 12./13.Jh ist eines der bedeutendsten romanischen Baudenkmäler im südlichen Thüringen, wenngleich die große Basilika ab 1704 nur noch als Scheune genutzt wurde und 1939 durch einen Brand beschädigt und der Chor abgetragen wurde. Eindrucksvoll ist jedoch auch heute noch der doppeltürmige Westbau aus dem 13. Jh. Auf der gegenüberliegenden Seite zum Friedhof hin ist die ***Grabkapelle*** der Henneberger Grafen erhalten, die Fresken aus dem 15. Jh. enthält.

Das gesamte Klostergelände dient heute als Domizil des ***Hennebergischen Museums Kloster Veßra***. Neben dem denkmalgeschützten Baukomplex romanischer und gotischer Klostergebäude wurde seit 1981 ein ***Freilichtensemble volkskundlicher Objekte*** aufgebaut; darunter umgesetzte Bauernhäuser aus verschiedenen Jahrhunderten, Schmiede, Dorfbackhaus, Bienenhäuschen und Wassermühle, ein Brauhaus sowie eine Friedhofskapelle.

Angelehnt an die Milieudarstellung in den Fachwerkhäusern sind die ***Gartenanlagen*** nach historischem Vorbild gestaltet. Besonders hervorzuheben ist die Rekonstruktion eines mittelalterlichen

Heilkräuter- und Gewürzgartens sowie der Bauerngarten aus der Zeit um 1800.

• ***Information:*** *Hennebergisches Museum Kloster Veßra,* 98660 Kloster Veßra, Tel. 036873/69030, Fax 69049, www.museumklostervessra.de; geöffnet: April-Sept. Di.-So. 9-18, Okt.-März Di.-So. 10-17 Uhr; Eintritt 3,50 €, Führung 10 €.

Die Ruine der Klosterkirche

Themar

Vorwahl:	036873
PLZ:	98660
Einwohner:	3500
Höhe:	329 m

Fährt man auf der B 89 weiter das Werratal abwärts, so gelangt man in das Städtchen Themar, das seinen ***mittelalterlichen Stadtkern*** mit Stadtmauer, Wehrtürmen und zahlreichen Fachwerkgebäuden weitgehend erhalten hat.

Besonders schön ist das alte ***Amtshaus,*** ein prachtvoller Fachwerkbau von 1665 in hennebergisch-fränkischen Stil mit einem hohen Dacherker am Schuhmarkt. Sehenswert sind aber auch der ***Markt*** mit seiner geschlossenen Bebauung und dem imposanten ***Rathaus*** von 1708 sowie die spätgotische ***Stadtkirche*** von 1488 mit drei spätgotischen Schnitzaltären, darunter einer, den der Bamberger Künstler *Hans Nußbaum* um 1500 schuf.

In Themar lebte ***Heinrich Mylius,*** der Mundartdichter und Erfinder des Tretkurbelfahrrads. An seinem Wohnhaus am Schuhmarkt 10 ist eine Gedenktafel angebracht; seine Erfindung kann man im Kloster Veßra (s.o.) bewundern.

Praktische Reisetipps

Info

- ***Stadtverwaltung,*** 98666 Themar, Markt 1, Tel. 036873/60315, Fax 60314

Meiningen – die Theaterstadt

Vorwahl:	03693
PLZ:	98617
Einwohner:	22.000
Höhe:	280 m

Meiningen liegt im Tal der oberen Werra zwischen Rhön und Thüringer Wald.

Sehenswertes

Bei einem Rundgang stößt man auf eine Reihe schöner und teilweise gut erhaltener Fachwerk- und Bürgerhäuser, wie etwa das ***Baumbach-Haus*** in der Burggasse, das ***Büchnersche Haus*** (1600), etwas versteckt in der Georgstr. 20, und die ***Alte Posthalterei*** (Pfaffenrathsches Haus) an der Ernestiner Straße 14. Der mittelalterliche Stadtkern brannte zwar 1874 ab, doch Reste sind im Bereich Töpfermarkt/Schwabenberg erhalten. Vor allem aber wurde die Innenstadt Ende des 19. Jh. neu aufgebaut und wirkt mit ihren Bauten im Stil des Historismus sehr harmonisch und geschlossen.

Die ***Stadtkirche*** auf dem Markt stammt aus drei Epochen. Sehenswert ist im Inneren der Kirche die Steinerne Madonna aus dem 14. Jh. Der am besten erhaltene Teil der Altstadt mit schönen Fachwerkhäusern erstreckt sich um den ***Töpfermarkt*** und die Reussengasse. Hier findet man an der Anton-Ulrich-Straße 43 das ***Steinerne Haus*** von 1571 (1904 restauriert) und nicht weit davon entfernt bei Nr. 52 den 1817 erneuerten ***Pulverturm*** der Wasserburg. An der vom Markt in Richtung Westen (Werra) führenden Schlundgasse steht bei Nr. 4 das ***Schlundhaus,*** ein von 1597 stammendes Fachwerkhaus, das 1906 rekonstruiert wurde und sich nun neu restauriert als Hotel und Gaststätte präsentiert.

Das barocke ***Schloss Elisabethenburg,*** die Residenz der kunstsinnigen Herzöge von Sachsen-Meiningen, wurde 1682-92 als Dreiflügelanlage auf dem Gelände einer mittelalterlichen Wasserburg errichtet. Heute ist es Sitz der ***Meininger Museen*** (Tel. 503641) mit wertvollen Kunstsammlungen (15.-19. Jh.), dem Theatermuseum und der musikhistorischen Abteilung.

Im ***Theatermuseum*** „Zauberwelt der Kulisse" wird neben anderen Theatralia ein originales Bühnenbild der berühmten Truppe von Herzog Georg II. präsentiert. Die Meininger haben mit ihren

historischen Inszenierungen in prachtvollen Ausstattungen und mit ihrer Schauspielkunst das Theater Europas und sogar die Filmindustrie Hollywoods beeinflusst.

An der Bernhardstraße steht das im klassizistischen Stil mit einem monumentalen Säulenvorbau errichtete ***Theater*** Meiningens, das die berühmte Theatertradition der Stadt als Südthüringisches Staatstheater mit viel Erfolg fortsetzt.

Praktische Reisetipps

Info

• ***Tourist-Information,*** Markt 14, Tel. 03693/44650, Fax 446544, Internet: www.meiningen.de

Parken

• Ein recht großes gebührenpflichtiges Parkhaus findet man an der ***Neu-Ulmer Str.*** (Durchgangsstraße B 19), direkt am Bleichgraben und nur wenige Schritte vom Marktplatz und der Tourist-Information entfernt. Weitere Parkmöglichkeiten nahe der Altstadt bieten das Parkhaus am Mittleren Rasen sowie die gebührenfreien Parkplätze „Großmutterwiesen" an der B 19 südlich des Zentrums und "Volkshausplatz" (via Landsberger Straße) nördlich des Schlossparks. In der Altstadt selbst ist es schwer, einen Parkplatz zu finden.

Das Schloss Elisabethenburg

Wohnmobile

- ***Womo-Stellplatz:*** *Parkplatz Volkshausplatz,* Landsberger Straße (gebührenfrei, 7 Min. vom Zentrum); *Parkplatz Großmutterwiesen*, Untermaßfelder Straße (gebührenfrei, 5 Min. vom Zentrum)
- ***Ver-/Entsorgung:*** Kläranlage, Defertshäuser Weg 32; werktags 8-18 Uhr
- ***Caravan-Stellplatz „Rohrer Stirn",*** Rohrer Straße in Richtung Suhl; ganz neuer und moderner Platz in ruhiger Stadtrandlage, 26 Stellplätze mit Ver-/Entsorgung, Strom, Sanitäranlagen, Waschmaschine, Küche etc.; nahe Hallenbad, Freibad, Gastronomie und Bushaltestelle (Übernachtung: Wohnmobil 7 € plus 5 € p. P., Ver-/Entsorgung einmalig 3 € p. P.; Info: Herr Bauersachs, Tel. 03693/484421)

Gaststätten

- ***Schlundhaus,*** Schlundgasse 4, Tel. 813838; zentral in einem prachtvollen alten Bürgerhaus; umfangreiche Speisekarte, u.a. mit Vollwertkost
- ***Feinschmecker-Restaurant „Sächsischer Hof",*** im Romantik-Hotel, Georgstr. 1, Eingang Fußgängerzone, nahe Theater und Bahnhof, Tel. 4570
- ***Ratsstuben*** am Markt, Tel. 81170, urgemütliches Restaurant mit regionaler Küche
- ***Henneberger Haus,*** Georgstr. 2, Tel. 508990; Restaurant im altdeutschen Stil nahe Theater und Bahnhof

Theater

- ***Das Meininger Theater,*** Bernhardstr. 5, Tel. 4510
- ***Theatermuseum „Zauberwelt der Kulisse",*** Schlossplatz 1, Tel. 471290, Präsentationen um 10, 12, 14 und 16 Uhr

Umgebung

Schloss Landsberg

Zweigt man kurz nach dem Theater von der Bernhardstraße links ab und fährt die Landsberger Straße hinaus, so gelangt man etwa 4 km nördlich der Stadt zum Schloss Landsberg, das auf romantische Weise mit spitzen Türmen, Zinnen und mächtigen Bastionen umgebaut wurde.

Heute ist es ein ***Hotel*** mit Rittersaal (repräsentatives ***Restaurant***), Burgschenke und ***Aussichtsturm.***

Bauerbach

(8 km südlich) – In diesem kleinen Ort findet man eine ***Schiller-Gedenkstätte*** (Tel. 036945/50301). Das an der Hauptstraße gelegene Haus der *Frau von Wolzogen*, in dem *Schiller* „Kabale und Liebe" geschrieben und am „Don Carlos" gearbeitet hat, wurde 1934 von der Nationalstiftung gekauft und

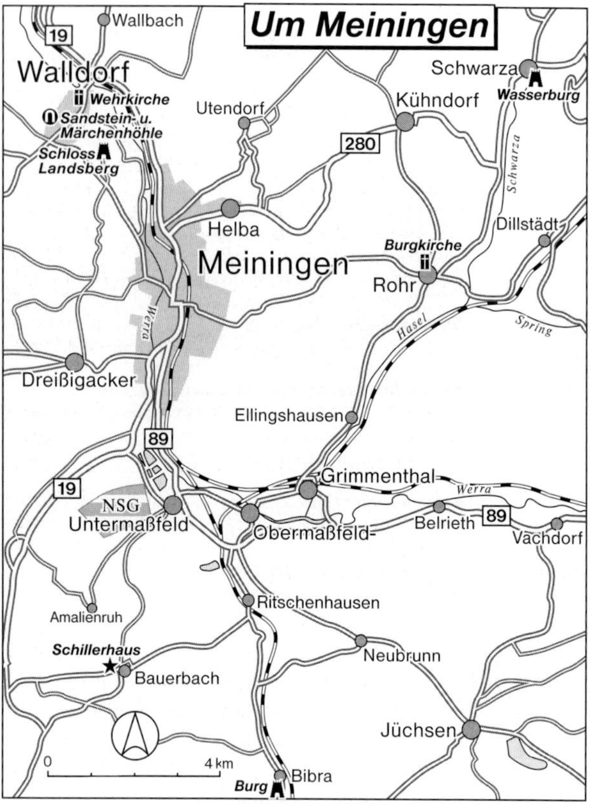

1955 von den Nationalen Forschungs- und Gedenkstätten der klassischen deutschen Literatur übernommen und restauriert. Die Zimmer im ersten Stock und die beiden Zimmer *Schillers* sind weitgehend im Originalzustand erhalten und ausgestattet.

Bibra (10 km südlich) – Die unscheinbare kleine ***Dorfkirche*** aus dem 14./15. Jh. besitzt eine wertvolle Ausstattung aus der Zeit ihrer Errichtung, darunter drei große Altäre und Konsolfiguren aus der

Werkstatt *Tilman Riemenschneiders.* Diese wertvollen Schätze verdankt der kleine Ort der Tatsache, dass der aus Bibra stammende Stifter der Kirche Domprobst in Würzburg war. Unweit der Kirche stehen die eindrucksvollen Überreste der ***Burg Bibra*** (12. Jh.); daneben wurde 1558 das ***Neue Schloss*** erbaut.

Rohr (8 km nordöstlich auf der Landstraße in Richtung Suhl) – Mitten in diesem reizvollen Fachwerkdörfchen mit engen Gassen findet man auf dem Kirchhügel eine sehr gut erhaltene ***Burgkirche,*** die von einer mittelalterlichen Wehrmauer umgeben ist. Unter ihrem Chor liegt die erst 1930 freigelegte Krypta des 815 gegründeten romanischen Benediktinerklosters, das allerdings nur kurze Zeit existierte.

Schwarza (9 km nordöstlich; B 280, Richtung Zella-Mehlis) – Im Ortskern dieses in idyllische Landschaft eingebetteten Dorfes steht eine alte ***Wasserburg*** aus dem 13. Jh, die im 18. Jh. in ein Wohnschloss umgewandelt wurde. Südwestlich des Ortes befindet sich auf der Osterkuppe ein großes Gräberfeld mit bronzezeitlichen ***Hünengräbern.***

Schillerhaus

Walldorf (4 km nördlich) – Gleich am Ortseingang rechts – wenn man von der B 19 kommt – findet man einen großen, neu angelegten Parkplatz mit einem Hinweis auf die bekannteste Sehenswürdigkeit des Ortes: die ***Sandstein-Märchenhöhle*** (Tel. 03693/89910; geöffnet vom 1. April bis 1. November tägl. 9-17 Uhr, Juni-Aug. bis 18 Uhr). Sie ist ein ideales Ausflugsziel für Familien mit Kindern. Allerdings ist an Wochenenden viel los.

Die Sandsteinhöhle ist keine Schöpfung der Natur, sondern von Menschenhand entstanden. Um ihre kargen Einkünfte zu verbessern, haben hier die Menschen vermutlich schon im Mittelalter damit begonnen, den feinkörnigen Sand unter den Hügeln der Umgebung abzubauen. Mit primitivsten Werkzeugen arbeiteten sich die „Sandmacher" immer tiefer in den Fels hinein. Die losgebrochenen Steine wurden von Frauen und Kindern zerkleinert und gesiebt. Der feine Sand wurde dann von den „Sandmännern" in der Umgebung des Ortes als Streu- und Scheuersand verkauft. Die feinste Qualität diente als Vorläufer des Löschpapiers zum Trocknen der Tinte auf Schriftstücken.

Bis zu 80 Personen – auch Kinder – arbeiteten Tag und Nacht in den kalten, dunklen und oft engen Gängen, und im Laufe der Zeit entstand so ein Höhlenlabyrinth von über 60.000 m² Grundfläche mit 2500 Säulen – die größte Höhle dieser Art in ganz Europa und ein wahrhaft beeindruckendes Labyrinth. Selbst die Sandmacher früher mussten an den Säulen Zeichen anbringen, um sich unter Tage zurechtzufinden. Einige der alten Sandmacher sieht man als lebensgroße Figuren bei der Arbeit. Und im Halbdunkel der Gänge wirken sie fast lebendig. Im letzten Teil der Höhle sind Figuren aus den Märchen der *Brüder Grimm*

Die Kirchenburg in Walldorf

aufgestellt worden, die die Höhle in einen unterirdischen Märchengarten verwandeln und in dieser Umgebung und bei entsprechender Beleuchtung eine ideale Kulisse finden.

Einen ebenfalls fast märchenhaft-romantischen Anblick bietet die ***Kirchenburg*** mit hohen Mauern und Türmen auf einem Sandsteinfelsen, an dem man auf dem Weg vom oben genannten Parkplatz zur Höhle vorbeikommt. Sie ist die wohl am besten erhaltene der zahlreichen Festungskirchen im Werratal und vermutlich aus einem befestigten Gehöft aus karolingischer Zeit entstanden, dessen Burgfried Anfang des 15. Jh. mit einer Kirche verbunden wurde. Die 6 m hohen Mauern mit Schießscharten und Resten des Wehrganges lassen erkennen, dass in der Kirche sicher nicht nur gebetet wurde.

Weitere Sehenswürdigkeiten sind die ehemalige ***Schmiede (1592***), das ***Rote Haus*** (um 1600) und das ***Gasthaus „Zum Ritter“.***

Wasungen (8 km nördlich) – Weiter entlang der B 19 gelangt man nach Wasungen, einem sehr alten Ort (bereits 874 erwähnt) mit vielen schönen Fachwerkhäusern des 16.-18. Jh. und einem weitgehend erhaltenen ***mittelalterlichen Stadtkern*** (die Altstadt steht auf der Zentralen Denkmalliste). Am nördlichen Stadtrand beginnt ein ***forstbotanischer Lehrpfad*** (2 km).

Bad Salzungen – das Bad der starken Sole

Vorwahl:	03695
PLZ:	36433
Einwohner:	17.000
Höhe:	240 m

Bad Salzungen mit seiner über 1200-jährigen Geschichte liegt zwischen dem Thüringer Wald und der Vorderrhön im Tal der Werra. Die Stadt ist eines der ältesten Soleheilbäder Deutschlands und mit ihren starken Heilquellen (1-27%ige Sole), sauerstoffreicher Luft und dem reizmilden Klima ein bedeutender Kurort für Atemwegserkrankungen.

Sehenswert ist das in schöner Holzbauweise errichtete ***Gradierwerk*** nahe dem Bahnhof, vor allem der im hennebergisch-fränkischen Fachwerkstil errichtete Mittelbau. Über das Reisiggeflecht der Gradierwände wird die Sole geleitet und durch Verdunstung konzentriert. Gleichzeitig wird die Luft mit heilkräftigem Salz angereichert.

Das im Jahr 2000 direkt beim Gradierwerk neu eröffnete ***Keltenbad*** ist ein Anziehungspunkt der Region geworden. Es besteht aus drei Rundbauten mit einem Therapiezentrum, Solebewegungsbad und Saunalandschaft.

Eindrucksvolle Fachwerkhäuser, alte Salzsieder- und Pfännerhäuser sowie Teile der ehemaligen Stadtmauer zieren das Bild des Kurorts. Und im Zentrum nahe dem Markt lädt der malerische ***Burgsee*** mit seiner reizvollen Uferpromenade und dem angrenzenden Rathenaupark zur Entspannung ein.

Praktische Reisetipps

Info

- ***Kurverwaltung Tourist-Information,*** Am Flößrasen 1, 36433 Bad Salzungen, Tel. 03695/693420, Fax 693421, www.keltenbad.de

Gaststätten

- ***Salzunger Hof,*** Bahnhofstr. 41, Tel. 5720; Hotel-Restaurant
- ***Zum Lindentor,*** Steinweg 22, Tel. 622652 (Gaststätte und Hotel)
- ***Ratskeller,*** Markt 1, Tel. 622083

Ausflüge nach Osten: Oberes Saaletal

Leutenberg – Stadt der sieben Täler

Vorwahl:	036734
PLZ:	07338
Einwohner:	2800
Höhe:	302 m

Der staatlich anerkannte Erholungsort Leutenberg liegt etwa 17 km südöstlich von Saalfeld im romantischen Sormitztal, schützend umgeben von 500-600 m hohen Bergen. Seine ***reizvolle Lage*** macht ihn zu einem günstigen Ausgangspunkt für Wanderungen und Ausflüge zu den Saaletalsperren, zu den Schieferbrüchen von Lehesten, nach Reitzengeschwenda und nach Saalfeld.

Sehr schön ist die liebevoll erhaltene ***Altstadt*** rings um den ***Markt*** mit historischem Flair, Pflasterstraßen, Fachwerkhäusern und Schieferdächern, mit dem 200 Jahre alten Rathaus und dem Marktbrunnen. 100 m über der Stadt erhebt sich das ***Schloss Friedensburg,*** dessen Entstehung bis ins 9. Jahrhundert zurückreicht. Es kann allerdings nur von außen besichtigt werden, da heute eine Fachklinik darin untergebracht ist. Im ***Heimatmuseum*** (Tel. 22379, geöffnet nach Vereinbarung, Eintritt 1,50 €) kann man sich jedoch über die Geschichte des Schlosses und des Orts informieren.

Praktische Reisetipps

Info

- ***Fremdenverkehrsamt Leutenberg,*** Markt 1, 07338 Leutenberg, Tel./Fax 036734/22262, www.leutenberg.de

Gaststätten

- ***Gasthof Garküche,*** Hauptstr. 29, Tel. 28102, Fax 30919; traditioneller Gasthof in zentraler Lage
- ***Bikerherberge Pension Sormitzblick,*** Hirschweg 14, Tel. 22248, Fax 33580; ruhige Lage am Waldrand mit Blick über den Ort; Restaurant

- ***Hotel Gute Quelle,*** Am Ilmbach 17, Tel. 2880, Fax 288255; modern ausgestattet, zentrale Lage
- ***Gasthof Weißes Lamm,*** Hauptstr. 30, Tel. 22202, Fax 22087; gutbürgerliche Küche, Klöße, Wildgerichte

Aktivitäten

- ***Wandern:*** Das Fremdenverkehrsamt gibt eine Reihe von Faltblättern heraus, die besonders empfehlenswerte Routen detailliert beschreiben und eine Kartenskizze umfassen.
- ***Schwimmen:*** Das schön gelegene Freibad im Ilmtal wurde 1998 saniert
- ***Gleitschirmfliegen:*** *Ostthüringische Gleitschirmschule,* Rosenthaler Str. 25, 07338 Leutenberg, Tel. 30357 oder 03671/33296 (Tandemflüge, Kurse, Ausrüstungsverleih)

Feste

- ***Schützenfest*** (Pfingsten)
- ***Harley-Davidson-Treffen*** (alle zwei Jahre im Juli)
- ***Weihnachtsmarkt***

Lobenstein

Vorwahl:	036651
PLZ:	07356
Einwohner:	7.300
Höhe:	560 m

Das Städtchen Lobenstein, am nördlichen Hang des Frankenwaldes dicht an der bayerischen Grenze gelegen, war ein klassisches Beispiel für die thüringische ***Kleinstaaterei.*** Einer der Herren von Lobenstein soll dereinst einer seiner Geliebten befohlen haben, das Land binnen 24 Stunden zu verlassen, worauf sie lachend entgegnete: „Dafür genügt eine halbe Stunde, mein Herr!" 1250 erstmals urkundlich erwähnt und ab 1278 im Besitz der Stadtrechte, wurde Lobenstein 1647-1824 Haupt- und Residenzsitz des Fürstentums Reuß jüngere Linie. Im 19. Jh. entwickelte sich das Städtchen zum Moorheilbad.

Heute zeigt sich das Moorbad als ***reizvolle Kleinstadt*** mit steilen Gässchen. Ein herrlicher Aussichtspunkt ist der Alte Turm, das Wahrzei-

chen der Stadt. Unmittelbar unterhalb davon befindet sich das ***Regionalmuseum*** (Schlossberg 20, Tel. 2492) mit Ausstellungen zu Erzbergbau, Tuchmacherei und Buchdruckerei. Im Städtchen selbst kann man das ***Neue Schloss*** (Leonberger Platz 2, Tel. 77165) und die Alte Wache besichtigen oder einen Spaziergang durch den ***Kurpark*** machen.

Die Figur des ***„Fäßleseecher"*** am Rathausturm erinnert an die Tuchweberei. In jeder Tuchweberstube stand früher ein Urinfass, dessen Inhalt zum Walken des Tuches verwendet wurde.

Seit 2002 lädt unter dem Motto „Moor-Wasser-Licht" die neue ***ARDESIA-Therme*** (Parkstr. 8, Tel. 3939-0) zum Kuren und Erholen ein.

Blick auf die Kleinstadt Lobenstein

Praktische Reisetipps

Info

- ***Fremdenverkehrsamt,*** Graben 18, 07356 Lobenstein, Tel./Fax 036651/2543, www.moorbad-lobenstein.de

Gaststätten

- ***Reußischer Hof,*** Hirschbergerstr. 2, Tel. 2204; Thüringer Küche, Schlachtfeste, hausgemachte Wurst, Biergarten und Ritterkeller; mit Pension; geöffnet tägl. 10-24 Uhr
- ***Lobensteiner Marktstuben,*** Markt 24, Tel. 8270; Thüringer und internationale Küche, Hausmacherwurst; geöffnet tägl. 10-22 Uhr, So. 10-18 Uhr
- ***Hotel „Schwarzer Adler",*** Wurzbacher Str. 1, Tel. 88929; regionale Küche; geöffnet tägl. 8-23 Uhr
- ***Hotel Oberland,*** Topfmarkt 2, Tel. 65990; Thüringer Küche; geöffnet tägl.8-23 Uhr
- ***Plew's Tenne,*** Wurzbacher Str. 3a, Tel. 38750; regionale Küche, geöffnet Mo. 10.30-14.30 Uhr, Mi.-So. 10.30-23 Uhr
- ***China-Restaurant,*** Bayerische Straße 12, Tel. 31184 (geöffnet 11.30-14.30 und 17.30-23.30 Uhr)

Umgebung

Wurzbach (ca. 12 km westlich; B 90, Richtung Saalfeld) – Die ***Schaugießerei Heinrichshütte*** am Ortsausgang Richtung Saalfeld rechts (Parkplatz mit Picknicktisch links der Straße) ist ein sehenswertes technisches Schaudenkmal zur Geschichte des Bergbaus und Hüttenwesens um 1800 mit Ausstellungen, Vorführungen im Eisenguss und einem reichhaltigen Angebot an Gusseisen-Souvenirs (geöffnet Mo.-Fr. 9.30-11.30 und Mo.-Do. 13-14.30 Uhr; für Reisegruppen sind am Wochenende nach Voranmeldung Sonderführungen möglich; Informationen: Gießerei Heinrichshütte, 07343 Wurzbach, Leutenberger Str. 44, Tel. 036652/22717).

Weißbach (ca. 22 km nördlich in Richtung Ziegenrück) – Nördlich des Ortes findet man die freigelegte ***Ruine der mittelalterlichen Wysburg,*** die um 1320 belagert und zerstört worden ist. Von der Belagerung zeugen u.a. noch zahlreiche bis zu 76 kg

Griffelmacher – weltweit einmaliges Gewerbe

Der Griffelsschiefer, der sich durch besondere Weichheit und leichte Spaltbarkeit auszeichnet, kommt nur in Ostthüringen vor und ließ hier das weltweit einmalige Gewerbe der Griffelmacher entstehen, das sich bereits im 17. Jh. im Gebiet zwischen Sonneberg und Saalfeld entwickelt hat. Zunächst wurden Griffel und Tafeln von den Sonneberger Spielwarenhändlern verkauft, die schon Ende des 16. Jh. den Nürnberger Kaufleuten „Schieferbüchlein mit Griffeln" anboten. Mit der Einführung der Schulpflicht wurden Griffel und Schiefertafel die wichtigsten Schreibgerate für Schulanfänger, und die Massenproduktion durch Heimarbeiter begann.

Der bergfeuchte Schiefer wurde vom „Klötzmacher" je nach Sortenlänge zu Platten zersägt und dann mit der Spaltzange oder dem Hammer gespalten. Die so entstandenen vierkantigen Rohgriffel wurden dann von Frauen und Kindern durch Schaben gerundet. Später verwendete man hierfür die so genannte „Durchtretmaschine", auf der die Vierkantstäbchen durch ein scharfkantiges, rundes Loch in einem Eisenstück getrieben wurden, Anschließend wurden sie sortiert, mit Papier beklebt, angespitzt und in kleine Holzkästchen verpackt in die ganze Welt versandt.

Aufgrund der Staubentwicklung bei der Schieferverarbeitung und weil der Schiefer vor Ort in primitiven Hünen verarbeitet werden mußte, war die Arbeit schwer gesundheitsschädlich, und viele der Griffelmacher litten unter Staublunge und Tuberkulose. Der Verdienst war gering, die ganze Familie musste mitarbeiten, und Arbeitszeiten von 12-14 Stunden waren die Regel. Im Durchschnitt fertigte eine Familie pro Woche 12.000-15.000 Griffel. Ein Griffel kostete im 19. Jh. zwei Pfennig, aber die Griffelmacher mussten das Tausend zu 90 Pfennig an die Aufkäufer liefern. Verschärft wurde das Elend der Griffelmacher noch durch das so genannte „Trucksystem", bei dem die Heimarbeiter anstatt mit Geld mit teuer angerechneten Waren (Lebensmittel, Leim, Papier und Farbe) bezahlt wurden.

Zu Beginn des 20. Jh. lag die Griffelproduktion zum größten Teil in staatlicher Hand. Zwischen 1949 und 1968 stellte das Steinacher Werk noch rund eine Milliarde Griffel her, die zum größten Teil nach Indien, Großbritannien, Frankreich und in die Niederlande exportiert wurden. Am 15. November 1968 wurde die Griffelproduktion eingestellt.

(nach Texten von Martina Pontius, in „Heimarbeit und Lohnerwerb in Thüringen", herausgegeben vom Museum für Thüringer Volkskunde, Erfurt 1989) schwere Kugeln von Steinwurfgeschützen vor der Westmauer, mit denen diese zertrümmert worden ist. Ein Modell eines Steinwurfgeschützes (Bilde) ist neben anderen Modellen, Fundstücken und Grafiken in dem 1989 eröffneten ***„Wysburg-Haus“*** in Weißbach selbst zu sehen. Dem Museum angeschlossen werden Ausstellungen mit neuerem heimatlichem Kulturgut (Führungen nach Vereinbarung; Tel. 036651/2543).

Lehesten (ca. 22 km westlich via Wurzbach) – Dieser Ort wurde vor allem durch das „Blaue Gold“, den Schiefer, bekannt, der hier seit rund 600 Jahren abgebaut wird. Sehenswert sind die Kirche und das ***technische Denkmal Historischer Schieferbergbau“*** mit Pferdegöpel.

Ebersdorf (5 km nördlich) – Ebersdorf ist ein ***Höhenluftkurort*** mit Schloss (1693), Orangerie und Park. Hier befindet sich auch eine berühmte, von *Ernst Barlach* geschaffene Plastik, die zur Grabstätte der Familie *Reuß* gehört.

Saalburg

Vorwahl:	036647
PLZ:	07929
Einwohner:	1600
Höhe:	420 m

Ein Viertel dieses ohnehin kleinen Ortes ist durch den Bau der Bleiloch-Talsperre 1932 im Wasser versunken. Der Rest liegt jetzt in reizvoller Mittelgebirgslandschaft am Ostufer des 28 km langen ***Bleiloch-Stausees,*** der heute vielfältige Wassersportmöglichkeiten bietet. Er ist der oberste und größte der fünf Saale-Stauseen.

Von der mittelalterlichen Saalburg und vom Kloster zum Heiligen Kreuz im Ortsteil Kloster sind nur noch geringe Mauerreste erhalten.

Eine geologisch interessante und überdies sehr fotogene Besonderheit findet man ebenfalls im Ortsteil Kloster. Dort „blüht" seit rund 400 Millionen Jahren eine Rose von mehr als einem Meter Durchmesser: die ***„Steinerne Rose".*** Entstanden ist dieses Naturwunder, das man von Saalburg kommend unmittelbar vor der Brücke über die Bahnlinie rechts der Straße entdeckt, durch einen vulkanischen Ausbruch. Eine kugelförmige Masse flüssigen Gesteins erstarrte zu sogenanntem Schalendiabas aus einzelnen Schichten wie die einer Zwiebel. Als Bildhauer der Natur modellierte die Verwitterung daraus ein Kunstwerk, das tatsächlich einer überdimensionalen Rosenblüte verblüffend ähnelt.

Hauptattraktion sind natürlich die vielfältigen ***Wassersportmöglichkeiten,*** aber es gibt auch ausgeschilderte ***Wanderwege*** durch die Wälder rings um den Stausee und seit 1994 den ***Saale-Radwanderweg,*** der direkt durch Saalburg führt.

Sehr schön ist auch eine ***Schiff-Fahrt*** auf dem schmalen, langgezogenen Stausee, der sich durch bewaldete Täler erstreckt und von zahlreichen Sehenswürdigkeiten gesäumt ist. Die Schiffe fahren von der Anlegestelle unterhalb der Saalebrücke ab, hinter dem Hotel Kranich. Reguläre Fahrten werden zwischen 10. April und 25. Oktober angeboten; Charterfahrten nach Absprache.

- Auskunft: Service Büro, Fahrgastschifffahrt, Am Torbogen 1, 07929 Saalburg, Tel. 036647/22250, Fax 23967

Praktische Reisetipps

Info

- ***Fremdenverkehrsamt,*** Markt 73/74, 07929 Saalburg-Ebersdorf, Tel. 036647/29080, Fax 29082, Internet: www.saalburg-saale.de

Camping

- Die Campingplätze ***Saalburg-Kloster*** (Tel. 22441) und ***Saalburg-Bad*** (Tel. 22457) liegen direkt am Ufer des Stausees; beide geöffnet 15.04.-15.10.

Wohnmobile

- ***Womo-Stellplatz:*** *Schleiz* (ca. 7 km nordöstlich), Rasthof Saalburger Straße im Gewerbegebiet
- ***Ver-/Entsorgung:*** Sani-Station an der Tankstelle

Gaststätte

- ***Gasthof Kranich,*** Markt 59 (an der Brücke über dem Stausee), Tel. 22448 (schönes, geschichtsträchtiges Haus direkt an der Schiffsanlegestelle; gutbürgerliche Küche, Biergarten; geöffnet Sept.-Mai: Mo. Ruhetag, sonst tägl. ab 11 Uhr)

Aktivitäten

- ***Boots- und Fahrradverleih*** (Kajaks, Canadier, Ruder-, Tret- und Segelboote, Surfbretter): Jugendbegegnungsstätte Saalburg; Info+Buchung: Haydenstr. 18, 08525 Plauen, Tel./Fax 03741/522547 oder 036647/22407
- ***Motorjacht-Charter:*** *A. Trost,* Ortsstr. 5, 07929 Kloster, Tel./Fax: 22377
- ***Saale-Touristik,*** Tel. 0151-15382435; Charterfahrten, Bootsverleih, geführte Touren

Umgebung

Märchengarten

Gleich außerhalb des Ortes (am Stausee entlang nach Süden, dann links ab) befindet sich ein kleiner, privater Märchenwald (Zufahrt beschildert). Kinder haben dort ihre Freude an den ***Märchenhäusern***, am größten Hexenhaus Europas und zahlreichen Puppen und Figuren; für Erwachsene ist sicher die schöne ***Bürgel-Keramik*** interessant, mit der die Häuser ausgestattet sind. Außerdem gibt es ein gemütliches ***Restaurant*** mit Thüringer Küche, hausgemachten Kuchen und mit Plätzen im Freien. Der Märchenwald ist von Mitte März bis Ende Oktober täglich von 10-18 Uhr geöffnet; Tel. 036647/22218.

Burgk

(ca. 11 km nördlich über Gräfenwarth) – Auf einem Felsen über der Saale liegt die älteste und wohl schönste Schlossanlage im Thüringer Oberland. Bis 1918 gehörte sie zum Fürstentum Reuß, dem kleinsten Kleinstaat Deutschlands. Sie beeindruckt durch ihre bauliche Vielfalt und bietet einen schönen Blick über das Saaletal.

Besichtigen kann man die reich ausgestatteten Räume und das ***Museum*** (geöffnet Di.-So. 10-12.30 und 13.30-16.30 Uhr, Nov.-März Di.-Fr. nur bis 15.30 Uhr; Tel. 03663/400119, Fax 402821, Internet: www.schloss-burgk.de mit Waffen-, Zinn, Instrumenten- und Glassammlungen.

Burgk – die älteste Schlossanlage im Thüringer Oberland

Ziegenrück

Vorwahl:	036483
PLZ:	07924
Einwohner:	850
Höhe:	320 m

Der kleine Ort liegt malerisch zwischen hoch aufragenden, bewaldeten Bergen im gewundenen Saaletal. Von der im 13. Jahrhundert erbauten ***Burg*** ist nur die Kemenate erhalten. Der ***alte Ortskern*** mit engen Gassen und Fachwerkhäusern erinnert noch heute an das Mittelalter. Die ***Fernmühle*** (etwas flussab an der Lobensteiner Str. 6) war das erste Wasserkraftwerk an der oberen Saale. Es war bis 1965 in Betrieb und wurde dann zu einem ***Museum für Wasserkraftnutzung*** umgestaltet (geöffnet Mai-Okt. Di.-So. 10-17 Uhr, Nov.-April 10-16 Uhr, Sa., So. 13-16 Uhr; Führungen nach Absprache; Tel. 036483/7606).

Praktische Reisetipps

Info

- ***Fremdenverkehrsamt,*** Platz der Jugend 2, 07924 Ziegenrück, Internet: www.ziegenrück.de, Tel. 036483/22649, Fax 20416

Umgebung

Plothener Teiche

(14 km nordöstlich) – Bereits im Mittelalter wurden hier in einem Sumpfgebiet rund 2000 kleine Seen und Teiche für die Fischzucht angelegt. Inzwischen ist mehr als die Hälfte wieder verlandet. Der Rest ist heute eine ***märchenhafte Wasserwelt*** mit seltenen Sumpfpflanzen und ein großartiges ***Vogelparadies.*** In den dichten Schilfwäldern brüten Knäkenten, Stockenten, Krickenten, Reiherenten und Tafelenten, Rohrammern und Dorngras-

mücken. Der seltene Rohrsänger ist gleich mit drei verschiedenen Arten vertreten. Verschiedene Wildgänse, Weißstorch und Raufußkauz sind hier beheimatet. Und mit Glück kann man sogar einen Schwarzstorch oder einen Fischadler beobachten. Eine besondere Attraktion ist das ***alljährliche „Starenwunder"*** am Schilfteich. Etwa drei Wochen lang kommen dort im Herbst Zehntausende von Staren vor Sonnenuntergang ins Röhricht, wo sie sich zur Nachtruhe versammeln.

Die Teiche auf der Wasserscheide zwischen Saale und Weißer Elster werden ***als „Himmelsteiche" bezeichnet,*** da sie nicht durch Quellen, sondern direkt vom Himmel gespeist werden – aus erster Hand sozusagen. Von der Straße zwischen Plothen und Dreba führt ein 6 km langer ***Naturlehrpfad*** durch das Teichgebiet.

An den Plothener Teichen

Hohen-warthe-Talsperre Unterhalb von Ziegenrück beginnt der 27 km lange Hohenwarte-Stausee, der zusammen mit den umliegenden Bergen und Wäldern eine weiträumige Erholungslandschaft (Landschaftsschutzgebiet Obere Saale) bildet. Die Straße folgt nur am unteren See ein Stück weit dem Ufer; sonst erschließt sich diese Landschaft nur Wanderern und Radfahrern – oder vom Wasser aus. ***Fahrgastschiffe*** verkehren zwischen Hohenwarte, Linkenmühle und Ziegenrück.

•Information: Fahrgastschiff Hohenwarte, Sperrmauer, 07338 Hohenwarte, Tel. 036733/21528; Personenschifffahrt Linkenmühle, Tel. 036483/22649, 0175-8165257

Reitzengeschwenda (ca. 10 km westlich via Drognitz) – In einem 300 Jahre alten Bauerngehöft ist ein ***Volkskundemuseum*** untergebracht, das u.a. Ausstellungen zu bäuerlicher Wohnkultur und Lebensweise, über den Naturpark Schiefergebirge-Obere Saale und über die Saaleflößerei umfasst (geöffnet Di., So. 13-17 Uhr, Mi.-Sa. 9-12 und 13-17 Uhr, Tel. 036737/22294).

Anhang

Literaturverzeichnis

- *Elbe, Rainer* (Herausgeber): **Besuch beim Nachbarn Thüringen.** CoCon-Verlag Hanau (beschreibt 29 einzelne Ausflüge in den Thüringer Wald und Umgebung und enthält einige Reisetipps, lebendig und unterhaltsam geschrieben)
- *Müller, Hans:* **Thüringen, DuMont Kunst-Reiseführer.** Du Mont 1996 (das Buch für alle Kultur- und Kunstreisenden)
- *Schulz, Reinhard; Roth, Waltraud:* **Mit dem Wohnmobil nach Thüringen.** Verlag Reinhard Schulz, Heilbronn/Neckar 1992 (beschreibt Wohnmobilrouten durch ganz Thüringen, u.a. auch Thüringer Wald)
- *Hendel, Gerhard; Meßner, Paul:* **Weimar.** DuMont, Köln 1996 (ausführliche Beschreibung der Geschichte und der Sehenswürdigkeiten Weimars)
- *Pollmann, Bernd:* **Thüringer Wald mit Rennsteig, Wanderführer.** Bergverlag Rother, München 1995 (detaillierte Beschreibung von Wanderungen, u.a. mehrere Rennsteigwanderungen)
- *Wurlitzer, Bernd:* **Die Wartburg.** Marco Polo. Mairs Geographischer Verlag, Ostfildern 1995 (Geschichtliches, Sehenswertes und Reisepraktisches rund um die Wartburg)
- *Mosler, Axel, u.a.:* **Thüringen.** Verlag C. J. Bucher, München 1995 (Bildband zu ganz Thüringen, besonders stimmungsvolle Fotos zum Thüringer Wald)
- *Gerstmann, Günter; Ziethen, Horst; u.a.:* **Thüringer Land im Farbbild.** Ziethen-Panorama-Verlag, Bad Münstereifel 1998 (Bildband zu ganz Thüringen)
- *Höh, Rainer:* **Orientierung mit Kompass und GPS.** Reise Know-How-Verlag, Bielefeld 2001; *Schwieder, Wolfram:* **Richtig Kartenlesen.** Reise Know-How-Verlag, Bielefeld 2001 (praktische Hilfe zur Orientierung unterwegs)

HILFE!

Dieses Urlaubshandbuch ist gespickt mit unzähligen Adressen, Preisen, Tipps und Infos. Nur vor Ort kann überprüft werden, was noch stimmt, was sich verändert hat, ob Preise gestiegen oder gefallen sind, ob ein Hotel, ein Restaurant immer noch empfehlenswert ist oder nicht mehr, ob ein Ziel noch oder jetzt erreichbar ist, ob es eine lohnende Alternative gibt usw.

Unsere Autoren sind zwar stetig unterwegs und versuchen, alle zwei Jahre eine komplette Aktualisierung zu erstellen, aber auf die Mithilfe von Reisenden können sie nicht verzichten.

Darum: Schreiben Sie uns, was sich geändert hat, was besser sein könnte, was gestrichen bzw. ergänzt werden soll. Nur so bleibt dieses Buch immer aktuell und zuverlässig. Wenn sich die Infos direkt auf das Buch beziehen, würde die Seitenangabe uns die Arbeit sehr erleichtern. Gut verwertbare Informationen belohnt der Verlag mit einem Sprechführer Ihrer Wahl aus der über 160 Bände umfassenden Reihe „Kauderwelsch" (siehe unten).

Bitte schreiben Sie an: REISE KNOW-HOW Verlag Peter Rump GmbH, Osnabrücker Str. 79, D-33649 Bielefeld, e-mail: info@reise-know-how.de

Danke!

Kauderwelsch-Sprechführer – sprechen und verstehen rund um den Globus

Afrikaans • Albanisch • Amerikanisch – *American Slang, More American Slang,* Amerikanisch oder Britisch? • Amharisch • Arabisch – Hocharabisch, für Ägypten, Algerien, Golfstaaten, Irak, Jemen, Marokko, • Palästina & Syrien, Sudan, Tunesien • Armenisch • *Bairisch* • Balinesisch • Baskisch • Bengali • *Berlinerisch* • Brasilianisch • Bulgarisch • Burmesisch • Cebuano • Chinesisch – Hochchinesisch, kulinarisch • Dänisch • Deutsch – *Allemand, Almanca, Duits, German, Nemjetzkii, Tedesco* • *Elsässisch* • Englisch – *British Slang, Australian Slang, Canadian Slang, Neuseeland Slang*, für Australien, für Indien • Färöisch • Esperanto • Estnisch • Finnisch • Französisch – für Restaurant & Supermarkt, für den Senegal, für Tunesien, *Französisch Slang, Franko-Kanadisch* • Galicisch • Georgisch • Griechisch • Guarani • Gujarati • Hausa • Hebräisch • Hieroglyphisch • Hindi • Indonesisch • Irisch-Gälisch • Isländisch • Italienisch – *Italienisch Slang,* für Opernfans, kulinarisch • Japanisch • Javanisch • Jiddisch • Kantonesisch • Kasachisch • Katalanisch • Khmer • Kirgisisch • Kisuaheli • Kinyarwanda • *Kölsch* • Koreanisch • Kreol für Trinidad & Tobago • Kroatisch • Kurdisch • Laotisch • Lettisch • Lëtzebuergesch • Lingala • Litauisch • Madagassisch • Mazedonisch • Malaiisch • Mallorquinisch • Maltesisch • Mandinka • Marathi • Mongolisch • Nepali • Niederländisch – *Niederländisch Slang,* Flämisch • Norwegisch • Paschto • Patois • Persisch • Pidgin-English • *Plattdüütsch* • Polnisch • Portugiesisch • Punjabi • Quechua • *Ruhrdeutsch* • Rumänisch • Russisch • *Sächsisch* • *Schwäbisch* • Schwedisch • *Schwiizertüütsch* • *Scots* • Serbisch • Singhalesisch • Sizilianisch • Slowakisch • Slowenisch • Spanisch – *Spanisch Slang,* für Lateinamerika, für Argentinien, Chile, Costa Rica, Cuba, Dominikanische Republik, Ecuador, Guatemala, Honduras, Mexiko, Nicaragua, Panama, Peru, Venezuela, kulinarisch • Tadschikisch • Tagalog • Tamil • Tatarisch • Thai • Tibetisch • Tschechisch • Türkisch • Twi • Ukrainisch • Ungarisch • Urdu • Usbekisch • Vietnamesisch • Walisisch • Weißrussisch • *Wienerisch* • Wolof • Xhosa

Reise Know-How

Mallorca, Wandern auf
Malta
Marokko
Mecklenb./Brandenb.: Wasserwandern
Mecklenburg-Vorpommern Binnenland
Mexiko
Mongolei
Motorradreisen
München
Myanmar

Namibia
Nepal
Neuseeland BikeBuch
New York City
Norderney
Nordfriesische Inseln
Nordseeküste NDS
Nordseeküste SLH
Nordseeinseln, Deutsche
Nordspanien
Normandie

Oman
Ostfriesische Inseln
Ostseeküste MVP
Ostseeküste SLH
Outdoor-Praxis

Panama
Panamericana, Rad-Abenteuer
Paris
Peru, Bolivien
Peru kompakt
Phuket
Polens Norden
Prag
Provence
Pyrenäen

Qatar

Rajasthan
Rhodos
Rom
Rügen, Hiddensee

Sächsische Schweiz
Salzburg
San Francisco
Sansibar
Sardinien
Schottland
Schwarzwald – Nord
Schwarzwald – Süd
Schweiz, Liechtenstein
Senegal, Gambia
Singapur
Sizilien
Skandinavien – Norden
Slowenien, Triest
Spaniens Mittelmeerküste
Spiekeroog
Sri Lanka
St. Lucia, St. Vincent, Grenada
Südafrika
Südnorwegen, Lofoten
Südwestfrankreich
Sydney
Sylt
Syrien

Taiwan
Tansania, Sansibar
Teneriffa
Thailand
Thailand – Tauch- und Strandführer
Thailands Süden
Thüringer Wald
Tokyo
Toscana
Transsib
Trinidad und Tobago
Tschechien
Tunesien
Tunesiens Küste
Türkei, Hotelführer

Uganda, Ruanda
Umbrien
USA/Canada
USA, Gastschüler
USA, Nordosten
USA – der Westen
USA – der Süden
USA – Südwesten, Natur u. Wandern
USA SW, Kalifornien, Baja California
Usedom

Venedig
Venezuela
Vereinigte Arabische Emirate
Vietnam

Wales
Warschau
Westafrika – Sahel
Westafrika – Küste
Wien
Wo es keinen Arzt gibt

Yukatan

Zypern

Edition RKH

Abenteuer Anden
Burma – Land der Pagoden
Durchgedreht
Finca auf Mallorca
Geschichten/Mallorca
Goldene Insel
Mallorca, Leib u. Seele
Mallorquinische Reise
Please wait to be seated!
Salzkarawane, Die
Südwärts Lateinamerika
Traumstr. Panamerikana
Unlimited Mileage

Wasser und Sand

Urlaubshandbücher für Wasserwanderer, Strandfans, Inselstürmer, Ostseeliebhaber und Leute, die einfach nur ausspannen wollen. Hunderte von Adressen, detaillierte Tipps, verlässliche, praktische Angaben: Urlaubshandbücher von
REISE KNOW-HOW

Rainer und Peter Höh:
Ostseeküste Mecklenburg-Vorpommerns
360 Seiten, 13 Karten und Pläne, durchgehend illustriert

Hans-Jürgen Fründt:
Ostseeküste Schleswig-Holstein
336 Seiten, 17 Karten und Pläne, durchgehend illustriert

Rainer Höh/Horst Herbert Herm:
Wasserwandern in Mecklenburg und Brandenburg
312 Seiten, 20 Routen, 29 Pläne und Karten, durchgehend illustriert

Peter Höh:
Rügen, Hiddensee
336 Seiten, 16 Karten und Pläne, durchgehend illustriert

REISE KNOW-HOW, Bielefeld

Osteuropa

Neue Grenzen, neue Ziele, neue Reiseführer. **REISE KNOW-HOW** bietet aktuelle Reisehandbücher für die schönsten Ziele im Osten:

Kristine Jaath

Polens Norden Ostseeküste und Masuren

384 Seiten, 24 Seiten farbiger Kartenatlas, über 110 Fotos

Katarzyna Jone & Christiane Rahn

Krakau und Tschenstochau

240 Seiten, zahlreiche Karten und Pläne, durchgehend illustriert

Katarzyna Jone & Christiane Rahn

Warschau und Umgebung

252 Seiten, zahlreiche Karten und Pläne, durchgehend illustriert

Frank Strzyzewski

Budapest und Umgebung

312 Seiten, über 100 Fotos

Günther Schäfer

Litauen und Kaliningrad

456 Seiten, 24 Karten und Pläne

REISE KNOW-HOW, Bielefeld

Langfristige Sommerferienregelung

Bundesland	2004	2005
Baden-Württemberg	29.7.-11.9.	21.7.-3.9.
Bayern	2.8.-13.9.	25.7.-5.09.
Berlin	24.6.-4.8.	23.6.-3.8.
Brandenburg	3.7.-13.8.	23.6.-3.8.
Bremen	8.7.-18.8.	7.7.-17.8.
Hamburg	24.6.-4.8.	30.6.-10.8.
Hessen	19.7.-27.8.	18.7.-26.8.
Mecklenburg-Vorpommern	26.6.-6.8.	2.7.-12.8.
Niedersachsen	8.7.-18.8.	7.7.-17.8.
Nordrhein-Westfalen	22.7.-4.9.	28.7.-10.9.
Rheinland-Pfalz	19.7.-27.8.	18.7.-26.8.
Saarland	19.7.-28.8.	18.7.-27.8.
Sachsen	10.7.-20.8.	9.7.-19.8.
Sachsen-Anhalt	8.7.-18.8.	7.7.-17.8.
Schleswig-Holstein	28.6.-7.8.	4.7.-13.8.
Thüringen	8.7.-18.8.	7.7.-17.8.

Bundesland	2006	2007
Baden-Württemberg	27.7.-9.9.	26.7.-7.9.
Bayern	31.7.-11.9.	30.7-10.9.
Berlin	6.7.-19.8.	12.7.-22.8.
Brandenburg	6.7.-19.8.	12.7.-22.8.
Bremen	13.7.-23.8.	19.7.-29.8.
Hamburg	6.7.-16.8.	12.7.-22.8.
Hessen	3.7.-11.8.	2.7.-10.8.
Mecklenburg-Vorpommern	8.7.-18.8.	16.7.-25.8.
Niedersachsen	13.7.-23.8.	19.7.-29.8.
Nordrhein-Westfalen	20.7.-2.9.	21.6.-1.8.
Rheinland-Pfalz	3.7.-11.8.	2.7.-10.8.
Saarland	3.7.-14.8.	9.7.-17.8.
Sachsen	15.7.-25.8.	23.7.-31.8.
Sachsen-Anhalt	13.7.-23.8.	19.7.-29.8.
Schleswig-Holstein	10.7.-19.8.	16.7.-25.8.
Thüringen	13.7.-23.8.	19.7.-29.8.

Register

Der Autor

Rainer Höh, 1955 auf der Schwäbischen Alb geboren, ist freier Reisejournalist und Autor zahlreicher Sachbücher, Reiseberichte, Bildbandtexte und Reiseführer. Auf mehreren Reisen hat er Thüringen kennen und lieben gelernt.

Im Reise Know-How Verlag erschienen von ihm außerdem „Mecklenburg-Vorpommern Binnenland", „Litauen mit Kaliningrad", „Outdoor-Praxis", „Wasserwandern Mecklenburg-Brandenburg" sowie die Praxisbände „Handbuch Kanu", „GPS-Outdoor-Navigation", „Orientierung mit Kompass und GPS", „Winterwandern" und „Wildnisküche".

Kartenverzeichnis